「国学今用」系列

姜正成 编著

管子与我聊管理

郑州大学出版社

图书在版编目（CIP）数据

管子与我聊管理 / 姜正成 编著 . —郑州：郑州大学出版社，2016.8（2021.7重印）

（国学今用）

ISBN 978-7-5645-3078-5

Ⅰ . ①管… Ⅱ . ①姜… Ⅲ . ①管仲（？ – 前 645）– 哲学思想 – 通俗读物 Ⅳ . ① B226.1–49

中国版本图书馆 CIP 数据核字（2016）第 126194 号

郑州大学出版社出版发行

郑州市大学路 40 号　　　　　　　邮政编码：450052

出版人：张功员　　　　　　　　　发行部电话：0371-66658405

全国新华书店经销

北京洲际印刷有限责任公司印制

开本：710 mm×1 000 mm　1/16

印张：15.75

字数：229 千字

版次：2016 年 8 月第 1 版　　　　印次：2021年7月第2次印刷

书号：ISBN 978-7-5645-3078-5　定价：49.80元

前　言

　　很多时候，人们常常会这样感叹：历史为什么会出现如此惊人的相似！这句话说明了什么？说明历史的经验值得后人注意与借鉴。是的，正如俗语说：前车之鉴，后事之师。管子在《管子·形势》里说："以今者察之古，不知来者视之往。万事之生也，异趣而同归，古今一也。"也就是说对当今有疑惑不解的事可以考察古代，对未来不了解则可以考察过去。万事的本性、途径、方式虽有不同，但总是同归一理，从古到今都是一样的。他这段话就是告诫我们：要想前人学习。那么，管子是何许人也？

　　管仲（公元前723—约前645），汉族，名夷吾，字仲，又称敬仲，春秋时期齐国著名的政治家、军事家，颍上（今安徽颍上）人。管仲少时丧父，老母在堂，生活贫苦，不得不过早地挑起家庭重担，为维持生计，与鲍叔牙合伙经商后从军，到齐国，几经曲折，经鲍叔牙力荐，为齐国上卿（即丞相），被称为"春秋第一相"，辅佐齐桓公成为春秋时期的第一霸主，所以又说"管夷吾举于士"。管仲的言论见于《国语 齐语》，另有《管子》一书传世。

　　那么，管子给我们后人留下了哪些灿烂的智慧呢？穿越千年的历史时空，管子向我们娓娓道来……

　　关于树威立信：管子告诉我们：要具有高尚的品格，要善于收拢人心，处理事情要顾全大局，要知错就改……管理者只有树威立信，才能赢得下属的尊敬与拥护。

　　关于做事原则：管子告诉我们：做事要有长远的眼光，要立高远之志，要珍惜时间如同生命，要善于抓住机遇，要不断进取……任何事情都具有一定的原则性，所以，在做事的事情，一定要注意方式方法，方能起到事半功倍的效果。

　　关于制度管人：管子告诉我们：制度是企业强盛的保障，在制度面前人人平等，管理者要赏罚分明，要严惩奸邪之人……制度是企业的灵魂，所以说，管理者应该严格遵守制度办事。

关于情感管理：管子告诉我们：管理者要善于恩威并施，要尊重员工，要用情感激励，对员工的关怀要真诚……人都是感情动物，所以，企业管理者要善于运用情感来管理企业，方能使企业和谐地发展。

关于用人之道：管子告诉我们：管理者一定要以人才为本，用人要以德为先，选拔人才要不拘一格，要知人善任……用人时一门艺术，所以，企业领导者一定要掌握好这门艺术，才能让人才为企业创造出辉煌的成果。

关于财务管理：管子告诉我们：会挣钱不如会理财；给予的情形要显露出来，夺取的痕迹要隐蔽；君子爱财，取之有道；要学会运用宏观调控的经济手段来理财……是的，一个人再会赚钱，但不会理财的话，挣再多的钱也是会花光的。所以，要学会理财，并且把理财当成一种习惯。

关于竞争策略：管子告诉我们：团结可以提高竞争力，企业应该集思广益才能克服难题，时间是竞争的重要因素……商场不相信眼泪，在激烈的竞争面前，企业管理者一定要懂得商场的规则与竞争策略，否则将会被淘汰出局。

本书总共与管子聊了七个话题：树威立信、做事原则、制度管人、情感管理、用人之道、财务管理、竞争策略问题。本书以与老祖先聊天的形式，并通过生动有趣的实例和深入浅出的分析，启迪你的智慧，照亮你的人生之路，开启成功之门。

《管子与我聊管理》，通过对《管子》一书的解读，全面地参悟及感受其中所蕴含的企业管理之道，并且还透过用兵之法，以独特、全新的视角从现代企业管理进行品读分析，书中所提出的许多论点、规律、哲理，对面临新的挑战具有重大的借鉴与指导意义。

目　录

第一章　管子与我聊树威立信

古语云：得民心者得天下。企业管理者该如何树威立信，才能真正俘获了员工的心灵？管子告诉我们：要具有高尚的品格，要善于收拢人心，处理事情要顾全大局，要知错就改……我们都知道，榜样的力量是无穷的，如果企业管理者能够以身作则是最具说服力、最能树威立信的法宝。所以说，身为一名企业管理者，一定要比员工付出更多的努力和心血，以身示范，就能当好企业这个"火车头"。

第二章　管子与我聊做事原则

做事，是一门学问，更是一门艺术。会做事的人，往往事半功倍；不会做事的人，总是事倍功半。那么，做事有没有哪些技巧与原则呢？管子告诉我们：做事要有长远的眼光，要立高远之志，要珍惜时间如同生命，要善于抓住机遇，要不断进取……前车之鉴，后事之师。老祖宗给我们留下的都是宝贵的精神财富，值得我们今天学习与借鉴。

第三章　管子与我聊制度管人

俗话说：有规矩才成方圆。是的，一个企业要想正常运转，或者是做强做大，不仅需要企业管理者的用心掌控，更需要有一套个性化行之有效的管理制度作为基本保障。如果企业没有一套"量身定做"的制度，企业管理者是管理不好企业的，企业也只能是一团糟。所以说，制度决定一切，制度可以使重复的流程简单化，可以使企业正常有序地运转。用制度管人，企业才能长盛不衰。

第四章　管子与我聊情感管理

常言道：人是感情动物。在现代企业管理中，感情投资是不可忽视的。那么，在情感管理方面，管子是如何告诫我们的呢？管子告诉我们：管理者要善于恩威并施，要尊重员工，要用情感激励，对员工的关怀要真诚……所以说，现代企业管理者应该谨遵老祖宗的教诲，一定要在情感管理上下功夫。

第五章　管子与我聊用人之道

　　人才就是企业的力量与未来。那么，关于用人之道，管子是如何告诫我们的呢？管子告诉我们：管理者一定要以人才为本，用人要以德为先，选拔人才要不拘一格，要知人善任……是的，很多时候，一个企业并不是真的缺少人才，而是缺少培养人才、挖掘人才的方法和体制。因此，如何建立合理的用人体制，如何进行人力资源管理和开发不仅非常重要，而且还是管理者一项神圣的使命。

第六章　管子与我聊财务管理

　　随着人们生活水平的日益提高，理财不仅成为人们当前非常热门的话题，而且日益成为人们生活中必不可少的事情。其实，理财是一生的财富规划，是值得用一生时间去付出心血和精力的事业，而树立智慧的理财观更是理财路上最重要的一步。那么，管子在财物管理方面是如何启示我们后人的呢？管子认为：会挣钱不如会理财；给予的情形要显露出来，夺取的痕迹要隐蔽；君子爱财，取之有道；要学会运用宏观调控的经济手段来理财……

第七章　管子与我聊竞争策略

　　众所周知，商战如战场，不是你死就是我亡。也就是说，商战之中，竞争激烈，各种关系错综复杂，企业管理者要想让企业立于不败之地，需要有好的竞争策略。那么，关于竞争策略，管子是如何告诫我们的呢？管子告诉我们：团结可以提高竞争力，企业应该集思广益才能克服难题，时间是竞争的重要因素……

第章

管子与我聊树威立信

　　古语云：得民心者得天下。企业管理者该如何树威立信？才能真正俘获员工的心灵？管子告诉我们：要具有高尚的品格，要善于收拢人心，处理事情要顾全大局，要知错就改……我们都知道，榜样的力量是无穷的，如果企业管理者能够以身作则是最具说服力、最能树威立信的法宝。所以说，身为一名企业管理者，一定要比员工付出更多的努力和心血，以身示范，就能当好企业这个"火车头"。

拥有高尚品格的管理者才能受到尊敬

【聊天实录】

我：管老先生，您对树威立信有何高见？

管子：我曾说过：道往者，其人莫来？道来者，其人莫往。

我：您这句话该如何解释呢？

管子：这句话的意思就是：失道者，人民不肯来投奔；得道者，人民不肯离去。一个有德行的君王自然能让他的国民很安逸地生活在他的国土上，而不离不弃。

我：您的意思是说品格就是财富，它是一笔能赢得人们的普遍赞誉和尊敬的不动产，投资于此的人必将得到回报。虽然在世俗财物上他也许并不会变得富有，但他却会赢得人们的尊敬，体面地挣到不朽的美名。

管子：是的，拥有高尚品格的管理者才能受到尊敬。

【解读】　　　拥有高尚品格的房玄龄

唐代贞观元年（627年），唐太宗任命房玄龄为中书令。这一年的九月，唐太宗对朝中官员论功行赏，并让陈叔达在殿下唱名示之，结果，房玄龄、杜如晦、长孙无忌、尉迟敬德、侯君集功列第一，房玄龄封爵邗国公，食邑一千三百户。

不久，房玄龄进位尚书左仆射，监修国史，更爵魏国公。唐太宗对房玄龄说："公为仆射，应当为朕广求贤材，听说公日阅牒讼数百，岂有暇为朕求贤人哉！细小事务归左右丞，大事公预之即可！"房玄龄深以为然，觉得唐太宗如此关心自己，更加为国事日夜操劳。

有一天，唐太宗与房玄龄议论为政之道，房玄龄说："为政之道，应当用法宽平，早晚尽心，恐一物失其所。闻人有善行，如己有之。不以求全而责于人，不以己之所长衡量他人之短。"

唐太宗说："公言甚是，朕以为政莫若至公。昔诸葛亮流放廖立、李严于南夷之地，诸葛亮卒后，廖立、李严悲哭不已，非至公能如此乎？朕非常仰慕前世之明君，公不可不效法前世之贤相也。"

贞观三年（629年），房玄龄、王珪以宰相身份主持讦议百官政绩，治书侍御史权万纪觉得不公，便上奏唐太宗，要求治房玄龄、王珪之罪，唐太宗派侯君集推问此事。魏征上奏为房玄龄、王珪辩护说："玄龄、王珪皆朝廷旧臣，素以忠直为陛下看重，多所委任。其所考评之人，数以百计，岂能没有一二人不当者？察其情形，非为阿私所致。若推问出确有其事，陛下还能委之以重任吗？且权万纪自身也在考堂之上，其身不得考，便有如此陈论。此正欲激陛下之怒，非竭诚为江山社稷计耳。"唐太宗乃释而不问。

尽管房玄龄忠心耿耿，但也有人对他不满，出言诬陷他。同中书门下三品宋国公萧瑀，性格狷介，与群臣多不合。他见房玄龄深得唐太宗赏识，便心生妒恨，乘机向唐太宗进谗言说："房玄龄与中书门下诸位大臣，朋党不忠，陛下不知详情。他们执权顽固，只是未反罢了。"

唐太宗说："卿言太甚！人君选贤才以为股肱心膂，当推诚以待之。人不可求全责备，应舍其所短，而取其所长。朕虽不聪不明，还不至于不知善恶好坏！"

萧瑀听了唐太宗的话，非常羞愧，内心不自安，唐太宗念其有功，不忍加罪。唐太宗对房玄龄的信任，由此可见一斑。后来，房玄龄因微过被谴，归于府邸。褚遂良上奏说："房玄龄自义旗初建始，翼赞圣功，武德之季，冒死决策；贞观之初，选贤立政，人臣之勤，玄龄为最。今玄龄并无不赦之罪，岂可弃之！陛下如果嫌其衰老，可讽劝使之退休，不可以微小过失而弃数十年之勋臣。"

唐太宗觉得褚遂良说得有理，便有些后悔，急忙派人召回房玄龄。但很快又因一点小过失，房玄龄再次被谴，归于府邸。过了一段时间，唐太宗临幸芙蓉园，房玄龄听说之后，急忙让子弟洒扫庭院，告诉他们说："皇上的乘舆马上就会来到。"房玄龄的子弟颇为疑惑，以为他老糊涂了。就在这当儿，唐太宗果然来到房玄龄的府邸，载之还宫。

相传，当时京畿一带大旱数十天，唐太宗载房玄龄回宫之后，便下了一场大雨，解了旱情。老百姓欢呼雀跃，说："此乃陛下优待房玄龄之故也。"由此可

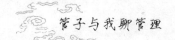

见房玄龄在当时百姓的心目中，堪称贤相，深受人们的爱戴。

房玄龄虽身居相位，名贯天下，却从不居功自傲，更不贪权图利。唐太宗曾经召集大臣，议论世袭之事，并封房玄龄为宋州刺史，更爵梁国公。唐太宗之所以要封房玄龄为宋州刺史，目的是为了让房玄龄的子弟世袭。但房玄龄觉得自己身为宰相，应为众大臣做出榜样，不可贪图功名，便上奏唐太宗说："陛下，臣已身居相位，又封宋州刺史，这样恐使大臣们追逐名利，惑乱朝政，臣以为不妥，请陛下先罢臣的刺史职位，以正大臣视听。"

唐太宗深以为然，便依了房玄龄的奏折，只封其爵梁国公。房玄龄辞谢了宋州刺史之后，朝中大臣纷纷信效，辞去能世袭的官职。唐太宗非常感慨地说："上行下效，朝中大臣今日能如此行动，旨玄龄之功也！"

后来，房玄龄加太子少师，当他初至东宫见皇太子时，皇太子欲拜之，房玄龄慌忙躲避一旁，坚辞不受。东宫的诸色人等，见当朝宰相如此谦虚恭谨，不由得暗中称赞，都说他是亘古未有的贤相。

贞观十六年（642年），房玄龄进位司空，仍旧总领朝政。房玄龄觉得自己居相位日久，恩宠隆极，累次上表辞位。唐太宗派人对房玄龄说："辞让，固然是一种美德，然而国家赖公已久，一日而去良佐之臣，朕犹如亡去左右手一般。公筋力犹健，精力未衰，再勿辞让。"

但作为一个人，房玄龄也有一些自身的不足，有时过分地依从于唐太宗，不如魏征敢犯颜直谏，魏征就此也曾批评过房玄龄。

唐太宗、房玄龄听了魏征的谏言，都觉得自己做得不对，赞叹魏征耿直。唐太宗罢了修缮北门之事，房玄龄则对于朝中之事更加谨慎。

金无足赤，人无完人。尽管房玄龄也不免有过错，但毕竟是瑕不掩瑜，于大政方针方面无不表现出一个大唐贤相的政治风度与高尚的品格。

具有高尚品格的管理者受到尊敬

高尚的品格是世界上最强的动力之一，高尚的品格体现了人性的最高形态，展示了人类最优秀的一面。虽说才华总是博得人们的赞佩，但品格则必定会赢得人们的尊敬。前者更多的是智力的产物，而后者，则是心灵的果实。天才卓绝者以智力立足于社会，品格高尚者以良知卓冠于群伦。前者赢得赞美，后者被人追随。

其实，每个人都能诚实而体面地扮演自己的角色，尽自己的能力做到最好。你可以善用自己的天资，你可以善待生命，你可以诚实、公正、诚恳、守信，哪怕在小事情上也是如此，总而言之，你可以在天意为你安排的领域里尽职尽责。持久的责任感，在你志存高远的时候支持着你，在日常生活的平凡琐事中也同样支撑着你。要想更好地了解、评价一个人的真实品格，最好的办法，就是通过他对那些跟自己关系最密切的人的行为方式，通过他对日常责任中那些看似平凡琐碎之事的处理方式。

如果你对自己有一个公正的评价，并坚定不移地遵从你所认准的法则，那么，在此基础之上所建立起来的简单诚实的目标，就足以让你受用一生，它会让你正直，给你力量，给你营养，并成为你有力行动的重要原动力。本杰明·拉迪亚德爵士曾经说过："人不一定要富有或伟大，也不一定要聪明，但是，一定要诚实。"

品格，体现在思想与行动之中，属于那种不朽的天性。一个伟大思想家的孤独思考，将停留在人们的脑海里达数百年之久，直到最终在他们的日常生活和实践中发挥作用。它世世代代活着，以来自死者的声音发言，千载之后，依然影响着生者的心灵。

拥有纯正品格的人，虽然其名声可能增长缓慢，但他们真正的品质绝不会被埋没。他们或许被某些人曲解，被某些人误会，厄运和逆境甚至会一度降临在他们身上，但是，因为忍耐，因为持久，他们最终将会赢得人们的尊敬，博得人们的信任，这些是他们当之无愧的。诗人丹尼尔曾经说过："只有超越自我，才能自强不息；否者，人是多么可怜的东西啊！"

所以说，一个管人者必须学会利用身边的资源，这样他就应拥有迷人的魅力、高尚的品格，而迷人的魅力则通过他的一言一行表现出来，并能够传达到身边的每　个人的意识里，在他们的心目中树立起威信。

管理智慧

◇拥有高尚品格的管理者才能收到尊敬。

◇高尚的品格是世界上最强的动力之一。

◇品格，体现在思想与行动之中，属于那种不朽的天性。

管理者树威立信，要善于收拢人心

【聊天实录】

我：管老先生，您对树威立信有何高见？

管子：我曾说过：故有国之君，苟不能同人心，一国威，齐士义，通上之治以为下法，则虽有广地众民，犹不能以为安也。

我：您这句话该如何解释呢？

管子：这句话的意思就是：因此，作为一国的君主如果不能收拢人心，集中权威，统一思想，使上面的政策成为下面效法的规范，那么，虽然有广大的国土以及众多的人民，还是不能安全的。

管仲

我：您的意思是说您认为君王是否重视收拢人心、能否做到集中权威、统一思想，是国家安危存亡的重要因素。您对于治国治民，有着无可企及的思想高度，您把民心看得至关重要，提醒统治者，国家的安危存亡系于民心所向，能够得民心者，则能长存，而民心背向者则天下不保。一个朝代能够安定的秘诀就是人民归顺，所以，有贤德的皇帝治理国家的第一件事便是收拢民心，民心归附了，社会也就安定了大半。为官者治理一方也是这个道理，只有先把当地百姓的心给"收买"了，对地方治理起来才能一帆风顺。对今天来说，企业管理者要想树威立信，就要善于收拢人心。

管子：是的，管理者树威立信，要善于收拢人心。

【解读】 统治人民重在收拢民心

春秋时期，晋国的社会秩序不是很稳定，总是有许多强盗祸害百姓，这让晋国国君很是头疼，他命令各级官员捕捉强盗，严惩不贷。当时有个捉贼的能手叫邵雍，他抓住了许多盗贼并把这些盗贼部杀死了，晋国国君为此对他很是赏识。

大夫赵文子劝国君说："邵雍抓贼是厉害，可是他只知杀戮，不知劝其改过，你不能重用这样的人啊。否则时间一长，他一定会给国家带来更大的匪患。"

国君诧异地问他缘由，赵文子说："人们做强盗，有时是被迫的，他们并不是天生的盗贼，只要对他们加以劝说，他们是能够改邪归正的。像邵雍那样只知道杀人，人们就会怨恨增加，没死的要为被杀的报仇，这样强盗就会层出不穷，哪里还有宁日啊？你应该罢免邵雍，劝人改过，任用贤人，施行教化。只要人们有了羞耻仁义之心，生活安定了，谁还愿意做强盗呢？"

晋国国君虽觉得赵文子的话有理，但不甘心罢免邵雍，而是继续采取严厉镇压的方式，不久后，强盗们合起伙来，把邵雍杀死了，晋国匪情更加严重了。

晋国国君此时想起了赵文子的劝告，赶忙把他请来对他说："我很后悔当初没有听你的话，事情现在是越闹越大，你来主持这件事吧？"

赵文子遂发布告示说："人都有向善之心，做强盗的人一定有许多苦衷，朝廷赦免他们的罪过，绝不再追究。只要是有冤情和不满朝廷官员的，都可以前来申诉和举证。若情况属实，朝廷一定会采取措施加以纠正，对贪官污吏给予惩罚。"

这个告示一贴出，为盗者大受感动，他们纷纷放下武器，指责官吏的过错。赵文子将逼民造反的恶吏治罪，晋国的匪患很快就消除了。

赵文子对盗贼广施仁政，不仅避免了更多反抗势力的滋生，而且他的仁厚宽容还让他得到了百姓的拥护，可谓一举两得。这也就正应了那句话——统治人民

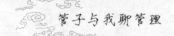

重在收拢民心。

管理者要善于收拢民心

历史上很多开明的君主都深知人心向背的重要性，他们往往善于把握各种时机、运用各种手段去收拢民心，以实现众望所归，使国家走向大治。商朝开国皇帝成汤就曾用"网开三面"的举动来收拢过人心。

成汤还是个部落酋长的时候，一日奉命前去面见夏桀。在经过杞邑之地时，他发现好多人在田野里猎取鸟兽。那些人一边下网一边念念有词地说："天上飞的，地上跑的，从四面八方而来的鸟兽啊，都入我们的网！"

成汤对此感慨地说："上有残暴不仁的君主，下必有残酷无情的百姓，这是自然的规律。现在国家四处生灵涂炭，如果人人都这样残忍，再这般斩尽杀绝的话，非但百姓难以生存，恐怕连鸟兽都要灭绝了。"

于是，成汤下车将那些人的网扯去了三面，仅剩下一面，他一边扯一边在口中说道："蜘蛛做网以杀昆虫，本来就是件很残忍的事，而人类效仿蜘蛛做网更让人觉得不仁。今天我成汤网开三面，恳请世界上的鸟兽们，愿意向左的向左，愿意向右的向右，愿意向上的高飞，愿意向下的快跑。我仅留下这一面，捕杀那些糊涂不怕死的。"

汉南地区的国家听到这件事后，深感成汤的仁德，于是，四十多个国家都归顺了成汤。此后，成汤在国内布德施惠、轻赋薄敛，使百姓亲附，政令通行。

商汤势力日增，因为商是夏的属国，这不禁引起了夏桀的注意，他一度将成汤囚禁于夏台。后来，商汤返回国内，他开始积极地作伐夏的准备。他在景毫这个地方召集诸侯开会，申明他执行"天"的命令，必须讨伐夏王朝。

不久后，他起兵伐夏，申明伐夏是受天之命。鸣条一战，夏师大败，夏桀奔南巢而死，成汤成为商代的第一位君王。

成汤网开三面，放走了飞禽走兽，却"网"来了民心。得了民心自然也就天下归顺了，这是正常的法则，也是最合理的逻辑，得民心者得天下，看来一点都不假。

既然民心如此重要，古往今来，君王身边的贤臣们都会劝谏君主与民为善以赢得人民的拥护，他们知道，百姓是最讲究仁义的，君主对他们投之以梨，他们一定会报之以桃。

那么，对于现代的企业管理者来说，如果想树威立信，就要善于收拢民心。

管理智慧

◇管理者树威立信，要善于收拢民心。

◇一个朝代能够安定的秘诀就是人民归顺，所以，有贤德的皇帝治理国家的第一件事便是收拢民心。

◇古往今来，君王身边的贤臣们都会劝谏君主与民为善以赢得人民的拥护，他们知道，百姓是最讲究仁义的，君主对他们投之以梨，他们一定会报之以桃。

帝王犯错可致天下大乱，知错就改不失威仪

【聊天实录】

我：管老先生，您对树威立信有何高见？

管子：我曾说过：君有过而不改，谓之倒。臣当罪而不诛，谓之乱。君为倒君，臣为乱臣，国家之衰也，可坐而待之。是故有道之君者执本，相执要，大夫执法以牧其群臣。群臣尽智竭力以役其上。四守者得则治，易则乱，故不可不明设而守固。

我：您这句话该如何解释呢？

管子：这句话的意思就是：君主有错而不改叫作"倒"，臣子有罪却不诛叫作"乱"。如果君是倒君，臣为乱臣，那么国家的衰亡就会坐等着到来。所以有道的君主要掌握治国的根本，宰相要掌握治国的关键，大夫执行法令来管理群臣，群臣则尽心竭力为君主服务。如果这四方面的职守都完成得好，国家就会安定；若有疏忽职守，国家就容易混乱，所以不能不将这些方面明确规定，坚决遵守。

　　我：您的意思是说您强调了帝王乃至官者之错对于国家的兴亡来说是多么的重大。做官者都是掌握国家大权的人，他们可以一言九鼎，可以在人民面前说一不二，他们掌握着国家兴与亡的命脉，如果他们不谨言慎行，哪怕犯下一点点言语上的过错，都将导致国家的败亡。因此管子认为，一个圣明的君王可以使一个衰落的国家迅速强大起来，最终国泰民安。而一个昏庸的君王可以使一个强大的国家混乱不堪，最终灭亡。那么，对于一个企业管理者来说，如果不谨慎自己的言行，不懂得知错就改，就会失去自己的威仪。

　　管子：是的，帝王犯错可致天下大乱，知错就改不失威仪。

【解读】　　帝王犯错可致天下大乱

　　384年，慕容垂僭越王位，自称燕王，拜元妃段氏为皇后，慕容垂立其子宝为太子。

　　元妃劝诫慕容垂说："太子为人从容不迫，但其做事优柔寡断。在和平时期，他必是位贤明之君，一旦社会陷入混乱之中，他就不是临危不乱的英才了。陛下把王者大业托付给他，妾看不出有昌盛美好的远景。依妾之见，辽西、范阳二王，均是贤能之人，陛下何不从他们两人中挑一个来担此重任呢？而赵王麟性情奸诈，为人自负，常有轻慢太子之心，陛下一旦有不测，他必会趁机起事，这虽是陛下的家事，但却关系到国家的前途，陛下应该对此事做一个周密而长远的策划。"

　　慕容垂对此不以为然，一意孤行，没有接纳元妃的意见，仍立宝为太子。元妃再次劝谏慕容垂在立太子问题上要慎之又慎，慕容垂反问元妃道："你要我学晋献公父子相互猜疑吗？"

　　元妃哭泣而退，她对季妃说："太子不善，这是大家都知道的事情，我对朝廷一片忠心，而陛下却把我比作骊姬，我心里很是感到冤屈。太子一旦继位，国家必会灭亡，范阳王气度非凡，他才最合适做国君啊？"

　　慕容垂去世后，慕容宝继位，他刚一上台就派赵王麟去逼迫元纪说："皇后曾经告诉先王，今主不能继承大统，如今竟然实现了。你竟敢如此诬蔑自己的亲生儿子，真是太不配做母亲了，不如趁早自杀算了，以全段氏名誉。"

元妃大怒说："我自己生的儿子我当然最了解，你们兄弟连母亲都杀，还怎么奢望你们能够保卫国家呢？我不是怕死，只是感叹国家怕不久就要灭亡了，我怕的是对不住国家的百姓啊？"说完，自杀而死。

后来，赵王麟果然作乱，慕容宝被杀，最终范阳王登上了王位。

慕容垂的决策失误造成了国家的混乱局面，甚至导致了儿子逼死母亲这样无道之事的发生。可见，身为国君，就应尽量不犯错，错误哪怕是一丝一毫，它所造成的后果可能也会非常严重。

可见，国君做出的决策，很多都关系到国家安危和百姓生死，立太子这般重要的事更是如此。国君不能仅凭自己的喜恶去选人，也不能由着自己的性子一意孤行，否则，失败的种子就此埋下了。

由以上面史例可以看出，君王手握重权，不单单是可以享受荣华富贵，同时也肩负重大的责任。身为皇帝，不仅要勤于政事，心系黎民百姓，还应该谨言慎行，因为帝王犯错可致天下大乱。

知错就改不失威仪

很多管理者因为自己在公司处于领导地位，便一意孤行，不听员工的建议或劝诫，有了过失，也碍于面子，不肯改正。殊不知，这样做的结果于威严并无增益，只能是错上加错。

虽然每个人都会犯错误，但犯了错误并不可怕，可怕的是不承认错误，有错不改。作为管理者，犯了错误后，更应该主动承认错误并及时改正，特别是在错怪员工时。

秦朝末年，陈平脱离楚军、投靠汉营后，托与自己交往很深又受汉王刘邦重用的魏无知帮忙引荐。魏无知讲述了陈平的才华，刘邦将信将疑。由于当时前来投奔汉营的还有六个人，刘邦就把他们一块儿留下来吃饭。饭后，别的人都先后告辞了，陈平仍端坐着不动，他请求刘邦尽快给他安排一个合适的位置。

刘邦对陈平做了认真、全面的考核，所问之事，陈平无不对答如流，其知识的渊博和才气的横溢使刘邦惊叹不已。当听到陈平说自己在楚营的时候担任都尉一职后，刘邦当即宣布：封他为汉军都尉，兼刘邦参乘，同时执掌监护汉军将士的职位。

刘邦破格录用陈平，在汉营掀起了轩然大波，特别是从沛县就跟着刘邦起兵的老将领们很不服气。

一天，周勃和灌婴跑来对刘邦说："陈平的长相固然不错，但这就像帽子上的明珠，外表光亮，内部并不怎么样。听说他在家里和嫂子私通，侍奉魏王不忠，才叛逃到楚国。在楚国干了坏事，又来投奔我们。大王非常器重他，按说他应该知恩图报，但是他却贪心不足，以权谋私，收受诸将贿赂。谁给他送的东西多，他就给谁安置好地方；谁送的东西少，便给谁安置坏地方。像这样反复无常的人，大王可要多加提防啊！"

三人成虎，众口铄金，刘邦对陈平的信任动摇了，他责问魏无知为什么要推荐如此品行不端的人。

魏无知对这些传言的真实性也说不清楚，只能从道理上开导刘邦说："臣推荐的是陈平的才能，而大王责怪的是陈平的品德。眼下是两军对垒、你死我活的非常时期，即使有像尾生那样守约、像孝己那样孝顺的人，其品德固然高尚，可对赢得当前这场战争能有什么作用？臣推荐奇谋之士，是为了打败楚军。至于和嫂子私通、接受贿赂的事，还是请大王问问陈平本人吧！"

刘邦听完魏无知的话，觉得有道理，火气已消了大半，但他仍把陈平叫来查对。

陈平从容不迫地回答："臣的确侍奉过不少人，只是因为他们信不过臣，臣才离开他们，臣之所以来投奔大王，是听说大王跟他们不一样。"

至于"盗嫂"的事，本属子虚乌有，陈平则一笑了之。

对于"受金"，陈平则直言不讳："臣离开楚营前全部退还了项王赏给的黄金，两手空空到了汉营。但是，没有钱就办不成大事情。所以，臣又想办法积攒了一些金银。现在，如果大王觉得臣的计谋可以用，臣留下；如果大王觉得臣的计谋不能用，请大王准臣辞别归乡。所有的钱财都放在库里，臣分文未动，大王随时可以收回。"

刘邦听了，大受感动，离开座位拉着陈平的手说："我错怪您了，请别介意。"随即赏赐给他丰厚的钱物，汉军将士也渐渐消除了对陈平的成见。

刘邦知错就改，挽留了陈平，以后的事实证明，陈平不仅是一位有勇有谋的杰出人才，而且是一位名副其实的谋士，他为刘邦主要做了三件大事。

第一，离间项羽和范增。范增是项羽手下的第一谋士，项羽起兵之时就跟随项羽左右，被项羽尊为"亚父"。范增谋略深厚，项羽对他言听计从。刘邦要想战胜项羽，必须先除范增，但是除掉范增又谈何容易！陈平却在这种困难的条件下，向刘邦献计，为除掉范增立下大功。

第二，荥阳救驾。"计毒莫过绝粮，功高不过救驾"。刘邦用陈平之计逼走范增后，项羽又羞又愧，命令士兵加紧攻城，一定要活捉刘邦，碎尸万段，方解心头之恨。

楚军里三层外三层围攻荥阳，城中的汉军粮草用尽，危在旦夕。万般无奈，陈平想出一计——刘邦的部将纪信长相酷似刘邦，陈平让纪信冒充刘邦投降项羽，然后刘邦乘机突围。

第三，脱身白登山。刘邦当了皇帝以后，率军讨伐匈奴，被困白登山。当时正是隆冬时节，汉军饥寒交迫、疲惫不堪，刘邦急得跺脚，却一筹莫展。

这时陈平献上一计，就是给单于的爱妃多送金银珠宝，同时还送去一幅美女图，请单于的爱妃从中调停讲和。

单于的爱妃见了珠宝自然喜欢，但是对美女却很反感，怕争了自己的宠，于是很爽快地答应帮忙，刘邦再次脱险。

刘邦死后，陈平与周勃平定了吕氏作乱，依旧忠心辅佐文帝，对汉室有再造之功。

与此相反的是，有些管理者做了错事后，就是不愿意主动认错。因为，在他们看来，向员工认错是一件不光彩的事情，有损形象。在这方面，管理者大可不必如此多虑，向员工认错不仅不会影响到管理者本人的形象，反而能够体现出管理者的威信。相反，知错不改则会带来负面影响。

为此，企业管理者一定要明白：帝王犯错可致天下大乱，知错就改不失威仪。

管理智慧

◇帝王犯错可致天下大乱，知错就改不失威仪。

◇对于一个企业管理者来说，如果不谨慎自己的言行，不懂得知错就改，就会失去自己的威仪。

◇向员工认错不仅不会影响到管理者本人的形象，反而能够体现出管理者的威信。

管理者以身作则，才能管理好下属

【聊天实录】

我：管老先生，您对树威立信有何高见？

管子：我曾说过：禁胜于身，则令行于民。

我：您这句话该如何解释呢？

管子：这句话的意思就是：用法制克制君主自身，即要求人君以身作则，率先服从法律禁令，那么老百姓就没有不奉公守法的了。

我：您的意思是说您不仅强调立法，重视法律本身，而且还强调执法，重视法律的执行问题。您认为国君如果以身作则，率先遵守国家的法律，那么老百姓就会自觉守法，法律就很容易在国家中施行。在法律的执行中，国君的表率作用十分重要。"其身正，不令则行；其身不正，虽令不从。"君主制定法律、树立礼仪，首先要自觉遵守，以身作则。如果君主不以身作则，下面的老百姓就不会服从，如果老百姓不服从国家的法律，那么国家就会产生混乱，所以历代思想家都强调君主在遵守法律方面要起到表率作用。对今天而言，如果企业管理者不能够以身作则，就不能树威立信、管理好下属。

管子：是的，管理者以身作则，才能管理好下属。

曹操 "割发代首"

曹操是大家非常熟悉的历史人物，过去戏曲里常常把他打扮成一个白脸奸臣，其实，曹操不但是一个很有作为的政治家、军事家，而且还是一个严于律己、自觉守法的统帅。

建安五年（200年），曹操率军在官渡和袁绍进行决战的前夕，为了严肃军纪，下了一道命令："军队行军，不许践踏麦田，违犯者处死。"可是，在行军中，麦田里突然飞出一只斑鸠，从曹操骑的马头上掠过。战马受了惊吓，嘶叫着蹿进麦田。等曹操用力勒住缰绳停下来，已经踩坏了一大片麦子。曹操赶紧下马，对管理法令的主簿说："我践踏了麦田，违犯禁令，请按军法治罪。"主簿觉得统帅的马踩了麦田，不好治罪，就对曹操说："法令是对一般将士的。按照《春秋》的规矩，对尊贵的人是不能施加刑罚的。

曹操画像

将军是一军的主帅，何况战马受惊，闯入麦田，是出于意外，不是存心违法，我看就不必治罪了。"曹操见主簿不肯定罪，便要拔剑自刎。部下慌忙拉住，劝阻道："您是统帅，责任重大，怎么可以轻生呢？"曹操叹了口气说："我身为统帅，更应该自觉遵守法令，即使不处死，也一定要受到处罚！"说着，用剑"唰"的一声割下了自己的一绺头发，掷在地上。古代的人认为身体发肤，受之父母，是不能随便损毁的，因此割发也是一种刑罚。曹操割发代首的事情，马上在全军将士中传开了。全军上下见曹操这样严格要求自己，人人自觉遵守军令，不敢违犯。

曹操割发代首，是自觉遵守法令的典范，可见，企业管理者只有以身作则，给员工做出表率，才能推进各项工作的顺利发展。

凡事以身作则才能管理好下属

管子认为，要想成为人人景仰的"圣人"，必须端正自身品行，为民众树立榜样，也只有这样，才能够带领好民众。在这里，我们可以引用、理解为"凡事以身作则才能管理好下属"。

是的，要想成为民众心目中的"圣人"，只有端正自身，达到"圣人"的要求，才能树立起大的威望，以榜样的力量带动民众端正品行，没有什么比榜样的力量更有效了。"上有所好，下必甚焉"，上行下效是最简单不过的规则，这样一来，管理好人民就非常容易了。

在战场上，帅的作用是巨大的，军中无帅，则千万兵马犹如草芥般不堪一击。如果身为将帅的能够身先士卒、冲锋陷阵的话，全军的士气就会被鼓舞起来。如果这个帅是皇帝本人，那作用就更明显了。有时候，统治者就得肯冒险，才能换来胜利的成果。

俗话说"得民心者得天下"，这民心之得，却是有些学问，除了领导者有雄才大略、待人仁德宽厚外，还需凡事以身作则，这其中就包含着一句古训——言行如一事可成。

高高在上的统治者们虽然位高权贵，但正因为位置高，全国人民对他的一举一动才都看得见。因此，统治者应时刻注意自己言行，稍有不慎，就会被别人抓住尾巴，时间一长，谁还会心服这样的领导呢？

赵奢是赵国的田部吏，负责征收农业赋税。赵王的儿子平原君凭借着自己的特殊身份，不肯向国家纳税，这在全国造成了很大影响，百姓也都开始抵制纳税。赵奢派人把平原君的管事找来，让他劝说平原君依法纳税，没想到这个管事根本就瞧不起赵奢，他傲慢地说："天下都是赵家的，平原君缴不缴税，你好像管不着吧？"

赵奢笑了笑说："你说得没错，天下是赵家的，可是，你知道缴税的规定是谁制定的吗？"

管事仍是一脸轻蔑地说："当然知道，这规定是赵王制定的。"

赵奢接着说："既然你知道这是大王的规定，还抗拒纳税，你还不知罪吗？"

管事有点害怕起来，赵奢此时高声喝道："抗拒国法，不缴租税，该当何罪？"

"杀！"赵奢的手下齐声回答。

管事装作不以为然地说："你敢这样做吗？"

赵奢严肃地说："为国除害，有何不敢！"说完，赵奢令刀斧手把管事拖出去斩了。

接着，平原君的第二个管事又被叫到赵奢衙中，他依然拒绝缴税，又被赵奢斩了，就这样，赵奢一连斩了平原君的九个管事。

平原君听后大怒，大骂赵奢，发誓一定要杀了他，以解心头之气。

赵奢随后主动来到平原君的府上，对平原君说："我这样做，完全是为了维护赵国的利益，也为了维护平原君您的前途。"

平原君不解地说："你杀了我九个管事，让我颜面落尽，这难道是为我好吗？"

赵奢认真地答道："在赵国，您是地位很高的公子，百姓都处处以您为榜样。如今倘若我不依法办事，纵容您的这种不纳税的行为，百姓也会纷纷效仿，那么，赵国制定的国法还有什么威信可言？长久下去，国库也会空虚，这样就会使国家陷入不利的境地，必然会遭到其他国家的侵略，到了那个时候，平原君您的一切不也都完了吗？"

平原君领悟似的点了点头，赵奢接着说："如果您能带头依法缴税，赵国上下就会令行禁止，国家便会强盛，社会也会安定，这样一来，您的一切利益都不会受到丝毫的威胁，您说哪种做法合算呢？"

平原君听到这里，已完全明白了赵奢的一片良苦用心，他马上缴齐了拖欠的税款，又把赵奢推荐给了赵王，赵王提拔赵奢担任管理国家赋税的官。

在赵奢的不断努力下，赵国的国库日渐克实，国力日渐强大起来，老百姓也过上了安稳的日子。正所谓上行下效，平原君的带头作用马上起到了效果，可见，为官者只有以身作则才能使下属心服，管理好这些人自是不在话下了。为官者做事重在让人心服，让人心服的最好方式便是以身作则，自己都做不到的事情还怎么去要求别人去做呢？

可见，凡事以身作则才能管理好下属。

管理智慧

◇管理者以身作则，才能管理好下属。

◇其身正，不令则行；其身不正，虽令不从。

◇高高在上的统治者们虽然位高权贵，但正因为位置高，全国人民对他的一举一动才都看得见。

管理者只有行权得当，才能服众

【聊天实录】

我：管老先生，您对树威立信有何高见？

管子：我曾说过：审刑当罪，则人不易讼；无乱社稷宗庙，则人有所宗。毋遗老忘亲，则大臣不怨；举知人急，则众不乱。行此道也，国有常经，人知终始，此霸王之术也。

我：您这句话该如何解释呢？

管子：这句话的意思就是：判刑适当，人们就不会随便打官司；社稷宗庙不乱，人们就有信奉的东西。不遗忘老臣和亲戚，大臣就不会抱怨；充分了解人们疾苦，民众就不会作乱。实行了这些方针，国家就有准则，人民就有规范，这就是成就霸王之业的政策。

我：您的意思是说统治者行权要有一定的规范，无论是"授爵、禄赏、带兵、安排工作、判刑"等等，都要有一定的讲究，这样才能够使大臣们提倡仁义、使战士们不怕牺牲、使军队上下和睦。在这里，我们可以引用、理解为："行权得当则天下归顺、太平。"在行权过程当中，统治者必须要把握应有的分寸，遵循一定的原则，这是天下归顺、太平的必要前提。重权在握的统治者们应使用好自己所拥有的权力，如果有人威胁到了自己，也应讲究策略地去化解。对我们今天而言，管理者只有行权得当，才能服众。

管子：是的，管理者只有行权得当，才能服众。

行权得当的乾隆

清朝有一位官员名叫舒赫德，在雍正年间任监察御史，乾隆即位后任他为军机章京。他的博学多识让乾隆帝很为看重，因此，乾隆派他主持和参与了许多国政要事，舒赫德也是步步高升，最后升任兵部尚书。

舒赫德上任兵部尚书后，恰逢阿睦尔撒纳降清，舒赫德将其家属私自扣为人质，乾隆为此大发雷霆，革了舒赫德的职务并抄其全家，还把他的儿子革职充军。而当后来舒赫德在阿克苏听说大将兆惠被围黑水营时，他赶紧遣人将此事上报给了朝廷，乾隆帝因此功授予他副都统之职，又让他带兵给兆惠解围去了。

后来，清军征缅失败，舒赫德受命去云南主持军务，可他坚决反对再次攻打缅甸，乾隆帝大怒，再次将他革职。三年后，土尔扈特部回归清廷，乾隆任舒赫德为伊犁将军，负责主持安置土尔扈特人。其他大臣都怀疑土尔扈特部是诈降，只有舒赫德坚信他们是真心归降，他妥善安置土尔扈特人，功绩显著，乾隆把他提拔为武英殿大学士。

舒赫德还曾被任命为兼管刑部、吏部及户部三库，任国史馆、四库全书、清字经馆总管。他去世后，乾隆帝颂其功曰："舒赫德老成端重，练达有为。朕御极之初，即膺任使，宜猷中外，四十余年。前此平定回域，懋著劳绩，嗣于西陲，抚辑归顺远藩，东省剿捕悖逆匪众，悉心筹划，动合机宜，实为国家得力大臣。"遂赠舒赫德太保衔，入祀贤良祠中。

乾隆帝在用人上就是这般"灵活"，他对一个人的优点、缺点把握得都很到位，有功者必赏，有过者必惩，这是乾隆帝的常用手段。除了舒赫德以外，乾隆朝后期的大学士阿桂在官场上也是起起落落了很多次。

阿桂在初征金川时，和张广泗一起因欺蒙讷亲而被乾隆帝治罪，因其父阿克敏仅此一子，乾隆帝对其从宽处置。后来，阿桂参加征准噶尔战役，规划伊犁屯田有功，又被乾隆升为伊犁将军。征缅甸时，阿桂提出的主张不合乾隆心意，乾隆又把他降为参赞大臣。

接着，阿桂又因善后不力，受到革职并留军前效力的处分。两金川战争时，阿桂励精图治，浴血奋战，终于成为平定两金川的第一功臣。乾隆把他提升为大学士，阿桂成了乾隆后期少数有远见的政治家之一。

阿桂重视整顿吏治，帮助乾隆查处了一大批贪官，他还劝乾隆节省朝廷的开支，以造福百姓为要。他操守廉洁，与贪官和珅水火不容，临死之时他还忧国忧民，对清朝的前途命运甚为担忧。乾隆给犯错之人以机会，并没有像历史上大多数皇帝那样，对被贬之臣永不再复用。结果表明，乾隆帝的做法是明智的，那些犯过错而被他宽恕的官员们个个心存感激、知恩图报，在后来的日子里都对乾隆王朝做出了或大或小的贡献。

而这样的结果，都是因为乾隆行权得当的原因，值得我们今天借鉴。

行权得当，才能服众

对一个国家而言，一个统治者如果行权不当，必将天下大乱。是的，权力是一种统治人民的武器，但是，并不是每个人都能用好这件武器，只有以民为本、以德服人的君王才能用这件武器治理好国家，以使天下归顺，赵匡胤"杯酒释兵权"的故事就很能体现出行权得当的重要性。

宋太祖赵匡胤统一北宋后，天下趋于安定。

有一天，他问宰相赵普道："自唐朝以来，几十年间，换了十几个皇帝，战祸连绵不断，这是什么原因呢？"

赵普回答说："这是由于藩镇势力太强大了，以致皇帝的势力受到削弱，皇帝自然也就无法控制局面了。现在石守信等人手握重权，当务之急就是削减他们拥有的权力，控制他们的钱粮，收编他们的精兵，如此一来，天下自然就太平了。"

赵匡胤听取了赵普的建议，决定及早剥夺功绩显赫的石守信、王审琦等人兵权，但这几个人重权在握，硬取必然会引起他们的不满，闹不好还会逼他们起兵反抗，到那时后果将不堪设想，因此，赵匡胤深思熟虑，决定智取。

有一天，赵匡胤邀请石守信等大将饮宴，酒席上，君臣开怀畅饮，气氛非常融洽。酒兴正浓之际，赵匡胤借着酒意对石守信等人说："我若没有诸位的鼎力相助，就不会有今天。但我身为天子，日子并不好过啊！还不如做一个小小的节度使快活。我每夜都做噩梦，没有一个晚上睡过踏实觉，这皇上不好当啊！"

石守信等人听到这些，有些莫名其妙，不知道赵匡胤葫芦里卖的什么药。一

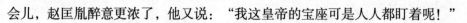

会儿，赵匡胤醉意更浓了，他又说："我这皇帝的宝座可是人人都盯着呢！"

石守信等人听后惊出一身冷汗，这才明白赵匡胤请他们喝酒的真实意图，一个个急忙表态说自己绝无二心。

赵匡胤说："我当然是相信诸位的，然而谁能保证你们的部下不会为了富贵而把黄袍加在你们身上呢？"

听到这里，石守信等人早已诚惶诚恐，他们跪在地上一边磕头一边请求赵匡胤给他们指条活路。

赵匡胤顺势说道："其实人生在世，能享受时就尽情享受，依我看来，诸位何不交出兵权，出外镇守边境，选些好的田地，为子孙后代创下家业，再多置些美貌的歌舞女子，尽情欢娱，颐养天年。这样既可以防止诸位的部下反叛作乱，诸位又能无忧无虑地安享晚年，何乐而不为呢？"

赵匡胤的一番话，石守信等人自是心领神会，赶忙拜谢皇恩浩荡。第二天，石守信等人称病，自动交出了兵权。

可见，赵匡胤感到自己的权力和地位受到了威胁，他没有盲目地"强取豪夺"，而是使用了一定的手段让别人主动而退，这是何等的聪明！而他这种行权得当的方式也使属下归顺，不仅避免了自己身背滥用权力、滥杀无辜的骂名，还能使属下心服，真是一举两得。

所以说，对现在的企业管理者来说，一定要行权得当，因为只有行权得当，才能服众。但企业管理者要做到行权得当，首先应看清局势，并充分地分析好利害关系。如果身为企业管理者连是非好歹都不能分辨的话，还怎么谈得上行权得当呢？

管 理 智 慧

◇管理者只有行权得当，才能服众。

◇对一个国家而言，一个统治者如果行权不当，必将天下大乱。

◇权力是一种统治人民的器，但是，并不是每个人都能用好这件武器。

虚心纳谏的管理者，才能凝聚人心

【聊天实录】

我：管老先生，您对树威立信有何高见？

管子：我曾说过：明主不用其智，而任圣人之智。不用其力，而任众人之力。故以圣人之智思虑者，无不知也。

我：您这句话该如何解释呢？

管子：这句话的意思就是：圣明的君主不是凭着个人的智慧，而是使用圣人的智慧。不用个人的力量，而是依靠众人的力量。

我：您的意思是说您认为统治者看重圣贤之人的智慧和众人的力量才是明智的，但若反其道而行之，那么，就不会有好结果了。在这里，我们可以引用、理解为"善借众人之力，虚心纳谏者明"。作为统治者，无论多么的高明，其智慧和能力也都是有限的。但凡真正的圣明君主，都是能够听从圣贤之言、广泛纳谏，并且懂得依靠众人的力量。只有昏庸的君主才自视不凡，凡事都自作聪明不肯听从他人的劝导和意见，结果往往是既难成事，又大失人心。"人心齐、泰山移"，英明的君主都善于发挥众人的特长，借众人力量来解决难题。俗话说"三个臭皮匠，顶个诸葛亮"，别太小瞧了个体的力量，如果各式各样的个体联合起来，那也是股很强的势力。

管子：是的，虚心纳谏的管理者，才能凝聚人心。

【解读】 虚心纳谏的李渊

纳谏是领导的必修课，李渊十分清楚，隋炀帝身首异处的重要原因之一就是他拒谏饰非，偏听偏信，致使众叛亲离，不知死之将至。因此，李渊能够多虚心纳谏是他顺应历史前进的要求，是统治地位的客观需要。

李渊由于意识到秦二世、隋炀帝饰非拒谏所导致的结果，因而他非常重视臣僚们的进谏。

由于李渊认识到纳谏的重要意义，所以，对于有益的批评，他都能认真考虑。孙伏伽曾批评他说："陛下二十日龙飞，二十一日有献鹞雏者，此乃前朝之弊风，少年之事务，何忽今日行之！又闻相国参军事卢牟之献琵琶，长安县丞张安道献弓箭，频蒙赏劳。但'普天之下，莫非王土；率土之滨，莫非王臣'。陛下必有所欲，何求而不得？陛下所少者，岂此物哉。"这就是说，李渊刚做皇帝就接受别人玩乐方面的贡献，把皇帝降低到一般少年人的水平，皇帝的需求绝不在这些方面。

孙伏伽还批评说："近者，太常官司于人间借妇女裙襦五百余具，以充散妓之服，云拟五月五日于玄武门游戏。臣窃思审，实损皇猷，亦非贻厥子孙谋，为后代法之。"孙伏伽认为："此谓淫风，不可不改。"

孙伏伽还根据"性相近而习相远"的道理，要求慎重选择皇太子身边的群僚，绝不能使"无义之人，及先来无赖，家门不能和睦，及好奢华驰猎驭射，专作慢游狗马声色歌舞之人"接近太子，以免对太子有不良的影响。

李渊对这些批评和建议都愉快地接受了，这充分反映了李渊很富有进取心。这正是一个开国君主，一心要把国家推向富强，并极力巩固自己地位的真实反映。太宗正是继承了这种进取心，才促使其形成"贞观之治"的。

富有进取心的精神状态，还表现在李渊要求臣下如实地反映情况方面。他在《令陈直言诏》中，尖锐地批评那些"表疏因循，尚多迂诞；申请盗贼，不肯至言，论民疾苦，每亏实录；妄引哲王，深相佞媚，假托符瑞，极笔阿谀；乱语细书，动盈数纸"。这种反对因循守旧，不肯直言，华而不实，空话连篇的求实作风，正是开国君主进取精神的另一种表现。

武德四年（621年），唐军平定了王世充，镇压了窦建德起义军后，李渊先后下过《平窦建德大赦诏》、《平王世充大赦诏》，表示"大赦天下"，但忽而又"责其党与，并令配迁"。为此，孙伏伽又批评他道："臣闻王言无戏，自古格言；去食存信，闻诸旧典。……言之出口，不可不慎。……既云常赦不免皆赦除之，此非直赦其有罪，亦是与天下断当，许其更新。以此言之，但是赦后，即便无事。因何王世充及窦建德部下赦后乃欲迁之？此是陛下自违本心，欲遣下人若为取则？"在孙伏伽看来，皇帝绝不可失信于人，否则，就

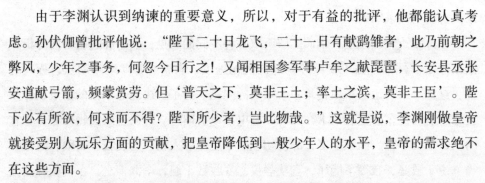

会失去民心。李渊接受了批评。同时，孙伏伽还建议设置谏官，以利于李渊纳谏，也被李渊采纳了。

在许多重大问题上，李渊能够听取各种不同的意见，然后经过自己的分析，做出决定。例如，由于突厥频繁地向内地进攻，唐朝经常要兴师动众，挥兵北上。这样一来，运送军粮就是一个很大的问题。为了解决运送军粮的困难，并州大总管府长史窦静上表请求在太原"置屯田以省馈运。时议者以民物凋零，不宜动众，书奏不肯。静频上书，辞甚切至。于是征静入朝，与裴寂、萧瑀、封德彝等争论于殿庭，寂等不能屈，竟从静议。岁收数千斛，李渊善之，令检校并州大总管"。为了屯田问题，把持不同意见的双方集中于殿庭，当面讨论，最后，既采纳了窦静的意见，收到了实效，也没有责怪固执己见的裴寂等人。这种做法，显然有利于统治集团内部发表有益的意见。

由于按照窦静的主张进行屯田的效果很好，所以当秦王李世民提出增置屯田于并州（治所在今山西太原）境内的建议也得到了李渊的支持。

李渊则截然不同，当殷纣王早已遭人唾骂，大家又都对隋炀帝深恶痛绝的时候，苏世长竟敢把他和殷纣王、隋炀帝相比，他也毫无费隆之意，当然更显得难能可贵。这主要是由于他认识到"隋氏以主骄臣谄亡天下"，从而"虚心求谏"，并要求臣僚们"有怀必尽，勿自隐也"的结果。由此看来，在怎样对待自己的过失方面，从李渊到李世民是一脉相承的。

虚心纳谏，凝聚人心

虚心纳谏是多数贤君都会采取的态度，正所谓"智者千虑，必有一失"，再精明的人也有失策的时候。此时，只有虚心地接受忠臣们的劝谏，才能把因决策失误而造成的影响降至最低。

通常情况下，人喜欢控制自己的命运，谁都不愿意做他人的傀儡，因此，在现代企业管理中，员工往往会向上司提出建议："我们有没有试过这个方法？""为什么我们不采用这种方式？我觉得用这种方法更好。"

这些建议有时候会造成组织真正的改变，它们可能促使绩效增加而达到任务，也可能一无用处，但无论如何都值得一试。员工天天在基层岗位上工作，往往比管理者更能看出真正的问题在哪里，也能看出管理者永远找不到的解决问题之道。

管理者鼓励员工提供建议，组织就会更有绩效，员工也会更积极工作，员工的建议越受重视，就越负责任。

管理者面对建议可以有不同的反应，并不一定非要接受员工的建议，但是至少应该尊重每一个建议。

这时管理者应做到的是：

当员工提出某种建议时，应该欣然地表示："没想到你会想出这种办法，你很认真，真不错。"以开朗的作风接纳意见，只有这样，员工才会高兴地提出建议。

站在管理者的立场上，你可以有选择地采纳员工提出的建议，但不可当即拒绝，要接受他们的热诚，并诚恳地告诉他们你还要考虑考虑。通常员工在向上司提出建议前都做了一番思考，他们的建议往往值得管理者们认真地想一想。

偶尔和其他人讨论这些建议，让员工知道你很重视他们提出的建议，感谢员工能提出很多很好的建议。拒绝员工的建议时措辞要委婉，并将理由说清楚。

所以说，纳谏是管理者的必修课。在企业管理者处理特殊问题时，尽量征求不同人的建议。只有虚心纳谏的管理者，才能凝聚人心。

管 理 智 慧

◇虚心纳谏的管理者，才能凝聚人心。

◇善借众人之力，虚心纳谏者明。

◇纳谏是管理者的必修课。

管理者表里不一，无法树威立信

我：管老先生，您对树威立信有何高见？

管子：我曾说过：凡民从上也，不从口之所言，从情之所好者也。上好勇则民轻死，上好仁则民轻财。故上之所好，民必甚焉。

我：您这句话该如何解释呢？

管子：这句话的意思就是：百姓追随君主，不是追随君主所说的，而是追随君主性情所喜好的。君主喜欢勇武，百姓看轻死；君主喜好仁慈，百姓就看轻财。所以君主所喜好的，百姓必定更喜好。

我：您的意思是说领导人要有人格的力量，其道德人格的力量对社会风俗风貌具有重大的引导作用。领导人手握权力，掌握着杀伐大权，也掌握着舆论，可以向国人和组织发表演说，发布观点，但民众更听其言、观其行，其一举一动才真正对社会起到示范引导作用。在您那个诸侯征伐的时代，国家需要勇敢之士，社会需要尚勇的风气，为此，人们不但要不惜生命，还要看轻财物。这些社会风气的引导，都要看君主的行为。一个社会，提倡什么，反对什么，不是领导人讲话号召就能做到的，还需要领导人在行动上起到表率作用。所以，对今天来说，领导人、管理者，千万不能说一套做一套，表里不一。那样会起到相反的效果。

管子：是的，管理者表里不一，无法树威立信。

表里如一的刘秀

朱鲔是刘玄的心腹，更是一位能征善战的将领，同时也是杀害刘绩（刘秀的兄长）的元凶之一。当他率领三十万大军据守洛阳的时候，刘秀派大司马吴汉率领王梁、岑彭、贾复等大将前往征讨。

当时更始帝刘玄已经被赤眉军废去帝号，号召力大大减弱，朱鲔处于左右为难的境地。因为他曾经杀害刘秀的哥哥，作为刘秀的仇人，如果投降必定是死路一条，可是不投降也是战死。他衡量一番后认为，既然都是死，还不如战死。所以他坚守不出，让刘秀无可奈何。

刘秀全力围攻了几个月，损兵折将，但洛阳还是攻不下。面对这种形势，刘秀感到强攻不行，就开始劝降。他知道大将岑彭曾在朱鲔手下担任过太守，于是派他到城中劝说朱鲔。

岑彭见到朱鲔后，动之以情、晓之以理。朱鲔也深知当前形势对自己不利，他无奈地说："大司徒（指刘绩）被害时，我参与其中，如今又阻挡萧王（指刘秀）北伐，我自知罪孽深重，萧王能原谅我吗？"

岑彭听了以后，不敢擅做主张，回来向刘秀详细地汇报了。刘秀表现出宽广的胸怀，他说："我听说成大事的人，不计小怨。朱鲔如果投降，不但不罚，而且官爵可保！"

刘秀的承诺使岑彭心里有了底，他再往劝降。朱鲔为了试探刘秀是否真诚，让人从城上放下一条绳索，对岑彭说："如果真是如此，可由此绳上城。"

岑彭毫不犹豫，马上抓住绳索就要向上爬，朱鲔见他很讲诚信，当即口头答应投降。

几天后，朱鲔让人把自己捆起来，到汉军营中投降。刘秀不但没有任何责罚之意，还亲自给他解开了绳索，并且封他为平狄将军。天下统一后，刘秀也没有像有的帝王那样战时笼络人心、得了天下就秋后算账，而是继续相信朱鲔，任命他为少府，传封累代。

刘秀对待朱鲔的态度起到了明显的积极效果，很多敌对者见刘秀对于杀兄仇人尚且能委以重用，就更没有忧虑了，纷纷前来投靠。

试想一下，如果刘秀不守承诺，在朱鲔投降后就将他杀害，那么与刘秀敌对的那些人肯定不愿意投降，说不准还会与刘秀拼个你死我活，刘秀得天下不知要到推迟到什么时候。可是，正因为刘秀的信守承诺，使他以最小的代价换得了最大限度的支持。

可见，"信"字是立威的前提条件。只有信守承诺，才能够让他人信服，进而得到支持和拥戴。

管理者一定要表里如一

古人云："君子一言，驷马难追。"又有"言必信，行必果"之说法，这其中便道出了做人的学问，其实这也是老板和员工进行交往沟通的准则。

受欢迎的人，常有许多共同的待人处世的优点，其中很显著的一点便是他们在任何时候都诚实守信，遵规守约。他们常常遵循这样的原则：要么轻易不与人相约，要么就要信守诺言，竭尽全力去办。不管是在商界还是非商界都必须铭记：在交际场上，说出去的话就像泼出去的水，无法收回，特别是在商业交涉中。

而有不少的老板们却偏偏是爱许诺，可又不珍惜这一诺千金的价值，由于过分相信自己的实力，所以许多事情不假思索就会轻易地答应给员工："……我可以帮你这样做。"而后却往往又办不到。如此，很容易就在员工的心目中留下一个"不守信用"的烙印，这实在是一名老板所应避免的。

要懂得诺言好比一针兴奋剂，它能激发员工们的工作热情。如果你当众宣布：若能超额完成任务，大家月底能拿到40%的分红。

这是怎样的一则消息啊，情绪亢奋的人们已经无暇顾及它的真实性了，想象力已穿过时空隧道进入了月底分红的那一幕。接下来员工们必定会热火朝天地工作，扳着指头盼望月底的到来。

到了月底，你的员工们都眼巴巴地指望你能说话算数，而你却只能来一句"对不起"！想想看，这后果是多么的可怕。如果你下次再发出这样的号召，有谁还会真心真意地干活呢？而一旦你的员工有了这样的心态，那么你在公司中就是一个彻底的失败者，你的权威没有了，难得树立起来的信任也会失去。

成功是一种习惯，诚信形成领导力！领导力来自好多方面，可是一个言而无信、信口雌黄的人，是没有领导力的！

管理者和管理，都要做到令行禁止！管理自己，兑现承诺，应该是一个管理者应该有的习惯！如果在下属面前，事无大小，言出必践，那非常不容易。

但是假如长期如此，必将铸就个人的诚信，形成强大的管理者力。上司注重自己的承诺，下属如何敢信口开河说不负责任的话、做不负责任的事？相反，有些人要求别人要信守承诺，却管理不好自己，三天打鱼两天晒网，这样的人，他的部门定下的目标往往不能完成，他的下属最大的特长，就是为自己不能达到目标找借口。

世界上著名的扭亏高手温白克说："一家企业要成功关键是一定要爱护你的下属，并帮助他们，否则他们就不会帮助你的企业。对待你的职工一定要很诚实，要有一致性，不能朝令夕改，一定把你的心拿出来给他们看，要心心相印，只有在这种情况下，他们才会跟着你走。"

这是一种很普通的境界，但很多企业家做不来，却一味要求下属对企业忠诚再忠诚。正如世上单相思的爱情会打漂儿，企业家对下属不忠诚，就别想让下属对你忠诚。

虽然说企业管理者的命令不是圣旨，但你的承诺却有着沉甸甸的分量，对于你不能实现的诺言，最好今天就让员工知道，不要等到该兑现时，才强调不能兑现的客观原因，那样会让他们失望的。我们推崇的是许下诺言并勇于兑现诺言的守信作风，一个成功的老板，不应该随便乱开空头支票，既出言，则必兑现。

所以，管理者一定要信守承诺。一言既出，驷马难追。那么，如何做到恪守承诺、按时兑现你的诺言呢？不妨参考下面的"三个步骤"：

步骤一：在做出任何承诺之前要深思熟虑，如果不能肯定自己能够实现就不要承诺，承诺要全心全意，要保证它能不折不扣实现。

步骤二：牢记兑现的时间，按时实现自己的承诺。

步骤三：如果发生了你事先难以做出合理预见的事情，而使你不能实现承诺的话，应该立即开诚布公地与接受你的承诺的人重新进行商洽。这件事要尽快做，不要等到火烧眉毛。如果人们知道你一般总能恪守承诺，而在无法实现时也会尽可能和他们进行协商，他们就会相信，你是一个可以依靠、可以信赖的老板。

所以说，管理者如果不能够做到"言必行，行必果"，就不能使员工信服，更难使企业制度正常运行，为此，管理者一定要做到正直守信。

管理智慧

◇管理者表里不一，无法树威立信。

◇一家企业要成功关键是一定要爱护你的下属，并帮助他们，否则他们就不会帮助你的企业。对待你的职工一定要很诚实，要有一致性，不能朝令夕改，一定把你的心拿出来给他们看，要心心相印，只有在这种情况下，他们才会跟着你走。

◇言必行，行必果。

唯法纪严明、公私分明的管理者才能正君威

【聊天实录】

我：管老先生，您对制度管人有何高见？

管子：我曾说过：上舍公法而听私说，故群臣百姓皆设私立方以教于国，群党比周以其私，请谒任举以乱公法。人用其心以幸于上，上无度量以禁之。是以私说日益，而公法日损，国之不治，从此产矣。

我：您这句话该如何解释呢？

管子：这句话的意思就是：君主舍弃公法而听信私说，那么群臣百姓都将根据私欲建立学说，在国内宣扬、勾结朋党来建立私人势力；请托保举私人来扰乱公法，用尽心机去骗取君主的宠信。君主如果没有法度来禁止这类行为，那么私说就会一天天地增多，公法将被一天天地削弱，国家的混乱就从此产生了。

我：您的意思是说君与臣民之间该有的上下位置，指出君王只有不信谗言、法纪严明才能树立起君王的威严。

管子：是的，唯法纪严明、公私分明的管理者才能正君威。

【解读】 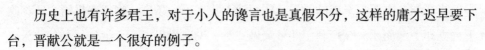 **昏庸的晋献公**

　　历史上也有许多君王，对于小人的谗言也是真假不分，这样的庸才迟早要下台，晋献公就是一个很好的例子。

　　公元前660年，晋献公打败了西方一个叫骊戎的部落。骊戎大败后，便进献了一美女骊姬。骊姬的相貌可称得上沉鱼落雁、闭月羞花。晋献公非常宠爱她，对她也是言听计从，后来竟立她为夫人。

　　但骊姬却时时刻刻不能忘记自己部落被打败的耻辱，一心想着为骊戎报仇。当然这不是立刻就可以做到的，需要长远地计划才可以办到。

　　当时晋献公已经年老体衰，骊姬的第一步计划就是让自己的亲生儿子奚齐被立为嗣君，以便日后可以将晋国顺利地掌握在手中。可是在奚齐前面，晋献公有了几个儿子，而且还立了申生为嗣君。为了达到目的，骊姬就想方设法地除掉申生，为此还设下了一个圈套。

　　当时申生不在宫中，骊姬让晋献公将他召回都城，设宴款待，饮宴时骊姬频繁地向申生劝酒，还不断地对申生的品行夸赞，同时还要申生善待弟弟奚齐。申生非常尊重这位后娘，连声答应，晋献公见他们相处如此融洽，也很开心。

　　饮宴结束时，骊姬悄悄地邀请申生明日陪她去后花园赏花。申生心里虽然不愿意，但见后娘如此盛情，又不好推脱，转念一想，光天化日之下，也没有什么关系，于是就同意了。晋献公年事已高，耳朵有些不好使，自然没有听清楚。事后问骊姬，骊姬就换了个说法，说申生主动约她到后花园看花，晋献公很自然就起了疑心。

　　第二天，申生如约而至，他和骊姬边走边赏花，申生始终与骊姬保持一定的距离。走着走着，突然飞来了一群蜜蜂，围着骊姬不停地飞。骊姬显得很惊慌，忙喊申生为她驱赶蜜蜂。申生怕后娘被蜜蜂蜇到，自己承担不了罪过，便走过去用宽大的衣袖为她驱赶。眼前发生的一切被藏在假山后面的晋献公看见了，他老眼昏花，以为申生在摸骊姬，便出来阻止。骊姬顺势跪到晋献公面前，诬蔑申生想要非礼她。

　　原来，骊姬早上梳妆时，在衣服和头发上抹了些蜂蜜，故意引来了蜜蜂。但申生为人忠厚老实，有口难辩，何况晋献公只相信骊姬的一面之词，从此晋献公便有废去申生嗣君之意。

骊姬没有停止对申生的陷害，后来，她又在申生准备进献的祭肉中做了手脚，当晋献公刚要吃祭肉的时候，骊姬让人找来了一条狗，将祭肉扔给它，狗吃下去立即中毒而死。骊姬利用此事大做文章，说申生想毒死晋献公。晋献公派人捉拿了申生，申生无法自辩，悲愤地自尽了。

接着，骊姬又想尽一切办法陷害晋献公的其他几个儿子，迫使他们逃亡出国，终于让她的儿子当上了嗣君，从此，晋国陷入了长达二十多年的混乱之中。

晋献公做事糊涂，不顾事实而一味轻信小人的做法是为君者的大忌。这种生活在小人圈中的君主，最终肯定要落个身败名裂的下场。

可见，谗言好似一剂慢性毒药，昏君遇到它会越来越迷恋它的味道，明君却能一眼辨出它害人的本质而抵制它。而听信谗言的昏君就会是非颠倒、冤枉无辜，不严明法纪就无法治军，不能立威。这糊涂、无威之君如何治理好一个国家呢？因此，身为国君，就应该不听信谗言、法纪严明以正君威。

公私分明才能使政令起到政令的作用

在中国历史上，很多亡国之君都是因为听信了小人谗言而祸国殃民乃至失掉江山的。或是因为奸臣乱党当道，蒙蔽了君王的视听，从而忠良遭到毒害，奸臣肆意为非作歹，使得国家大乱，外敌乘虚而入，内忧外患相加，走上亡国之路；或者是君主贪图女色，因为女人而误了大事，最终因爱美人而失了江山……

但凡称得上一代明君的，都能够使法纪严明，照章办事而不徇私情，这正是受到万民景仰、国泰民安的根本。

管子的为政思想为世人所称颂，可以说达到了少有的高度。是的，公私分明才能使政令真正起到政令的作用，使国家利益不会因循私舞弊而受到损害，使人民不会因私情而受到法律的无辜伤害，使人民有真正的威信可以信赖，如此，人民就容易治理，国家就井然有序了。

汉武帝是中国历史上最伟大的皇帝之一，他十六岁登基，在位五十四年，他的雄才大略、文治武功使汉朝成为当时世界上最强大的国家。这么一个贤君，自然明白政令严明、公私分明才能使众人心服的道理。

汉武帝在位时，隆虑公主的儿子昭平君娶了皇帝的女儿夷安公主为妻，隆虑公主后来得了重病，为了给儿子留条后路，她拿出黄金千斤和钱一千万献给朝廷，要求为昭平君预先赦免死罪，皇上答应了此事。

隆虑公主死后，昭平君没人约束，变得日益骄纵起来。有一次，昭平君喝醉酒后杀死了主傅，皇上的近侍臣把他拘押了起来，但因为他是公主的儿子，没有人敢对他轻举妄动。近侍臣只得上报皇上，请皇上亲自论处。

有的大臣知道后前来给昭平君求情，他们对武帝说："早先隆虑公主深谋远虑，曾为昭平君赎了一次死罪，这次昭平君犯了法，但念在隆虑公主的份儿上，还请陛下免了昭平君的死罪。"

武帝说："我妹妹老来得子，死前曾把他托付给我，然而法令是高皇帝所定，因我妹妹的缘故而破坏了先帝的条款，我还有什么颜面再进高庙呢！如果他杀了人还免了他的罪，百姓一定会寒心的！"说完，武帝命廷尉依法论处，左右官员及全国百姓无不钦佩武帝的正直无私。

东方朔对武帝赞扬道："我听说圣德之君处理政务，惩罚时不管对方是不是亲骨肉，赏赐时不管对方是不是仇人。《尚币》上说一个倔私不结党，为王之道要坦荡荡，这是帝王所应该重视的，也是普通人难以做到的。现在皇上真正做到了，普天下老百姓都能各得其所，这真是天下人的幸福啊！"

"公私分明"四字说起来容易，真正做起来是何等的难啊！汉武帝这种大义灭亲的胸怀并不是常人都能具有的，但是，明君和昏君的区别往往就在于此，汉武帝用他的行动征服了天下人的心，自然也就真正得到了天下。

明智的皇帝都懂得政令严明才能服众的道理，如果政令不明、执法不严，朝廷上下就会心生不满。光武帝在严格执法、公私分明上就是位很出色的皇帝。

由此可见，身为统治者只有公私分明才能得到人们的信任和尊敬，统治者只有严明执法才能威慑恶人、惩治小人，如此一来，社会才会安定团结。

所以说，公私分明则众人服，严明执法则小人除。众人服，好治民；小人除，好治国。法纪严明、公私分明则天下归顺，这种符合自然规律的统治政策肯定会得到人民的认可。

管理智慧

◇唯法纪严明、公私分明的管理者才能正君威。

◇谗言好似一剂慢性毒药，昏君遇到它会越来越迷恋它的味道，明君却能一眼辨出它害人的本质而抵制它。

◇公私分明则众人服，严明执法则小人除。

管理者要用亲和力来赢得下属的拥戴

【聊天实录】

我：管老先生，您对树威立信有何高见？

管子：我曾说过：宽乎形，徒居而致名。去善之言，为善之事，事成而顾反无名。能者无名，从事无事。

我：您这句话该如何解释呢？

管子：这句话的意思就是：放松生活，空闲无为也能有名声。弃去不实的山岩，去做实在的善事，事成又返回到默默无闻的境地。能干的人不需要名声，干事的人却像不能干事的。

我：您的意思是说企业家不要太高调，低调做事最稳妥，也就是说，真正受人拥戴的企业管理者，并不是高高在上的，而是非常低调，非常具有亲和力的。只有这样的管理者，才能得到下属的拥戴。

管子：是的，管理者要用亲和力来赢得下属的拥戴。

❧ 有亲和力的盛田昭夫 ❧

在索尼公司，公司领导者和员工们平等相待，气氛轻松融洽，公司就好像是一个大家庭，而员工们都被看作是一家人。然而，这种企业氛围和领导亲和力不是一下子就能营造起来的，它是索尼经过了多次员工罢工的教训后才慢慢形成的。第二次世界大战以后，世界生产力遭到严重破坏，工人生活日益艰难，大大小小的集体罢工蔓延了整个世界，索尼公司也没能幸免。

当时，在这些罢工当中，最严重的一次就是1974年石油禁运而导致的罢工。那一年，日本损失了966．3万个工作日。这是一个深刻的教训，日本许多企业专门做了探讨和改进，尤其是索尼公司，在盛田昭夫的领导下，他们很快找到了解决这个问题的方法，那就是走到员工中去，发挥互敬互助的精神。

在日本有这样的一种让人感到很有亲和力的做法。日本的创业者在公司成立后，会招聘员工来帮助他实现理想，达到目标。但创业者一旦聘用了员工，就要将他当作同事或帮手，而不是赚钱的工具。公司固然需要时刻将股东的利润放在心上，但也应经常为员工着想，应该给这些发展企业的人相应的回报。在盛田昭夫看来，股东与员工的分量是一样的，有时候员工甚至更重要。只要员工在公司工作一天，他就会为他个人和公司尽最大的努力做贡献。盛田昭夫充分看到这层利害关系，因此特别强调互敬互重。

仔细观察索尼公司的配置就会发现，索尼公司的高级领导人没有私人办公室，甚至连工厂的厂长也没有办公室。索尼公司希望领导者能和其他人坐在一起，使用同样的设施。每天早上开工以前，小组长会召开一个短短的会议，并指示交代各人当日的任务，他同时也检讨前一日的工作情形，在他报告的同时，他也仔细观察各个组员的脸孔。如果有人看起来不对劲，就让小组长设法了解他是否病了，或是有什么问题。盛田昭夫认为这点很重要。如果员工生病了，不开心或是有心事，表现就不好。

盛田昭夫为了增强领导和员工之间的亲和度和上下一体的关系，几乎每天晚上都与许多年轻的中下级主管和员工一起吃晚饭，并且聊到很晚。有一晚，盛田昭夫注意到一位小伙子心神不宁，无心作乐，于是盛田昭夫鼓励他说出心中的话来。几杯酒下肚后，小伙子打开了话匣子："在我加入索尼公司以前，我以为这是家了不起的公司，也是我唯一想加入的公司。但我的职位低下，而我的上司无疑是代表公司本身的，偏偏这人是个草包，我所做或建议的每一件事情都必须出他决定，我看不到我在索尼公司的前途。"他想到索尼公司可能有许多员工都有类似的问题，而索尼公司必须了解他们的困难，于是，盛田昭夫开始发行一份公司内部的周刊，并在上面刊载各单位部门现有的职位空缺。这样一来，许多员工都可以悄悄试探公司内部其他可能的工作机会。

管理者亲和笼络员工，可以做的很多，而真正走到员工中间，才是最受员工欢迎的。走到员工中间去，就是要向员工所想，真心为员工办事。要想达到这个目的，可以从以下几个细节着手：常对下属问寒问暖。记住每个下属的生日，在他们生日的那天，以你自己的名义或组织的名义给他们寄去一张生日贺卡，送上一束鲜花，或是为他举办一次小型的生日宴会，其效果必定非常好。

俗话说：每逢佳节倍思亲。在重大的节假日，若是你亲自组织并参与一场组织内自编自演的晚会，定会让你与员工们有更多的沟通机会。总之，管理者一定要下到员工中去，让越来越多的员工、下属参与到组织决策里面，这是组织发展的大趋势，也是管理好下属的一个好方法。

放下"身架"，抬高"身价"

放下架子，走到员工中去，看似一句简单的话，却是在经历了很多之后才被总结出来的。杰克·韦尔奇就曾坦言："不是GE的人聪明，我们有一个信念，员工是唯一的，企业领导的很多精力应花在员工的身上，而不是在考察财务数据。仅仅在年报中写几句感谢是不够的，企业领导人必须走到员工中间，征求他们的意见，让每个人都知道自己的绩效和在公司中的位置，关键是企业领导人身体力行去做。"所以，一个领导要想在员工中有亲和力，高高在上是绝对不行的，领导者必须下到员工中间去。

众所周知，企业由人组成，企业的发展更是离不开人。领导者要知道，员工的事就是领导的事，关心照顾员工会使其安心工作，关心有困难的员工会使其对企业更加忠诚。只有走到员工中间去，才能使上下同心，企业才能形成团结向上的气氛并共同进步。越来越多的人的工作目的不再仅仅是为了挣钱，他们更喜欢那些具有彼此平等、互相尊重的文化气氛的企业，在这种企业中，领导者和员工之间的友好和支持性的人际关系会提高员工对工作的满意度，会使大家并肩工作，使工作更加有效率。

韦尔奇认为，领导者的任务就是一只手抓种子，另一只手拿着水和肥，让你的公司发展，让你身边的人不断地发展和创新，而不是控制你身边的人。公司的成功需要集思广益，需要所有人都有激情。把公司的管理者作为皇帝，从长远看是不会成功的，因为他没有可持续性和亲和力。

目前，在一些西方国家的一些大公司已经取消了经理、董事和其他高级管理人员的什么专用洗手间、专用餐厅，他们在工厂与工人们交谈、争论，有时也跪在地上和工人们一道摆弄有故障的机器。日本的一些企业做得更加有力，公司经理、董事长在工作时间同工人穿一样的工作服，一起干活，下班之后一起到酒吧喝酒聊天，到舞厅娱乐……总之他们都取消了自己的特权，放下了高高在上的指挥者的架子，破除了他们身上保留的"神秘"和"神"的幻想，与员工们亲密相处，相互沟通与交流，从而激发了员工们的工作热情，打消他们长期对下压式的管理者的逆反心理，有了归属感、安全感、认同感，以轻松的心情投入工作，发挥出最大的积极性和创造力。事实证明，管理者真正走到员工中去，是亲和笼络员工的绝佳选择。

所以说，作为企业管理者，要想做好情感管理，就要学会具有良好的亲和力。要想使自己的团队获得长远的发展，就一定要放下管理者的架子，走到员工当中去，与下属们建立起良好的人际关系，创造一个良好的大家庭氛围，这对于管理者亲和笼络员工是非常重要的。

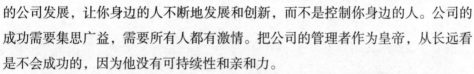

管理智慧

◇管理者要用亲和力来赢得下属的拥戴。

◇管理者一定要下到员工中去，让越来越多的员工、下属参与到组织决策里面，这是组织发展的大趋势，也是管理好下属的一个好方法。

◇不是GE的人聪明，我们有一个信念，员工是唯一的，企业领导的很多精力应花在员工的身上，而不是在考察财务数据。仅仅在年报中写几句感谢是不够的，企业领导人必须走到员工中间，征求他们的意见，让每个人都知道自己的绩效和在公司中的位置，关键是企业领导人身体力行去做。

第  章
管子与我聊做事原则

做事，是一门学问，更是一门艺术。会做事的人，往往事半功倍；不会做事的人，总是事倍功半。那么，做事有没有哪些技巧与原则呢？管子告诉我们：做事要有长远的眼光，要立高远之志，要珍惜时间如同生命，要善于抓住机遇，要不断进取……前车之鉴，后事之师。老祖宗给我们留下的都是宝贵的精神财富，值得我们今天学习与借鉴。

眼界决定境界，大目标成就大事业

【聊天实录】

我：管老先生，您对做事原则有何高见？

管子：我曾说过：以家为乡，乡不可为也。以乡为国，国不可为也。以国为天下，天下不可为也。以家为家，以乡为乡，以国为国，以天下为天下。

我：您这句话该如何解释呢？

管子：这句话的意思就是：以治家的要求治乡，乡不可能治好；以治乡的要求治国，国不可能治好；以治国的要求治天下，天下不可能治好。要以治家的要求治家，以治乡的要求治乡，以治国的要求治国，以治天下的要求治天下。

我：您的意思是表述了您"治乡、治国、治天下"的谋略和方式，在这里，我们可以引用、理解为"做多大的事就要有多大的眼界和气量"。您的为政、治国之道为天下人所颂扬。"做多大的事就要有多大的眼界和气量"——自古至今许许多多事实都证明了这一点。胸襟狭窄的人不可能做出豪放之举，胸怀大志的人才有气吞山河的大气。到了关键时刻，真正能够脱颖而出成大事的，往往都是那些有眼界和大气量的人。

管子：是的，眼界决定境界，大目标成就大事业。

【解读】 ❧ 眼界决定境界 ❧

清代左宗棠就是个非常有远见的人，眼力之远，甚至超过了曾国藩。左宗棠的远见卓识让他认清，中国面临的最大威胁在国外，因此他坚决维护国家的主权和领土完整。

左宗棠亲率军队抵抗外国侵略者，同时全力发展本国的军事工业，成为中国军事工业领域伟大的奠基者。

晚清时期，国人面临的最大威胁就是外国列强的侵略，而当时清政府在海防方面，力量非常的薄弱。左宗棠此时敏锐地发现了这一点，为求长远之计，左宗棠上书总理衙门，提出仿造外国轮船。

左宗棠的这一主张很快获准试行，即于福州马尾择址办船厂，派人员出国购买机器、船槽，并创办船政学堂，培养造船技术和海军人才。一年后，福州船政局正式开工，成为中国第一个新式造船厂。

左宗棠画像

左宗棠认为，中国东南部的安危，完全取决于海防是否安全。自鸦片战争以来，西方列强之所以横行于中国沿海，其根本原因就是因为中国没有强大的海军。

左宗棠还深谋远虑地指出："西方国家以及俄罗斯、美利坚，一直很讲究轮船的性能优劣，并相互借鉴改造，制造方法日趋成熟。东洋日本开始是买轮船，拆开研究后想仿造未能成功，近来又派人前往英吉利学习语言，以研究那些造船数据，这都是为仿造做准备。想必不久后，日本必然也能造船。而单单我们因军事繁忙，没顾得上研究。从长远来看，一旦日本造出船来，我们与之隔海相望，他们若来要挟我们，我们该如何反抗呢？"

左宗棠能认识到世界形势的变化和局势的发展，真可称得上是高瞻远瞩，在当时实属难得。当时，中日两国的造船都处在起步阶段，左宗棠设厂造船的主张及行动，使中国的海防暂时没有落伍于日本。左宗棠的未雨绸缪，使他成为中国海防史上划时代的重要人物，并对后代产生了深远的影响。

左宗棠的成就很大程度上归功于他敏锐的眼光，他站在智慧的高山上，所以也就眼界开阔、目光长远。他以常人难以企及的气量，别开生面、勇于创新，最终取得了伟大的成就。由此可见，做多大的事，就要有多大的眼界和气量。

大目标成就大事业

一个有远见的人，往往能发现别人不曾发现的东西，也便能成就别人所不能成就的事业。他们能用自己独特的眼光，去发觉隐含的"财富"，这就是他们取得成功的关键。

洛克菲勒——美国著名的石油大王，在他的自传中，曾提出了一个有趣的设想：

若是将目前全世界所有的现金以及所有产业全都混合在一起，平均地分给全球的每一个人，让每个人所拥有的财富都一样多，经过半个小时之后，这些财富均等的人们，他们的经济状况就会开始有显著的改变。有的人在这时候已经丧失了分到的那一份，有的人会因为豪赌输光，有的人会因为盲目的投资而一文不名，有的人则会受到欺骗而迅速破产。于是财富分配又重新开始了，有些人的钱会变少，有些人的钱又开始多了起来，这种情形会随着时间的延长而变得差别更大。经过三个月之后，所谓贫富悬殊的情况将会变得十分惊人。

洛克菲勒十分自信地说："我敢打赌，再经过两年时间，全球财富的分配情况就将和以前没什么区别。有钱的人仍然是那些人，而以前贫困的人依然贫困。"

洛克菲勒把这种现象的原因归结于人们的目标不同，他说："说这是命运也好，是机会使然或自然法则也好，总之，有些人的目标与行动，一定会使自己比其他人所受到的尊敬更多，他所拥有的财富也将会更多。"

洛克菲勒想说的是：奋斗者要想成功，最重要的因素是目标的选择并做出抉择。

同为有目标的人，有人成功了，有人未成功，有人大成功，有人小成功，这与目标的"大小"有很大的关系。

人生的精彩来自于目标的精彩。一个人的人生之所以精彩，就在于他有精彩的目标。所谓精彩的目标，就是要做大事，考虑更多的人、更多的事，在更大的范围内解决更多的问题，在更大的空间和时间里产生更大的影响。

你的目标越精彩，你所要解决的问题就越大，你就得要有大本事，要有很多知识、技能，有时甚至要超越个人的得失，做出某些重大牺牲。在这一过程中，你逐渐获得了超乎常人的知识和能力，你已经变得那样地胸怀宽广、大公无私，你也会取得超越常人的成就，你的人生也就变得更加绚丽多彩。

"Q世界"农产品公司的董事长霍华德·马古列斯是美国加利福尼亚州的新一代农民，他的成就就是他订立了自己精彩的人生目标并且努力完成目标的结果。多年来，农产品市场的繁荣与萧条几乎无法做任何的预估和控制，时而热火朝天，时而寒若冰霜，几乎所有的人都认为这本来就是靠天吃饭的行业。

马古列斯却从来不这样想，他给自己订下了一个精彩的目标：发明出一个新颖独特的品种，用来影响消费者的购买行为。他当然有自己充足的理由：这个行业其实和其他行业没什么区别，当市场处于低谷时，除非你有自己独特的产品，否则你就完了。农业市场也是这个道理，如果你也像大家一样生产萝卜白菜，只有市场上供小于求的时候，你才可能获利。我们的目标就是要想法调整市场，靠自己的独特性打开市场，创造更多的机会。

马古列斯想到了改良甜椒。没错，就是改良甜椒。如果能发明出比其他的甜椒风味更为独特的品种，马古列斯深信，不论零售市场如何，商店一定非常喜欢这种风味独特的品种。

于是，马古列斯发明出一种"皇家红椒"。这种长形叶式的甜椒，一上市就取得了巨大的成功，人们吃过以后，就会继续购买它。所以说，马古列斯用目标为自己的人生抹上了精彩的一笔。

可见，人一旦有梦想有大目标，自然就会为了实现它而投入更大的心力，人生的光辉由此粲然可见。为什么呢？在为实现理想而奋斗的过程中，人生的乐趣清清楚楚，而生活就会更加的精彩。

所以说，眼界决定境界，大目标成就大事业。

管 理 智 慧

◇眼界决定境界，大目标成就大事业。

◇拥有大目标的人是干事业，怀揣小目标的人是过日子。

◇一个有远见的人，往往能发现别人不曾发现的东西，也便能成就别人所不能成就的事业。

欲成大事必立高远之志，但不可好高骛远

【聊天实录】

我：管老先生，您对做事原则有何高见？

管子：我曾说过：请勿于天下，独之于吾国。

我：您这句话该如何解释呢？

管子：这句话的意思就是：这办法请不要先行于天下，应从本国做起。

我：您的意思是说您认为一个人要有远大的志向，志向越远大，意志才会越坚定。没有远大志向，一个人一生都只能碌碌无为。但是，要想实现远大的理想，就要脚踏实地，切忌好高骛远。因为好高骛远者往往总盯着过于远大的目标，大事做不来，小事又不做，最终空怀梦想，一事无成。

管子：是的，欲成大事必立高远之志，但不可好高骛远。

【解读】 　　　　　立身者当志存高远

司马迁自幼受其父影响，诵读古文，熟读经书，20岁就周游全国，考察名胜古迹，山川物产，风土人情，访求前人逸事典故，后又继任太史令，得以博览朝廷藏书，档案典籍。太初元年（公元前104年）。根据父亲遗志着手编撰一部规模宏大的史书。

正当司马迁努力写作之际，不幸的事情发生了。天汉二年（公元前99年），名将李广之孙李陵率兵5000人出击匈奴，开始捷报频传，满朝文武都向武帝祝贺，但几天之后，李陵被匈奴兵围困，寡不敌众，在士卒伤亡殆尽的情况下，被匈奴俘虏。几天前称颂李陵的文武大臣反过来怪罪李陵，司马迁替李陵辩护，触怒了汉武帝，被打入天牢。按照西汉的法律，大夫犯罪，可以以钱赎身，但司马迁家里贫穷，一时间拿不出那么多赎金；曾经亲近的左右，谁也不敢替他说情

或帮助他，最后司马迁受到了宫刑。出狱之后，司马迁担任中书令，这种职务历来都是由宦官担任的，对士大夫来说是一种耻辱。司马迁的朋友任安在狱中给他写信，表示对他的行为深感不解。司马迁回信说："我并非怕死，每个人都有一死，或重于山，或轻于鸿毛。如果我现在死了，无异于死了一只蝼蚁。我之所以忍辱苟活，是因为撰写史书的夙愿还没有实现。从前，周文王被困才推演出《周易》，孔子被困于陈才做出《春秋》，屈原被放逐于江南才写下《离骚》，左丘明失明之后才完成《左传》，孙膑被削掉膝盖骨才编著《兵法》，吕不韦贬于蜀地才做出《吕氏春秋》，韩非被拘禁于秦才写出《说难》、《孤愤》……我要效法这些仁人志士，完成我的书。到那时，就可以抵偿我的屈辱，即使碎尸万段我也没有什么可悔恨的了。"

经过20年的磨砺，司马迁终于完成了名垂千古的《太史公书》，后人称之为《史记》。

有志者事竟成，立志对于我们事业的成功具有极其重要的意义。因为一个人一旦有了高远之志，就会对人生抱有积极向上的乐观态度，积极进取，信心十足地努力，并且坚持不懈，直到成功。

可见，立身者当志存高远。一个人唯有立下高远的志向，才可能在人生之路上，披荆斩棘奋勇直前。若没有高远的志向，司马迁又怎么能在受了宫刑之后完成卷帙浩繁的《太史公书》呢？

做事不可好高骛远

人贵有志。昔时少年项羽因为看到秦始皇出游的赫赫声势，有了取而代之的念头，才有历史上的楚汉相争；诸葛亮躬耕南阳，因为常"好为梁父吟，自比管仲乐毅"，才有魏晋时期的三国鼎立；霍去病因为有"匈奴未死，何以家为"的壮志，才演绎出一代英雄赞歌；周恩来因为从小便有"为中华之崛起而读书"的豪气而成为开国总理，成就了新中国的伟大振兴……可以毫不夸张地说，一个人是否胸怀大志，小则关系到自身的成败，大则关系到时代的发展，所以自古以来，人们都十分强调立志的重要性。而无数的事实也证明，凡是能够成大事者，无不是有高远之志的人。

现实生活中，我们必须摒弃好高骛远之心，它就像缘木求鱼、水中捞月一般。谁都希望自己的事业在最短的时间里成就最大，但是不顾自己的实际情况，好高骛远地追求更高更大的目标，一定会遭受失败。凡事都是由小到大，从微薄到宏伟，绝不可能一蹴而成。

古代有个叫养由基的人精于射术，且有百步穿杨的本领，相传连动物都知晓他的本领。

一次，两只猴子抱着柱子，爬上爬下，玩得很开心。楚王张弓搭箭要射它们，猴子毫不害怕，还对人做着鬼脸，仍旧蹦跳自如。这时，养由基走过来，接过了楚王的弓箭，于是，猴子便哭叫着抱在一块，害怕得发起抖来。

有一个人仰慕养由基的射术，决心要拜养由基为师，经过多次请求，终于同意了。收为徒后，养由基交给他一根很细的针，要他将针放在离眼睛几尺远的地方，整天盯着看，看了两三天，这个学生有点疑惑，问老师说："我是来学射箭的，老师为什么要我干这种莫名其妙的事，什么时候教我学射术呀？"

养由基说："这就是在学射术，你继续看吧？"

于是，这个学生继续着这一枯燥的学习。

过了几天，他便有些烦了，他心想我是来学射术的，看针眼能成为神射手吗？这个徒弟不相信这些。

养由基又教给他练臂力的办法。让他一天到晚在掌上平端一块石头，伸直手臂，这样做很辛苦，那个徒弟又想不通了，他想，我只想学他的射术，他让我端这石头干什么？

养由基看他好高骛远、毫无耐性，也就由他去了，这个人最终也没有学到射术。

秦牧在《画蛋·练功》一文中讲道："必须打好基础。才能建造房子，这道理很浅显。但好高骛远、想走捷径的心理，却常常妨碍人们去认识这个最普遍的真理。"故事中，跟养由基学射箭的那个人，就犯了好高骛远的毛病，他最终也只能是一事无成。

从那些失败者走过的足迹上看，导致失败的原因很多，好高骛远就是其中一条。他们的想法和做法不切实际，恨不得一口吃成一个胖子，一下子把事业做大。过高地估计自己的才智，对一些所谓的小事情不屑去做，总认为自己应该去做更大、更重要的事情。岂不知这样就等于把自己的事业建立在沙滩上，早晚有一天会轰然倒塌。

成功者从不朝秦暮楚，也不浅尝辄止，而是以一颗平常的心去诠释成功。他们做事有始有终，切合实际，不急躁、不盲目、不务虚，不仅有一套明确的目标和达到目标的具体方法，并且也付出最大的努力去实现他们的目标。

罗马不是一天建成的，成功也不是一朝一夕就能取得的。面对自己的高远目标，想早想达到的迫切心情可以理解，但是千万不能急躁，一旦过于急躁，滋生了浮躁之气，反而会影响你的目标的实现。倒不如将你的视线从远处收回来，着眼于当前的行动，只要你按照聚宝路线，踏踏实实地走好每一步，抵达目标是水到渠成的事情了。

事实上，一个人能成为什么样的人，首先是想成为什么样的人。没有远大志向的人是永远不会有大作为的，有了远大志向，才能有较高的奋斗目标，才能把自己的潜力挖掘出来，投向高标准的追求，最大程度的实现自己的人生价值。才能不会甘于平淡，才能免于沉沦。

诚然远大志向的实现不可能一帆风顺，总会遇到困难和挫折。只有那些在崎岖的道路上不畏艰险、勇于攀登的人，才能到达光辉的顶点。人是有惰性的，要时时提防，注意克服。其实，困难和挫折并不可怕，可怕的是被困难和挫折吓倒，唯有勇于进取、坚忍不拔的人，能取得最后的成功。

为此，欲成大事必立高远之志，但不好好高骛远。

管理智慧

◇欲成大事必立高远之志，但不可好高骛远。

◇一个人一旦有了高远之志，就会对人生抱有积极向上的乐观态度，积极进取，信心十足地努力，并且坚持不懈，直到成功。

◇罗马不是一天建成的，成功也不是一朝一夕就能取得的。

珍惜时间如同生命，才能成就美好未来

【聊天实录】

我：管老先生，您对做事原则有何高见？

管子：我曾说过：时之处事精矣，不可藏而舍也。故曰：今日不为，明日亡货。昔之日已往而不来矣。

我：您这句话该如何解释呢？

管子：这句话的意思就是：时间对于生产是宝贵的，不可能把它储藏起来使它停止不前。所以说，今天不进行生产，明天就没有财货。过去的时光一旦消逝，就不会再回来了。

我：您的意思是说时间很宝贵，提醒我们必须珍惜时间，认为珍惜时间就如同珍惜生命。对于今天来说，不管是企业的管理层还是普通员工，珍惜时间不仅仅是一种态度，更是对自己负责的体现。做事行动迅速，不懒惰，珍惜时间光阴，及早行动，这是励志自勉的重要内容。珍惜时间，管理时间，是管理学的一门学问，不妨学一学，提高效率。

管子：是的，珍惜时间如同珍惜生命，才能成就美好未来。

【解读】 懂得珍惜时间、规划时间的比尔·盖茨

比尔·盖茨对周五很看重，每周五晚间从不痛饮迟归，从不影响周六的时间安排。

比尔·盖茨周末假日是从周五晚间到周一早上为止的时间，有将近三天的假期可资运用，并将它当作一个整体时段来加以掌握。

周六和周日，基本上都是早起，有时比平日晚起一两个小时也没关系，尽可能和家人一起共用早餐。其次，要将周六、日的上午定为主要进修时间，不足的部分排入周六、日的晚间。周日晚间不排计划只管就寝，周一早上提前起床。周末假日他将工作暂时付诸脑后，好好地调剂身心，为下一周的工作养精蓄锐。

正如赫德利克在他所著的《生活安排五日通》一书里说："不要把所有活动都记在脑袋里，应把要做的事写下来，让脑子做更有创意的事情。"相信笔记，不依赖记忆，养成"凡事预则立"的习惯。是的，一个不懂得如何去经营时间的商人，那他就会面临被淘汰出局的危险。而如果你管住了时间，那么就意味着你管住了一切，管住了自己的未来。上面事例中，比尔·盖茨懂得珍惜时间、规划时间，所以他才有美好的未来。

珍惜时间，成就美好未来

对于时间的重要性，古人有曰"一寸光阴，一寸金，寸金难买寸光阴"，汉乐《长歌行》一诗中也提到过"少壮不努力，老大徒伤悲"。法国作家巴尔扎克把时间比作资本，德国诗人歌德把时间看成是自己的财产。鲁迅先生对时间的认识更深刻，他说："时间就是生命，无端地空耗别人的时间，其实无异于谋财害命。"法拉第中年以后，为了节省时间，把整个身心都用在科学创造上，严格控制自己，拒绝参加一切与科学无关的活动，甚至辞去皇家学院主席的职务。居里夫人为了不使来访者拖延拜访的时间，会客室里从来不放座椅。76岁的爱因斯坦病倒了，有位老朋友问他想要什么东西。他说，我只希望还有若干小时的时间，让我把一些稿子整理好。

曹操《短歌行》诗叹："人生几何？"汉武帝《秋风辞》以及杜甫《汉陂行》都说过："少壮几时兮奈老何？"陶渊明也有诗句："玄鬓早已白。"司马光劝诫人们说："我劝你们趁早努力修行有所作为，不要等到将来后悔。"人生短暂，在这短暂的人生中，我们应该珍惜属于自己的短暂的时间，努力有一番作为。

巴尔扎克原本是个学法律的律师，但是，有一天他却向家里突然宣布想当一个作家。他的父母坚决反对，还联合了他们所有的亲戚朋友来反对他，尤其是他的母亲，坚决认为巴尔扎克的写作给家庭带来了耻辱。在长时间的激烈争论后，他们这个家庭达成了小资产阶级独特的折中——巴尔可以走他的路，但这条路怎么走完全是他自己的事。父母在未来两年内向他未经证实的能力付一点补贴，倘若两年期满他未能如愿，那就请他毫不迟疑地回到律师事务所中去。

经过周密的计算，按最低生活标准，巴尔扎克的父母同意每月提供120法郎即一天4法郎，作为他们儿子在未来跋涉中的生活费。

巴尔扎克非常珍惜自己的每一天，几十本书被从图书馆中借了出来，放在案头研读。巴尔扎克与生俱来头一次给自己规定了一件固定的工作，没有任何事物可以阻止他。他经常三四天不离开屋子，没日没夜地在案头笔耕。如果出门的话，那也只是给他疲劳过度的神经补充一点刺激——买咖啡、面包和水果。他一连好几天在床上写作，只是为了可以节省时间，整个创作季节里，公园、游乐场、饭馆和咖啡馆都离他很远。

两年后，巴尔扎克终于凭借自己的本事拿到了第一笔稿费，并从此一发而不可收，成为法国历史上最伟大的批判现实主义作家。

可见，时间是平凡而常见的，它从早到晚都在一分一秒地运行，无声无息；而时间又是宝贵的，是每个人生命中最宝贵的东西。若让今天的时间白白流逝，就等于毁掉了人生中重要的一页。因此，我们必须珍惜时间如同珍惜生命。

为时间做预算、做规划，是管理时间的重要战略，是时间运筹的第一步。成功目标是管理时间的先导和根据，你应以明确的目标为轴心，对自己的一生做出规划并排出完成目标的期限。只有做好充分准备，才是快速完成工作的保障。

如果你想成为一个企业管理的行家，就得大致计划一下，突破一门课程需花多长时间，什么时候进入管理实践，向内行学习。你若以搞发明创造为目标，就得在学习科学理论、向他人求教、动手制作、实验等几个领域分配好时间和精力。

立计划，也包括对"预算"的检查督促。你要经常检查某一短期目标是否如期完成，可以记工作日志，或将完成每件事花费的时间记录下来。

有的人工作起来似乎一天到晚都很忙，并且常常加班。为何非得加班不可呢？多半是由于工作管理拙劣所致。避免加班的关键在于行程表的拟订，总的来说，拟订周期行程表是件非常重要的事。

我们可以尝试拟订行程表，让自己的工作行程、同事的活动、上司的预定计划、公司的整体动向等事情得以一目了然。由于自己的工作并非完全孤立，所以必须将它定性在所属部门的课题、公司整体的课题乃至各界的动向上，方才能够加以掌握管理。只要尝试拟订行程表，原本凌乱不堪的各种预定计划，就会显得条理井然起来。

人们之所以工作忙得不可开交，究其原因是由于总在工作即将截止之前，赶紧手忙脚乱加班熬夜之故，这种做法，经常导致工作水平下降。

如果能够拟订行程表，设定进修时间、休闲时间、与家人沟通的时间，自己和家人都将因此取得默契、步调一致。此外，通过与家人的沟通了解，不但得以减轻日常生活的紧张压力，而且能够涌现新的活力。

诚然，在生活中我们也有过这种讨厌的经验——我们计划好了，也准备好按着计划来一步一步地办事，可是半途却节外生枝，把我们的预算弄得一团糟。试过一次，又一次，最后我们放弃了："算了，走一步瞧一步罢了！"可这种态度害人真不浅呀！"走一步瞧一步"拖垮了多少个计划，毁灭了多少理想，令多少人在下班回家的时候，无精打采，筋疲力尽——因为他们根本不知道时间跑到哪里去了，今天他们成就了什么事。

俗话说"一寸光阴一寸金"，做一个善于管理时间的人，不仅你的事业充满了发展的机遇，而且你的人生也会充满快乐。所以，我们一定要记住时间的重要性，在学习、工作和生活中，重视时间，珍惜时间，在每一个极短的时间单位里，让时间发挥出无穷的威力，就像珍惜生命一样珍惜时间，把我们的一生铸造得更辉煌、更有意义。

管 理 智 慧

◇珍惜时间如同生命，才能成就美好未来。

◇一寸光阴一寸金。

◇做一个善于管理时间的人，不仅你的事业充满了发展的机遇，而且，你的人生也会充满快乐。

当机立断，不要放过任何成功的机遇

我：管老先生，您对做事原则有何高见？

管子：我曾说过：时至则为，过则去。

我：您这句话该如何解释呢？

管子：这句话的意思就是：时机到了就要有所作为，否则一过就再也没有机会了。

我：您的意思是说凡事应该当机立断，因为机不可失，失不再来。在机会到来的时候，要及时把握，不然机会一失去，再想寻找机会就不太可能了。

管子：是的，当机立断，不要放过任何成功的机遇。

【解读】 一旦决定了就赶快行动

美国麦当劳餐店在1955年创办初期只是一家经验汉堡包的小店，到了1985年，在美国的50个州和世界30多个国家和地区开设了近万家分店，年营业额近100亿美元，被称为"麦当劳帝国"。它能有今天的成功，完全有赖于创始人雷蒙·克罗克的"一旦决定了就赶快行动"的准则。

1954年的一天，雷蒙·克罗克驾车去一个叫圣贝纳迪诺的地方，他看到许多人在一个简陋的餐馆前排队，他也停下车排在后面。人们买了满袋汉堡包，纷纷满足地笑着回到自己的汽车里。雷蒙·克罗克很好奇，于是上前看个究竟，原来是经销汉堡包和炸薯条的快餐店，生意非常红火。

雷蒙·克罗克52岁的时候还没有自己的事业，他一直在寻找自己的事业的突破口。他知道，快节奏的生活方式就要到来，这种快餐的经营方式代表着时代的方向，大有可为，于是他毅然决定经营快餐店，他向经营这家快餐店的麦当劳兄弟买下了汉堡包摊子和汉堡、炸薯条的专利权。

雷蒙·克罗克搞快餐业的决策遭到了家人及朋友的一致反对，他们说："你疯了，都50多岁了还去冒这个险。"

雷蒙·克罗克毫不退缩，在他看来，决定大事，应该考虑周全；可一旦决定了，就要以往向前，赶快去做。行不行，结果会说明一切，最重要的是行动。

雷蒙·克罗克马上投资筹建他的第一家麦当劳快餐店，经过几十年的发展，雷蒙·克罗克取得了巨大的成功，人们把它与名镇一时的是有大王洛克菲勒、汽车大王福特、钢铁大王卡耐基相提并论。

是的，人人都想成功，人人都想富有，而真正能抓住成功机遇的人却占少数。这其中的关键就是，能不能果断处事，在机遇面前当机立断，只有这样，才不会放过成功的机遇，而上面事例中的雷蒙·克罗克却做到了这一点。

看准了机遇，一定要当机立断

在生活中，可能你也会叹息：我曾经也有一个多么好的想法，结果因为各种因素没有付诸行动，而别人后来做了就成功了。这些曾经都在教育着我们，有了好想法，就要立即去做，不要犹豫，不要害怕，即使最终你失败了，也会为自己的尝试而感到欣慰，至少曾经努力过就不后悔。

美国众议员艾德·佛曼曾经在一次演讲中对那些不愿采取行动的空想家进行了细致刻画：总有一天我会长大，我会从学校毕业并参加工作，那时，我将开始按照自己的方式生活；总有一天，在偿清所有贷款之后，我的财务状况会走上正轨，孩子们也会长大，那时，我将开着新车，开始令人激动的全球旅行；总有一天我将买辆漂亮的汽车开回家，并开始周游我们伟大的祖国，去看一看所有该看的东西；总有一天……

这些可悲的人最终生活在自己的幻想中，并在实际生活中扮演着穷人的角色。如果说有什么办法可以改变这种窘况，那就是毫不迟疑地行动！

李先生在一家台资企业工作，他的老板是一位学者型商人，不仅拥有众多跨国公司，还是位教授，有非常好的商业头脑和很高的学术成就，就冲这一点，李先生进了这家台资企业。由于李先生勤奋、肯动脑，老板很快就提拔他做了部门

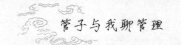

经理，专管家具销售，李先生也一直做得非常出色。

一次，公司进了一套高档家具，标价是20万。可不知为什么，这套家具放了4个月都没有一个人问过。好不容易有一天，一位顾客相中了这套家具，问李先生："18万卖不卖？"

李先生很想把这套4个月无人问津的家具卖出去，可是老板只给了他1万元的浮动权限，偏偏那位顾客也固执，18万元就买，多一分钱都不要。僵持了一段时间之后，李先生想打电话找老板请示一下，可老板去国外出差了，手机也打不通，李先生又不敢擅自做主，这笔生意最终没做成。

两天后，老板从国外回来了，李先生向老板汇报了这件事。老板不悦地说："既然4个月都没有人问，说明这套家具已经没有什么卖点了，应该越早脱手越好，别说18万，就是17万元你也应该卖的。不然，下次恐怕连16万都没有人要了。"

可见，如果该当机立断的时候没有当机立断，不但会错过渡过危机的最佳时机，而且会造成更大的损失。所以在处理问题时，要当机立断，控制事态的发展，任何犹豫不决，等待观望的行为都将使问题变得更大，更难处理。

实际上，世间最可悲的就是那些优柔寡断的人，他们对待任何事都是举棋不定，犹豫不决。他们一生会有很多机会，但却由于性格的缺陷而错失良机。这样的人既不相信自己，也不会为他人所信赖，更不会为他人所重用，他们总与成功无缘。

如果我们明白了这个道理，就应该去克服它，最好的方法就是要像成功者那样，勇敢、果断，对人生充满自信。

或许，我们都曾有过很多想法、梦想、打算，可最终为什么没能实现呢？原因仅仅是因为我们的决定没有得到有目的的实际行动的支持。有一个很好的发展机会，有一个宏大的目标，不去做，成功是不会从天上掉下来的。李嘉诚在总结自己的成功经验时说："决定一件事后，就快速行动，勇往直前去做，这样才会取得成功。"

所以，如果你想成为富人，并已打算为此而奋斗的话，则有一个明确的告诫：你必须从今天，从现在开始就采取行动，去制订目标和计划，并努力去实现你的人生目标！你一生中能获得特殊机会的可能性还不到百万分之一，然而，机会却常常出现在你面前，你可以把握住机会，将它变为有利的条件，而你所需要做的事情只有一件：行动起来，不放过成功的机遇。

为此，管子提醒我们，做任何事情，只要认为是对的，一定要立刻去做，绝不拖泥带水，这样就远离了优柔寡断，具备了当机立断的好习惯。是的，只要是自己认为对的事情，绝不可优柔寡断，必须马上付诸行动。不能做决定的人，固然没有做错事的机会，但也失去了成功的机遇。很多时候，机会成本远远大于错误成本。切记：宁可做错，不可不做！

管理智慧

◇当机立断，不要放过任何成功的机遇。

◇做任何事情，只要认为是对的，一定要立刻去做，绝不拖泥带水。

◇不能做决定的人，固然没有做错事的机会，但也失去了成功的机遇。

时刻不要松懈自己，不断进取才能走得更远

【聊天实录】

我：管老先生，您对做事原则有何高见？

管子：我曾说过：无成有贵其成也，有成贵其无成也。

我：您这句话该如何解释呢？

管子：这句话的意思就是：无成就者固然重视成就，有成就者更应重视尚无成就的本色。

我：您的意思是说成功是件好事，但成功往往又会导致坏的结果。胜利如果稍不留神，就会走向失败，正如盛极必衰、月圆月缺、否极泰来。在这里，您提醒我们成功后必须谨防松懈，只有不断进取才能走得更远。

管子：是的，时刻不要松懈，不断进取才能走得更远。

【解读】 松懈自己，必将失败

1968年，瑞士占据了全世界手表市场65%的份额，独享世界手表市场80%以上的利润。然而在今天，日本却在世界手表业中占据着统治地位，为什么瑞士这样快就被日本摧垮了呢？

答案也许会让你大吃一惊：是瑞士人的成功导致了瑞士人的失败？

1967年，当瑞士研究人员提出他们的发明——石英表时，遭到了瑞士本土众多厂商的嘲笑和拒绝：这种新型手表上没有任何滚珠，没有任何齿轮，没有任何发条，这样的东西怎么可能配得上被称为"手表"呢？

当时，瑞士的众多手表制造商对他们"昨天"的手表是那么的自信，甚至根本就没对这种新想法加以保护。

后来，当瑞士的科研人员在手表博览会上展出这种手表时，一个名叫精工的日本人从石英手表展台前走过，看了几眼，回去后很快批量生产推向市场。由于石英表物美价廉，所以很快就风靡全球。

历史就这样被日本商人改写了。

瑞士商人正是由于不思进取、盲目自大而失去了一次成功的机会。想一想这个教训，我们需要时刻警醒自己：昨日的已经过去，千万别被昨日的成功挡住了自己的视线。昨日是作废的支票，只有今日才是法定的货币，并且，只有在今天才具有流通的价值。过分沉湎于昨天，只能是将今天也失去。

是的，今天是胜利者，但没有敢保证明天还能赢得胜利。只会沉浸在过去的人，才会对未来失去希望，从而裹足不前。明智的人懂得时时保持谨慎，警觉到明天可能出现的不利因素。

所以，成功之后切忌沾沾自喜，因为成绩只能说明过去，现在一切应从零开始。再者，成功只是相对而言，世界上没有绝对的成功，永远的成功。所以，智者说：我们要从胜利走向胜利。其实，从胜利走向胜利，就是要告别过去，一切从零开始。

重新开始，即使你已经有了成功的经验，但你仍要量力而行，有节有制；在决定胜利的那一瞬间，仍要把握时机，断然前行；在成功之后，仍要小心谨慎，不要让胜利蒙住了双眼。如果在你成功之后，仍然保持理智，这是智者的行为。

量力、待机，断然前行，你会走向新的成功。

❧ 不断进取才能走得更远 ❧

通常情况下，一个人在功成名就之后，往往沉浸在成功的喜悦中，容易不思进取、止步不前，那么他的成功就会像转瞬即逝的流星，虽然灿烂，却很短暂。一个人在功成名就之后，也容易骄狂起来，不再约束自己，并自以为从此天下太平，就放松了警惕，那么刚一开始出现的问题会被掩盖起来，最后积少成多，积小成大，乱子就来了。

所以，管子说："无成就者固然重视成就，有成就者更应重视尚无成就的本色。"管子在此告诫我们，要居安思危，万事不可能一劳永逸。也就是说，功成名就之后，要约束自己，要保持一颗平常心。功成名就之后，不可忘乎所以，仍要小心谨慎，时时提防，只有如此，成功才是一件好事。

其实，在我们的身上，总有一种神秘的力量，这种神秘的力量就是进取心。它不允许我们懈怠，它让我们永不满足，每当我们达到一个高度，它就召唤我们向更高的境界努力。

进取心是摆脱颓废的最佳手段，一个人一旦形成不断自我激励、始终向着更高境界前进的习惯，身上所有的不良品质和坏习惯都会逐渐消失。纵观古今中外的成功人士，他们身上大都有这种不断进取的个性与品质，大科学家爱迪生就是一个不断进取、永不满足的人。

爱迪生、斯旺以及许多科学家在同一时期研究电灯，当时人们对制造电灯的原理已经很清楚了——要把一根通电后发光的材料放在真空的玻璃泡里。此后，人们开始致力于解决一些具体问题——如何让它更轻便、成本更低廉、照明时间更长，其中最主要的问题（也是竞争的焦点）在于灯丝的寿命。

爱迪生全力以赴地投入到研究工作中。

有记者问："如果你真的让电灯取代了煤气灯，那可要发大财了。"爱迪生说："我的目的倒不在于赚钱，我只想跟别人争个先后，我已经让他们抢先开始研究了，现在我必须追上他们，我相信会的。"

爱迪生在当时的社会已经声名赫赫，他仅仅宣布可以把电流分散到千家万户，就导致煤气股票暴跌12%。但他本人是冷静的，在设想成为现实之前，他要像小时候在火车上做实验一样踏踏实实地干。他已经是一个改进了电话、发明了留声机、创造了不计其数的奇迹的著名"魔术师"，但他是这样的人——一旦取得了成果，就把它忘掉，奔向下一个目标。用来做灯丝的材料，他尝试过炭化的纸、玉米、棉线、木材、稻草、麻绳、马鬃、胡子、头发等纤维以及铝和铂等金属，总共1600多种。那些日子，全世界都在等着他的电灯。

爱迪生

经过一年多的艰苦研究，他终于找到了能够持续发光45个小时的灯丝，在45个小时中，他和他的助手们神魂颠倒地盯着这盏灯，直到灯丝烧断，接着他又不满足了："如果它能坚持45个小时，再过些日子我就要让它烧100个小时。"

两个月后，灯丝的寿命达到了170小时。《先驱报》整版报道了他的成果，用尽溢美之词："伟大发明家在电力照明方面的胜利"、"不用煤气，不出火焰，比油便宜，却光芒四射"、"15个月的血汗"……新年前夕，爱迪生把40盏灯挂在从研究所到火车站的大街上，让它们同时发亮来迎接出站的旅客，其中不知多少人是专门赶来看奇迹的，这些只见过煤气灯的人，最惊讶的不是电灯能发亮，而是它们说亮就亮、说灭就灭，好像爱迪生在天空中对它们吹气似的。有个老头还说："看起来蛮漂亮的，可我就是死了也不明白这些烧红的发卡是怎么装到玻璃瓶子里去的。"大街上响彻着这样的欢呼："爱迪生万岁！"然而，爱迪生的讲演使人们再次惊讶："大家称赞我的发明是一种伟大的成功，其实它还在研究中，只要它的寿命没有达到600小时，就不算成功。"

那以后，他在源源不断的祝贺信、电报和礼物中，在铺天盖地的新闻中，在说他正在把星星摘下来试验新的灯丝、说他发明了365层像洋葱一样可以一层层剥下来的不用洗的衬衣的神话中，以及在雪片般飞来的求购这种衬衣的汇款单中，默默地改进着灯泡，向600小时迈进，结果，他的样灯的寿命达到了1589小时。

是的，我们都知道："天外有天，人上有人"。那么，目标前面还有更高远的目标，正是因为这些高远的目标，正是因为我们内心深处有着向目标不断进取的力量与信心，我们的社会才不断进步与发展。为此，在人生路上，我们不能有自满之心，懈怠之心，而是要不断登上新的阶梯，不断进取，唯有如此，我们才能走得更远。

管理智慧

◇时刻不要松懈自己，不断进取才能走得更远。

◇做任何事情，只要认为是对的，一定要立刻去做，绝不拖泥带水。

◇昨日的已经过去，千万别被昨日的成功挡住了自己的视线。昨日是作废的支票，只有今日才是法定的货币，并且，只有在今天才具有流通的价值。过分沉湎于昨天，只能是将今天也失去。

做事一定要懂得"事皆有度，不可过之"

【聊天实录】

我：管老先生，您对做事原则有何高见？

管子：我曾说过：过与不及也，皆非正也。

我：您这句话该如何解释呢？

管子：这句话的意思就是：超过与达不到的，都不正确。

我：您的意思是说无论做什么事都要讲究尺寸、适度。这里的"正"，就是对事物发展的度的把握。如果把握不好这个度，使事物的发展超过或达不到这个度，就会给事物带来损害。

管子：是的，做事一定要懂得"事皆有度，不可过之"。

【解读】 　　　　　触龙说赵太后

　　赵太后新执政，秦国便加紧进攻赵国，赵向齐求援。

　　齐国回话说："一定要以长安君作为人质，军队才能派出来。"太后不答应，大臣们竭力劝谏。太后明确地对大臣们宣布："有再说让长安君做人质的，我定不饶他。"

　　左师公触龙拜见太后，左师公说："我那儿子舒祺，年纪最小，没什么出息，可我年纪大了，内心总疼爱他，希望您让他充当一名卫士，来保卫王宫，我冒着死罪向您禀告这件事。"

　　太后说："好啊，年纪多大啦？"

　　触龙回答说："15岁啦。虽说还小，我希望趁自己还没有死，便把他托付给您。"

　　太后问："男人们都疼爱他们的小儿子吗？"

　　触龙回答说："比女人还要疼爱。"

　　太后说："女人爱得特别厉害啊。"

　　触龙回答说："我私下认为您爱燕后，超过了爱长安君。"

　　太后说："你错了！我爱燕后远远比不上爱长安君。"

　　触龙说："父母爱子女，就要为他们做长远打算。您送燕后出嫁的时候，紧跟在她身后哭泣，想起她远嫁异国就伤心，也确实够悲哀的了。她走了以后，您一直很想念她呀，祭祀时一定要为她祈祷，说：'一定不要她回来。'这难道不是为她考虑，希望她的子孙相继当王吗？"

　　太后说："是啊！"

　　触龙问："从现在算起，三世以前一直上推到赵氏建成赵国的时候，赵王子孙封了侯的，还有继续存在的吗？"

　　太后说："没有。"

　　触龙说："不单是赵国，各诸侯国内还有继续存在的吗？"

　　太后说："我没有听说过。"

　　触龙说："这就是说他们之中近则自身便遭了祸，远则祸患便落到他们子孙身上了。难道说君王的子孙就一定不好吗？不是，只不过由于他们地位很高却没有什么功勋，俸禄很丰厚却没有什么劳绩，却拥有很多贵重的东西罢了。如今您尊显长安君的地位，封给他富庶的土地，赐给他很多贵重的东西，却不趁着现在让他为国立功，一旦太后您百年之后，长安君凭什么在赵国安身呢？老臣认为您替长安君打算得太短浅了，所以说您对他的爱不如对燕后的爱深。"

太后说："好吧，任凭你怎么调派他吧。"

于是，左师公触龙给长安君准备了几百辆车子，让他到齐国去做人质，齐国援兵很快就派出来了。

可见，世上最伟大的爱，莫过于父母对子女的爱，也许正因为此。无私付出的父母们总是陷入对子女的溺爱而浑然不知。溺爱，即是爱之过度。赵太后这种过度溺爱对长安君的成长来说，非但无益，反而有害。这也说明了凡事有度，过犹不及的道理。

做事，一定要把握好尺度

度，历来为先贤圣人所重视，并逐渐成为中国传统文化的精髓。度即合适、恰当，交谈时能令说者畅快愉悦，听者入胜而不厌；遭受挫折时，不迁怒于人，又不心灰意冷；春风得意时，既不自满忘形，又不故作自谦，这些都是把握度的表现。凡事都有一个度，如果把握不好，超过或达不到这个度，都会给事物带来损害。

俗话说"礼多人不怪"，许多人奉之为处世金律，待人总是一副笑脸，客气有加。

有的职场新人，更是对这句话的正确性深信不疑。

公司里有位刚刚毕业不久的年轻人，对老板对同事十分热情，每次见面都抢先打招呼，出去吃饭老争着付账，从不吝惜自己赞美的言辞，还经常给大家散发一点小礼物，结果弄得同事都很不自在。

过了一段时间，老板把他叫去，问："你是不是对现在的位置有什么想法？"

他很郁闷，为什么自己待人多一点礼貌，反而会被认为是想升职呢？

这就是过犹不及的道理，做过分了，就跟做不到位是一样，甚至有时候还不如做不到位呢。

过和不及是无度、失度的主要表现，是事物的两种极端化倾向，或者说两种错误倾向，都是不可取的。譬如说，为人之道既不可好高骛远，也不应自暴自弃；既要追求理想，又须面对现实。为政过严或太宽都不好，"宽猛相济，政是以和。"凡事应有度，抑其过，引其不及。

另外，做事时，若遇到我们实在不可能完成的事，一定要懂得退一步，不去做它，否则等待你的只能是失败。

"没有什么不可能"，确实是最好的励志妙语，我们在做事时抱着这个态度也没什么错，但切记不要钻牛角尖，要记住这句话的前提：你有可能是做这种事的人，而一旦发觉自己实在做不了，或者不想做的话，我们千万不能硬撑，否则，很难获得成功。

如果你认为这是上司拜托你的事，不好拒绝，或者害怕拒绝后上司会不高兴，而接受下来，那么，此后你的处境就会更艰难。

所以，自己要量力而为，感到难以做到的事，在上司委托时就一定要敢于拒绝。纵使是对自己不错的上司委托的事，你若自觉实在难以做到，也要勇敢地鼓起勇气说："对不起，我实在无能为力，您是否可以再找别人？"或者："实在抱歉，我水平有限，只能让您失望了。我想，如果我硬撑着答应你，将来误了事，那才对不起您呢！"这样，你才是真正有勇气的人，否则，将来丢脸的肯定是你。

无论是对上司，还是亲朋好友，当他们请你办事时，你应把自己的能力与事情的难易度以及客观条件是否具备结合起来考虑，然后再做决定。如果你觉得办不到，千万不要贸然答应。

作为下级，往往在上司提出要求时，虽然不乐意，但又不好意思拒绝，但是你没有考虑到，如果为了一时的情面接受自己根本无法做到的事，一旦失败了，上司就不会考虑到你当初的热忱，只会以这次失败的结果对你进行评价。

还有一种上司，他平日里一副"扑克脸"，整日毫无表情，突然有一天，他笑眯眯地站到你面前，这时，你就要警惕了，因为这是他怀有不良企图的信号。你和这种上司接触，始终都要以果断坚决的态度待他。当他说"老实说，我想拜托你一件事……"而把一件不光彩的事告诉你时，如果你不拒绝，事后一定后悔。

不过即使到了这个程度，也还是要注意给对方留个台阶，你可以这样说："想不到您真会演戏，我知道您是和我开玩笑，但我才不会相信呢！因为大家都知道您是一个人格高尚的人，我们都很尊重您。"

此时，相信你的上司一定会忙不迭地收回他的话，并说："哈哈！你真不愧是有眼光的人，我刚才是跟你开玩笑的，我想试试你是不是值得信任。现在我知道了你的心，我就放心了。刚才我说过的，希望你当作没听见一样。同时，你一定要注意，咱们公司有这么几个人，心术极其不正，要防备别上当！"

上司一定会以这样的理由打圆场，并且，他也不敢再把你拖下水，因而，你不是可以自保了吗！

千万别吹牛，更不要抹不开面子。

有时，面对自己根本没有把握的事情，一定要具体分析，估价自己的做事能力，千万不要盲目自信。"没有做不到的事"，虽然有正确的一面，但这是要看人看事的，做事时一定要实事求是，做不到就"退"。

为此，凡事有度，过犹不及。人生的许多事情都是如此，不论是生活还是工作，都应适当有度，超过了度的界限，事情就会变化，或者变质；交往中过分的热情与冷漠一样会使人感到不舒服，传播中过分的渲染与毫不声张一样会无甚收获，教育中过分的严格与放任自流一样会使孩子叛逆迷失，管理员中过分的民主与个人专制一样会没有进步……待人不卑不亢，接物不偏不倚，处世不慌不忙……过犹不及，所以欣赏宠辱不惊的态度，所以追求安宁的感觉。过犹不及，所以相信，愿意付出的和能够拥有的就在天平两端，不过分追求，不随意放弃……

总之，做事如熬汤，只有把握好了度，多一分则溢，少一分则亏，做到恰如其分，才能把人生这锅汤熬得香美。

管理智慧

◇做事一定要懂得"事皆有度，不可过之"。

◇"没有做不到的事"，虽然有正确的一面，但这是要看人看事的，做事时一定要实事求是，做不到就"退"。

◇做事如熬汤，只有把握好了度，多一分则溢，少一分则亏，做到恰如其分，才能把人生这锅汤熬得香美。

摆脱思维定势，做事才会有所突破

【聊天实录】

我：管老先生，您对做事原则有何高见？

管子：我曾说过：皆随时而变，因俗而动。

我：您这句话该如何解释呢？

管子：这句话的意思就是：随着形势的发展而变化，依据不同的风俗而行动。

我：您的意思是说人应该有"入乡随俗"的思想。"入乡随俗"也就是要学会变通，保持一个开放的头脑，不可一条道跑到黑。由此可见，"入乡随俗"是处世的基本原则之一，更是做事成功的秘诀。也就是说，只有摆脱了思维定势，保持开放的头脑，做事才会有所突破。

管子：是的，摆脱思维定势，做事才会有所突破。

【解读】 ～ **到裸国做生意的两兄弟** ～

传说从前有兄弟二人，各自办了货物到裸国去做生意。

弟弟说："生活富足的人自然衣食无忧，而穷人只有露其体肤了。现在去裸国，那里没有佛，没有信徒僧众，没有法律，可以说是到了无人管制的地方。因此我们到那里，想要迎合他们可以说是很难的。我们不如入乡随俗，言行随他们的礼仪，谦虚耐心，想来这才是明智的做法。"

哥哥说："礼仪不可丢，德行不能失，怎么能够像他们那样光着身子来毁坏我的形象呢？"

弟弟说："只要内里是金，表面是铜，因时因地而去掉礼仪，虽刚开始会被人嘲笑，但到后来却还会让人叹服的，审时度势很重要啊！"然后就做准备去裸国。

哥哥说："不如先派人去，看看情形，听他们怎么说。"

弟弟回答："好的。"

只有一天工夫，被派去的人就返回告诉哥哥说："必须要遵守他们的礼仪。"

哥哥大怒道："让人脱光了像畜生一样，这哪里是君子所为呢？弟弟可以这样做，我可不这样做。"

这个国家的风俗是每月十五举行夜市，弟弟用麻油涂面，白土画在身上，戴上骨头做的项链。当男男女女们相互拉着手，载歌载舞时，弟弟也随着跳，该国人们都很欣赏叹服。这样一来，该国上下的人都对他恭恭敬敬，如上宾一样，国王也拿出十倍的钱换他的货物。

哥哥则乘车进入裸国，他对人们宣扬礼法，没有"随伶而动"，使得该国上下对他心生厌恶，于是便抢走了他的财物，还用棍棒打他。直到弟弟为他求情才放过他，让他回到本国。回国时，送弟弟的人挤满了道路，骂哥哥的声音嘈杂刺耳。

正所谓变则通，通则久。只有聪明的人才知道入乡随俗，随遇而安，愚蠢的人只会墨守成规，而一事无成。具体情况要具体分析，区别对待，凡事应从实际出发。如果只一味思想僵化，脱离实际情况而盲目地生搬硬套，其结果只会事与愿违，在现实生活中四处碰壁。

摆脱思维定势，才能有所突破

思维定势虽然是一种无形的东西，但它足以将人的"思维"捆绑起来。要想让自己变得灵活起来，首先就是要挣脱思维定势的枷锁，因为思路决定着出路。

我们现在用的圆珠笔在当初被发明时，发明者用了一根很长的管子来装油，但他发现管子里的油还没有完，笔头就先坏了。他做了很多次的实验，不是换笔头的材料就是换笔头的珠子，结果还是会出现笔头已经坏了油还剩下很多的情况。这个"瓶颈"他一直没有突破，一天朋友去找他，他把问题告诉了朋友。朋友一语道破天机，"既然你没办法解决笔头的问题，不妨试试把笔管剪短一点，这样问题就解决了。"他高兴地说："我为什么一直都没想到呢？"是啊，你固执地认为只有一个方向可以走通，一直坚持下去，结果只会让自己徒劳。突破心理的瓶颈，视野才会开阔。

朋友们都认为，吉米总是缺乏自己做老板的勇气。对他而言，公司自工作更安全，更可以为他的妻子和家庭提供必要的保障。但是后来，经济萧条了，他的工作确实不像原来那样是个永恒的港湾，他不由得惊醒了。

一时间，一种无休止的恐惧闯进他的生活，如果公司开始裁员怎么办？如果他苦心经营了多年的地区市场萎缩了怎么办？随着萧条的加剧，恐惧不断地膨胀着。无数个夜晚，他无法入睡，彻夜担忧家庭的财政前景，终于，这种坐以待毙的恐惧膨胀得令他再也无法忍受。

其实出路只有一条：采取行动，慢慢建立起自己的企业。下班之后他开始经营二手医疗设备。应该说，作为一名国际知名医疗设备制造公司的推销员，他所接受过的培训足以使他很快发展起来。

由于不像大贸易公司那样要支出很多管理费用，吉米从一开始就组织了一个有赢利能力的小机构。六个月之内，他创建了区域性公司，辞掉了自己原有的工作，他终于成为自己的财务大臣了。

现在，吉米再也不会有那种依赖每月拿到工资的感觉，他再也不用为他的工作担心，因为他再也没工作了，他现在有自己的公司了！

吉米成功地拥有了自己想要的东西，他再也不用去担心工作的危机给自己造成的心理负担，这是他挣脱"思维定势"争得的成果。现在，许多失业者都无法挣脱这个枷锁，而许多面临失业的人更是在想方设法地保全自己的工作。他们固执地认为，这份工作可以给他们带来安全感，于是死死地抓在手里唯恐丢了就再也找不回来了。他们宁可在一棵树上吊死，也不愿另求他路，这是人性的悲哀。

在如今信息无限宽广的数字化时代，没有一个开放的头脑，很快你就会被时代甩得远远的。逆水行舟，不进则退。在时代的激流里面，如果你不能紧随时代的步伐，渐渐地就会迷失方向，走进困惑。

为此，不要让自己的头脑封闭起来，积极地接收和学习新的知识和理论，融会贯通，变为己用，灵活变通，才能够在通往成功的路途上，避免崎岖和坎坷。当你有了一个明确的目标，并在实现它的过程中开放头脑，善于学习，并能够灵活机动地行事，你就能取得最大的成功。

对于某些思想僵化的人来说，一些微小的变化当然不足以引起他们的注意和敏感，即使遇到了某些重大的变化，他们也往往无所适从，只得顺其自然。"穷则思变"，与其到穷途末路的时候才想起来要学习、要变通，不如从一开始就保持一个开放的头脑，提高认识，拓宽思路，增强灵活应变的能力，最终把你引向成功的坦途。

心理学家认为，你在生活中的自由程度是由你可以选择的行动方案的数量所决定的，而你头脑开放的程度又决定着你能够想出的思路和方案数量。开放你的头脑，思路就会变得宽阔。

人生在世，一旦形成了习惯的思维定式，就会习惯地顺着固有思维思考问题，不愿也不会转个方向、换个角度想问题。因此，无论我们遇到什么困难，处于什么环境都应该学会变通，而不要被最初始的思想所左右。如果我们能够挣脱固有思维的约束，不断开创出新的处事方法，那么对于我们来说，天下就没有解决不了的问题，就没有办不到的事情了。

所以说，必须摆脱思维定势的束缚，做事才会有所突破。

第二章 管子与我聊做事原则

管理智慧

◇摆脱思维定势，做事才会有所突破。

◇只有聪明的人才知道入乡随俗，随遇而安，愚蠢的人只会墨守成规，而一事无成。

◇人生在世，一旦形成了习惯的思维定式，就会习惯地顺着固有思维思考问题，不愿也不会转个方向、换个角度想问题。

勤奋是失败的克星，迈向成功的捷径

【聊天实录】

我：管老先生，您对做事原则有何高见？

管子：我曾说过：怠倦者不及，无广者疑神。

我：您这句话该如何解释呢？

管子：这句话的意思就是：懒惰的人总是落后，勤奋的人总是办事神速有效。

我：您的意思是说您向来鄙视懒惰，您认为任何一种杰出的成就都与好逸恶劳的懒惰品性无缘，个人奋发向上的辛勤实干才是取得成功所必须付出的代价。

管子：是的，勤奋是失败的克星，迈向成功的捷径。

【解读】　　　勤奋成才的苏东坡

苏东坡自幼天资聪颖，在饮誉文坛的父亲的悉心教育和耐心指导下，他逐渐养成了勤学好问的习惯，很有一股子"打破砂锅问到底"的劲头。经过几年的奋发努力，他的学业大有长进。小小年纪，就已经读了许多书，渐渐能出笔成章。父亲的至亲好友看了，都赞不绝口，称他是个难得的"神童"，预言他必是文坛的奇才。少年苏东坡在一片赞扬声中，不免有些飘飘然起来，他自以为知识渊博，才智过人，颇有点自傲。

一天，他洋洋自得地取过笔墨和纸，挥毫写下了"识遍天下字，读尽人间书"这副对联。他刚把对联贴在门前，有位白发老翁路过他家门口，好奇地近前观看。这位老翁看过，深感这位苏公子也太自不量力，过于自信了。

过了两天，这位老翁手持一本书，来到苏府面见小东坡，言讲自己才疏学浅，特来向小苏公子求教。苏东坡满不在乎地接过书本，翻开一看，那上面的字他竟一个都不认识，顿时脸红了。老翁见状，不露声色地向前挪了几步，恭恭敬敬地说道："请赐教。"一句话激得小东坡脸红一阵、白一阵，心里很不是滋味。

无奈，他只得鼓足勇气，如实告诉老翁他并不认识这些字。这个老翁听了哈哈大笑，捋着白胡子又激他道："苏公子，你不是'识遍天下字，读尽人间书'了吗？怎么会不识此书之字？"言罢，拿过书本，扭头便走。苏东坡望着老翁的背影，思前想后，甚是惭愧。他终于从老翁的话中悟出了真谛，立即提笔来到门前，在那副对联的上下联前各加了两个字，使对联变成为："发奋识遍天下字，立志读尽人间书"。

这次，他依然端详了好久、好久，并发誓：要活到老，学到老，永不满足，永不自傲。从此，他手不释卷，朝夕攻读，虚心求教，文学造诣日深，终于成为北宋文学界和书画界的佼佼者，博得了唐宋八大家之一的盛誉。

是的，纵观历史，大凡一切卓有成就的学者和名流、专家，都是在某一领域内，勤奋攻关，坚持不懈地在事业上倾注了毕生的精力，方能获得精湛的技艺的。他们那一朵朵绚丽多彩的成功之花，无部凝聚着辛勤的汗水，他们那独到之处的成功经验，则是刻苦勤奋的结晶。

勤奋是迈向成功的捷径

如果春天没有耕耘的辛劳，那么秋天就不会有收获的喜悦。学习如此，做事亦是如此，要想获得成功，就必须经过艰辛的奋斗。古人云："业精于勤，荒于嬉。"意思是说，学业上的精深造诣，来源于勤奋和刻苦，如果不勤奋，贪玩耍，那学业就荒废了。我国著名数学家华罗庚说过："勤能补拙是良训，一分辛苦一分才。"勤奋是一种长期的艰苦劳动，它应该成为我们每个人的优良品德和习惯。

而懒惰，是一种恶习。人一旦懒惰，就会精神萎靡，做事提不起兴趣，得过且过。现实生活中，懒惰的人大都没有雄心壮志和负责精神，宁可期望别人来领导和指挥，也不肯自己奋斗，就算有一部分人有着远大的目标，也缺乏行动的勇气。

一个老农即将死去，他把儿子们叫到床前，向他们宣读遗嘱。

"孩子们，"他说，"我就要离开人世了，你们在葡萄园里能找到我埋藏的金银财宝。"

老人刚一去世，他的儿子们就拿上铁铲、锄头和所有能找得到的工具，到葡萄园里挖寻财宝了。他们把葡萄园里的土翻了又翻，还把大块的土捣碎，万一里面藏着金币呢！

他们在地里始终没有找到金银财宝，可是，经过彻底翻整的土地对葡萄的生长十分有利，那年的葡萄长得比往年又多又好，几兄弟酿出了村里最好的葡萄酒，人人都来买，他们因此发了财。

由此可见，勤奋是成功的必经之路和走向成功的必经之门。

没有勤奋的汗水，就没有成功的喜悦与幸福，真正的幸福绝不会光顾那些精神麻木、四肢不勤的人们，幸福只在辛勤的劳动和晶莹的汗水中。

其实，选择勤奋是一个人一生中最快乐的事，因为通过自己努力获得的面包吃起来比别人送给的更加香甜。

与勤奋相对的是懒惰，懒惰是万恶之源，是诱惑的温床，是疾病的摇篮，是时间的浪费者，是幸福的蚕食者，是愚蠢的孪生兄弟，是德行的坟墓。懒惰会吞噬一个人的心灵，会轻而易举地毁掉一个人，乃至一个民族。

亚历山大征服波斯人之后，他有幸目睹了这个民族的生活方式，他注意到波斯人的生活十分腐朽，他们厌恶辛苦的劳动，却只想舒适地享受一切，亚历山大不禁感慨道："没有什么东西比懒惰和贪图享受更容易使一个民族奴颜婢膝了，也没有什么比勤奋的人们更高尚的了。"

做一个勤奋的人，阳光每一天的第一个吻，肯定是先落在勤奋者脸颊上的。

真正的幸福绝不会光顾那些精神麻木、四肢不勤的人，幸福只在辛勤的劳动和晶莹的汗水中。懒惰，只有懒惰才会使人沮丧、万念俱灰；劳动，只有劳动才能创造美好的生活，给人带来幸福和快乐。

懒惰的人都有拖延的毛病，对一个渴望成功的人来说，拖延最具破坏性，也是最危险的恶习，它使人丧失进取心。一旦开始遇事推拖，就很容易再次拖延，直到变成一种根深蒂固的习惯。习惯性的拖延者通常也是找借口的专家，如果一个人存心拖延逃避，他就能找出成千上万个理由来辩解为什么事情无法完成，而对事情应该完成的理由却想得少之又少。把"事情太难、太费时间"等种种理由合理化，要比相信"只要我更努力、信心更强，就能完成任何事"的念头容易得多。

总之，懒惰是一种腐蚀剂，它会使人碌碌无为，虚度一生。与懒惰相对的是勤奋，勤奋，是人的优秀品质之一。要想远离懒惰，人就必须勤奋，勤奋是通向成功的唯一捷径。

管理智慧

◇勤奋是失败的克星，是迈向成功的捷径。

◇没有什么东西比懒惰和贪图享受更容易使一个民族奴颜婢膝了，也没有什么比勤奋的人们更高尚的了。

◇做一个勤奋的人，阳光每一天的第一个吻，肯定是先落在勤奋者脸颊上的。

在正确的时间做正确的事，是一种大智慧

【聊天实录】

我：管老先生，您对做事原则有何高见？

管子：我曾说过：令有时。无时则必视顺天之所以来，五漫漫，六惛惛，孰知之哉？

我：您这句话该如何解释呢？

管子：这句话的意思就是：发布政令要讲时节，不讲时节便违反了天道。必须视察天时的由来，才能顺应天时。对日、星、岁、辰、月茫然无知，对阴、阳、春、夏、秋糊里糊涂，怎能了解客观世界？

我：您的意思是说您在这里提醒我们要在正确的时间做正确的事，即是说，做事应考虑结果，即使是做好事，行动也要选择正确的时机。

管子：是的，在正确的时间里做正确的事，是一种大智慧。

【解读】 在正确的时间里，才能把握住最佳的时机

战国时期，韩、魏两国发生了一场战争，双方互相攻打了一年也没有分出胜负，秦惠王很为此发愁，因为他想凭借着自己的实力来阻止这场战争，但一直没有想出太好的办法。有一天，楚国谋臣陈轸前来拜访，秦惠王便向他征求意见。陈轸听秦惠王诉说完自己的烦恼以后，给秦惠王讲了一则寓言故事：

从前，有个人叫卞庄子，以经营旅馆为业。卞庄子生得虎背熊腰，喜好勇猛，敢只身斗虎。有一天，卞庄子正忙着算账的时候，一个小伙子气喘吁吁地跑来对他说："不好了，不好了，山坡上有两只老虎正在争着要吃我的牛呢，你快帮帮忙把它们赶走吧！"

卞庄子一听有老虎，马上热血沸腾起来，他提起宝剑随小伙子一起来到山上。到了山坡上，只见一大一小两只老虎正咬住一头牛撕扯着，显然它们都希望自己能够独占这头牛，互不相让地扑咬起来，卞庄子拔出宝剑就要前去刺杀老虎。

这时，另一个小伙计拦住他对他说："两只老虎正争着要吃牛，尝到了甜头，必然会争抢起来，所谓'两虎相争，必有一死'。死的那只肯定是小老虎，大老虎也势必会受伤，到那时你再刺杀那只受伤的大老虎，岂不轻而易举吗？"

卞庄子觉得小伙子说得有理，于是站在一边看两只老虎争斗。果然不出所

料，两只老虎越打越凶，小老虎很快就被咬死了，大老虎也受了伤。这时，卞庄子抽出宝剑刺死了受伤的大老虎，从而赢得了刺杀双虎的美名。

陈轸讲完故事后对秦惠王说："现在韩魏两国相攻，一年了也没停止，这必然使一国受伤、一国灭亡。大王讨伐受伤的大国，这不就一举消灭了两个国家吗？"秦惠王听后不禁击掌叫好，自称茅塞顿开了。

第二个事例是北宋名臣曹玮"让敌休整反胜敌"的故事。

曹玮做渭州州府时，有一次出征取胜后，敌军撤退逃走了。曹玮确定敌军已逃远了后，才带着士兵们收拾俘获的物资。敌军听说曹玮大军贪图俘获的物资，行军缓慢，于是不加以整顿，马上掉头回来袭击曹军。

当敌军快要赶上他们的时候，曹玮派人去对敌军说："你们远道而来，一定非常疲惫了，我也不趁机和你们交战，以免落下乘人之危的骂名。请你们稍事休整，我们再进行决战！"敌军一听觉得这是难得的机会，于是很高兴地解甲休整起来。

过了一段时间，曹玮又派人通知敌军说："现在休息好了，可以开战了。"于是击鼓带兵，一举大破敌军，取得了完胜。曹玮事后对手下说："我知道敌人已经疲惫，所以装作贪图战利品来引诱他们前来。等他们到达时，虽然他们已经走了几百里了，但他们的锐气正盛，如果此时交战，我们恐怕难以取胜。行远路的人，稍微休息之后，必定会脚疼得不能站立，人的精神也会松弛下来，这样的军队还有什么战斗力呢？我就是趁这个时机打败了他们。"

手下听后，无不竖起大拇指表示钦佩。通过这两个小故事我们可以看出，不管做什么事情，只有在正确的时间里做正确的事情，才能把握住最佳时机，从而一举取得成功。

可见，战争上讲求"天时、地利、人和"，这三者中任何一项都能左右战争的胜负，地利在于对地形的熟悉和运用，人和则在于个人的仁德及领导能力，而天时的选择，也是一门高深的学问。选好了，事半功倍、兵不血刃；选不好，则事倍功半、难以取胜。上面的两个小故事就充分说明了在正确的时间里做正确的事情的重要性，而选择时机的背后则蕴藏着无穷的智慧。

✧◈ 在正确的时间做正确的事 ◈✧

管子在《四时》中说，不了解四时，就将失去立国的根本；不知五谷的生长规律，国家就会衰败。

管子认为，东方为星，它的时令是春，它的气是风，风生木和骨。它的德性是喜欢生长，于是万物按时节出生。这个季节应该做的事情便是：发布政令修理、清扫神位，修治堤防，耕田植树，修筑桥梁渡口，疏通渠道，整修屋顶以便行水，解仇怨，赦罪人，修睦四方邻国，这样和风甘雨就会到来。而如果在春天实行冬天的政令，就将草木凋零；实行秋天的政令，就将出现霜冻；实行夏天的政令，就会出现旱热。

除春季外，管子还对夏、秋、冬各季统治者应实行的政令进行了详细的论述。管子这种应时而动、顺应天道的主张在古时得到了普遍的认同，《老子》、《孟子》、《庄子》、《荀子》等都有相关的论述。管子关于四季应时而动、应时而变的论述告诉我们，做事要顺其自然，把握正确的时机，而不可逆时而动。

是的，成功者之所以成功，就在于其对时势、机遇的把握。无机会时顺应大局，依势而为；有机会时迅速出击，"不飞则已，一飞冲天"。

1947年的冬天，在密歇根州的卡索波里斯，洛厄正帮着他的父亲做木屑生意。这时候有一位邻居跑进来，想向他们要一些木屑，因为她的猫房里的沙土给冻住了，她想换一些木屑铺上去。当时，年轻的洛厄就从一只旧箱子里拿出一袋风干了的黏土颗粒，建议她试试这玩意儿。因为这种材料的吸附能力特别强，当年他父亲卖木屑的时候，就是采用这种材料清除油渍的。这样一来，那位邻居的燃眉之急就给解决了。

几天以后，这位邻居又来了，她想再要一些这样的黏土颗粒。这时洛厄灵光闪动，突然意识到自己的机会来了，他马上又弄了一些黏土颗粒，分5磅一装，总共装了10袋。他把自己的新产品命名为"猫房铺"，打算以每份65美分的价格卖出去，大家知道后都笑话他。

但出人意料的是，洛厄的10袋黏土竟然很快就卖完了，而且，当这10个用户再次找上门来，指名道姓要买"猫房铺"的时候，洛厄笑了。一丝灵感，一笔生意，一个品牌，一种使命，就这样开始了。

更让你想不到的是，洛厄采用黏土颗粒做猫房铺，反倒促使这些小动物变成更受人欢迎的宠物了，当然，洛厄也因此而变得富有起来。仅仅在1995年洛厄去世前的两三年间，"猫房铺"的销售价值就达到了两亿美元。也可以说，正是洛厄的发明所带来的生存条件的改善，最终使猫取代狗成为在美国最受欢迎的宠物。

人们常说：当上帝在为你关闭一扇门的同时，也在为你打开另一扇门。世界首富比尔·盖茨、股神巴菲特、科学奇才霍金、阿里巴巴总裁马云、美容大师郑明明、不向命运低头的海伦·凯勒……这些人留给我们的都是他们生命中最璀璨的部分，但在他们辉煌的背后更值得我们思考的是：同样的条件，为什么只有他们能创造奇迹。那是因为他们善于思考，他们能够顺应时势，在正确的时间里做了正确的事，所以他们改变了命运，改变了一切。

做事如此，为人处世亦是如此。与人共处于世，对不同的人要采取不同的方法，要顺应时势，按照实际情况灵活应变。这样才能明智审慎，使自己成为社交场上最精明的操控者。把握时机，顺应时势，是最为实用的处世艺术，更是真正的处世智谋。

所以说，做事要抓住时机，顺应时势，该动则动，该止则止，这样做事常会取得事半功倍的效果。反之，如果按照某种主观愿望来干扰或违背客观规律，则只会适得其反，自取其败，唯有在正确的时间里做正确的事情，才是大智慧。

管 理 智 慧

◇在正确的时间做正确的事，是一种大智慧。

◇做事要抓住时机，顺应时势，该动则动，该止则止，这样做事常会取得事半功倍的效果。

◇如果按照某种主观愿望来干扰或违背客观规律，则只会适得其反，自取其败。

做事讲究方式方法，才能事半功倍

【聊天实录】

我：管老先生，您对做事原则有何高见？

管子：我曾说过：不明于计数，而欲大事，犹无舟楫而欲经于水险也。

我：您这句话该如何解释呢？

管子：这句话的意思就是：不懂得"计数"而想要办大事，就如同没有船却想渡水一样。

我：您的意思是说"刚柔也、轻重也、大小也、实虚也、远近也、多少也，谓之'计数'"。 翻译过来就是说刚柔、轻重、大小、实虚、远近、多少等等，叫作"计数"。也就是说做事要讲究方法，治理人民也是一样的，倘若不讲究方法，是不会有好的结果的。在这里，我们可以引用、理解为"为官做事要讲究方法"。因为官场之事非同小可，常常牵一发而动全身，常常关系到一个地方的兴与衰，一方百姓的幸与不幸，关系到为官者自身的成与败、升或降。因而说，为官做事讲究方法是很重要的。也就是说，无论做什么事情，都应该讲究方式方法，才能事半功倍。

管子：是的，做事讲究方式方法，才能事半功倍。

【解读】 做事不讲究方式方法，后患无穷

明代开国皇帝朱元璋，出身贫寒，少年时给地主放过牛，给有钱人家做过工，甚至一度还为了果腹而出家为僧。但朱元璋却胸有大志，风云际会，终于成就一代霸业。朱元璋当了皇帝之后，有一天，他儿时的一位穷伙伴来京求见。朱元璋也很想见见儿时的好友，可又怕他讲出什么不中听的话来，犹豫再三，还是让人传了进来。

那人一进大殿，即大礼下拜，高呼万岁，说："我主万岁！当年微臣随驾扫荡庐州府，打破罐州城。汤元帅在逃，拿住豆将军，红孩儿当兵，多亏菜将军。”

朱元璋听他说得动听含蓄，心里很高兴，回想起当年大家饥寒交迫时有福同享、有难同当的情形，心情很激动，立即重重封赏了这个老朋友。

消息一传出，另一个当年一块放牛的伙伴也找上门来了，见到朱元璋，他高兴极了，生怕皇帝忘了自己，指手画脚地在金殿上说道：“我主万岁！你不记得吗？那时候咱俩都给人家放牛，有一次我们在芦苇荡里，把偷来的豆子放在瓦罐里煮着吃，还没等煮熟，大家就抢着吃，把罐子都打破了，撒下一地的豆子，汤都泼在泥地里，你只顾从地下抓豆子吃，结果把红草根卡在喉咙里，还是我出的主意，叫你用一把青菜吞下，才把那红草根带进肚子里。”

当着文武百官的面，“真命天子”朱元璋又气又恼，哭笑不得，只有喝令左右：“哪里来的疯子，来人，快把他拖出去砍了！”

在人与人的关系以及做事情的过程中，我们很难直截了当就把事情做好。我们有时需要等待，有时需要合作，有时需要技巧。我们做事情会碰到很多困难和障碍，有时候并不一定要硬挺、硬冲，我们可以选择有困难绕过去，有障碍绕过去，也许这样做事情更加顺利。

两点之间，直线最短。这个定理也常常被我们带入工作中，什么工作都想走直线，走捷径，但是越想投机取巧，越想走捷径，往往受的挫折就越多。

做事一定要讲究方式方法

不管做什么事情都要讲究方法技巧，只有选对了策略，做事才能事半功倍，如果只知道蛮干的话，最终往往是费上九牛二虎之力也达不到目的。

东汉时，荆州刺史度尚击败了以潘鸿、卜阳为首的一帮匪寇，匪寇从桂阳郡逃窜到了南海郡，度尚紧追不舍，率兵跟到了南海郡。

此时，度尚的部队因为打了几个胜仗，自然缴获了不少财物。士兵们悄悄地开始瓜分这些财物，一时斗志锐减。在将要刀兵相见的关键时刻，士兵们却无心打仗，这不禁让度尚焦虑万分。

经过深思熟虑，度尚想出了一个好方法。他向士兵们宣布道："潘鸿、卜阳已做匪十年，在打仗上很有经验。现在我们人马不多，不能轻率发起进攻，须等援军到了以后，大家方可出去迎敌。"

接着，他让士兵们随他去打猎，说是借此好好放松一下。没想到度尚率领士兵刚出来没多久，就听说军营失了火，营内所有的财物，顷刻间化为灰烬。士兵们看到眼前的情景，一个个竟禁不住痛哭起来。

度尚一面责备自己，一面劝慰士兵们说："潘鸿、卜阳的金银财宝多得是，烧毁的这些只不过是很小的一部分，大家用不着难过。等我们消灭了匪寇，金银全部用来犒劳大家！"士兵们听后深受鼓舞、斗志大振。

第二天，度尚率领部队向匪军发起猛攻，激昂的士兵们很快就歼灭了潘鸿、卜阳这帮匪寇，取得了大胜。

当自己处于不利的境况时，千万不要急躁，也不要怨天尤人，此时，只有冷静地分析时局，采取果断的措施，方可变不利为有利，掌握战局的主动。

从上述事例可以看出，为官者做事不能太死板，而要讲究一定的处事策略，只有这样，很多看似非常棘手、不能用常规程序来处理的事情才会迎刃而解。总之，为官做事要讲究方法。

做过推销的人很清楚，在与客户打交道时，如果你老是在吹你公司产品如何的好，想让对方直接下单，那是没有用的，他对这些没有兴趣。而如果你动一些手脚，委婉地给对方一些好处，他就会在老板面前极力地推销你的产品，你的单也容易下来。

这就好像爬山一样，想直接登上山顶往往很困难，但如果走盘山路，看似迂回绕道，但走起来很顺利、很轻松，登山的速度反而比走直线还快。工作是与别人打交道，在与人沟通的过程中，也会有许多峭壁和悬崖，或者深涧，让你难以直接攀越。这时候不妨放弃捷径，走点弯路，或许这会等容易些。

世界是经常变化的，人也不能固守着自己的思维而不求突破。在必要时我们要善于改变，而不能一味地用直接的方法办事。改变做事的规则，讲究方式方法，其实也是办事的一种切实可行的方法。

所以说，办事时如果能懂得讲究方式方法，那么久而久之，你必定会成为一个办事高手，否则，将会一事无成。

管理智慧

◇做事讲究方式方法，才能事半功倍。

◇我们做事情会碰到很多困难和障碍，有时候并不一定要硬挺、硬冲，我们可以选择有困难绕过去，有障碍绕过去，也许这样做事情更加顺利。

◇不管做什么事情都要讲究方法技巧，只有选对了策略，做事才能事半功倍，如果只知道蛮干的话，最终往往是费上九牛二虎之力也达不到目的。

做事只有深谋远虑，才能防患于未然

【聊天实录】

我：管老先生，您对做事原则有何高见？

管子：我曾说过：夫谋无主则困，事无备则废。

我：您这句话该如何解释呢？

管子：这句话的意思就是：谋划事情没有主见就会陷入困境，做事情没有准备就会遭到失败。

我：您的意思是说凡事应该深谋远虑、防患于未然，这样在危险突然降临时，才不至于手忙脚乱，才不至于一败涂地。深谋远虑、防患于未然，是对突发危机的预先准备，是对未来各种情况的预测。您在这里对谋事、成事的谋略是很有高度的，站在很高的角度去分析谋事的方式、把握成事的关键，让谋事者变被动为主动，"因此圣明的君王办事前务必做好准备，并且小心谨慎等待时机，以充分的准备等待时机，按适宜的时机开创事业，时机一到就举兵作战"，这样一来，就占全了"准备充分"与"把握时机"两个关键因素，如此行事，怎会不成功。

管子：是的，做事只有深谋远虑，才能防患于未然。

【解读】 深谋远虑的李渊

唐朝的开国皇帝李渊就是因为看得长远，才有了后来进封唐王的历史机遇。

隋朝末年，李渊被隋炀帝任命为太原留守，当时，农民起义很频繁，社会乱象已显。李渊的儿子李世民劝李渊造反，李世民说："当今皇上乃无道的昏君，他对父亲也深怀戒心，如果父亲一味地愚忠下去，将要为昏君陪葬啊！"

李渊深思熟虑了一番，他对儿子说："我深受皇恩，任何时候都不能犯上作乱，你再提此事，我一定要把你交到官府治罪。"

李渊

其实，李渊嘴上这么说，心中并不是完全没有反心，只是他认为时机还不成熟，如果贸然起兵，势必难以成功。当时，全国上下起兵造反者甚多，但他们多是占山为王，力量很分散，并未形成太大的气候。隋炀帝朝中有七八十万的军队，李渊绝不是他的对手。

李渊还清醒地认识到，朝廷没有用力围剿造反之军，是因为杨广身边都是一些奸臣，他们报喜不报忧，怕说有人造反的事会惹杨广生气。但如果自己起兵造反，因为自己世封唐公的地位，便没有人敢瞒住不报了，到那时，杨广一定会全力围剿自己。

李渊表面上做出愚忠的样子，暗中却积极地准备着起事。杨广始终对李渊心存戒备，于是派太原留守副使王威、高君雅等人监视李渊。李渊为了让他们解除戒心，天天陪他们饮酒作乐。李渊还送给他们重金，央求他们说："我无才无德，只想保全家小，如果有人说我的闲话，还请你们替我周全啊。"

王威、高君雅在给朝廷的密报中，极力替李渊说好话，杨广渐渐地消除了对李渊的猜疑。直到后来，隋王朝气数已尽，败局已定时，李渊才果断地起兵发难，只用了几年时间便平定了全国，建立了唐王朝。李渊老谋深算，他用外表迷惑了隋炀帝，在敌人面前示弱从而麻痹他们，然后在紧要关头果断出手，从而一举奠定了胜局。可见，只有深谋远虑、防患于未然，最终才能把握时机。

深谋远虑，才能防患于未然

古时的名将驰骋于千军万马之中而泰然自若，运用神机妙算来作战，虽然出入于九死一生中，但仍然能悠然自得，毫不急迫，这就是"闲中不放过"、"静中不落空"的结果。如果平时不注意和毫无准备，如谚语所说的"临阵磨枪"，"临渴掘井"，那就来不及了，古人所谓"太平原是将军致，不许将军看太平"也是同一道理。

春秋时，鲁昭公被逐出国，逃亡到齐国。齐景公对他说："你正是年轻有为的时候，怎么就把国君的位置丢了？这是什么原因呢？"

鲁昭公说："早些时候，人们都对我很好。有很多人经常鼓励我，而我没有亲近他们，也有很多人经常劝诫我，而我也没有听信他们。因此，逐渐地内无心腹、外无群众，真正爱护我的人一个也没有，奉承我、欺骗我的人反倒很多。这样，我就好比秋天的蓬，表面枝叶似乎还很好看，其实根茎都已枯萎，秋风一起，于是连根拔掉了。"

齐景公听了，认为颇有道理，便把这番话转告晏子（齐大夫晏婴），并且说："要是现在有可能让昭公回鲁国去，大概他可以成为一个贤明的国君了吧？"晏子说："不会，涉水过河而溺水的人，多半因为事先不探明河水的情况，迷路的人也多半因事先没有问清路径，等到他们溺水以后才去探水，迷路以后才来问路，不是已经晚了吗？这好比'临难而遽铸兵，临噎而遽掘井'一样，虽然非常急切，可是怎么来得及呢？"这就是临渴掘井的故事。

孔子说"安而不忘危"，孟子说"生于忧患，死于安乐"，都是这个意思，先哲们早就从社会实践中为我们总结出了宝贵的精神财富。一代名君唐太宗，接受了魏征"居安思危，戒奢以俭"的建议，成就了唐初"贞观之治"的繁荣，从而奠定了一代强国的基础。清末的统治阶级夜郎自大，不思进取，闭关守旧，最终使"泱泱大国"堕入了半殖民地半封建社会的深渊，在中华民族五千年的辉煌灿烂中留下了一段屈辱的历史。

《诗经》中有一篇标题为"鸱鸮"的诗，描写一只失去了自己孩子的母鸟，仍然在辛勤地筑巢，其中有几句诗："迨天之未阴雨，彻彼桑土，绸缪牖户。今此下民，或敢侮予！"意思是说：趁着天还没有下雨的时候，赶快用桑根的皮把鸟巢的空隙缠紧，只有把巢建坚固了，才不怕人的侵害。历代研究《诗经》的

第二章　管子与我聊做事原则

某些专家考证，认为该诗是三千多年前的周公写给他的侄儿周成王的。故事大意是：武王灭纣后，封管叔、蔡叔及霍叔于商都近郊，以监视殷遗民，号三监。武王薨，成王年幼继位，由叔父周公辅政，致三监不满。管叔等散布流言，谓周公将不利于成王。周公为避嫌疑，远离京城，迁居洛邑。不久，管叔等人与殷纣王之子武庚勾结行叛。周公乃奉成王命，兴师东伐，诛管叔、杀武庚、放蔡叔，收殷余民。周公平乱后，遂写一首《鸱鸮》诗与成王，其诗曰："趁天未下雨，急剥桑皮，拌以泥灰，以缚门窗。汝居下者，敢欺我哉？"周公诗有讽谏之意，望成王及时制定措施，以止叛乱阴谋。成王虽心中不满，然未敢责之。

一只山猪在大树旁勤奋地磨獠牙，狐狸看到了，好奇地问它，既没有猎人来追赶，也没有任何危险，为什么要这般用心地磨牙。山猪答道："你想想看，一旦危险来临，就没时间磨牙了。现在磨利，等到有用的时候就不会慌张了。"未雨绸缪，善养天机，日后便有用处。书到用时方恨少，平常若不充实学问，临时抱佛脚是来不及的。也有人抱怨没有机会，然而当升迁机会来临时，再感叹自己平时没有积蓄足够的常识与能力，以致不能胜任，也只好后悔莫及。

是的，亡羊而补牢，不如防患于未然。与其在事故发生之后再采取措施来弥补，不如在其之前就对可能发生的危机进行防范。在风暴之前修补屋顶，在洪水之前修筑堤坝，在荒年之前储备粮食，比起在风暴之后重建吹倒的房屋，在洪水之后抗洪救灾，在荒年之后发粮赈济，防患于未然岂不是更优的选择？

居安思危，防患于未然，是智者避免灾祸的良方，是降低损失的最佳措施。在危机四伏的社会里，无论是国家还是个人，都应该牢牢握住防患于未然这把钥匙，打开通向安全平稳的未来的大门，这样才能把灾难和不幸挡在门外。

所以说，无论是为了防患于未然也好，等待机会来临也好，做事都离不开深谋远虑。

管理智慧

◇做事只有深谋远虑，才能防患于未然。

◇亡羊而补牢，不如防患于未然。

◇居安思危，防患于未然，是智者避免灾祸的良方，是降低损失的最佳措施。

第章

管子与我聊制度管人

　　俗话说：有规矩才成方圆。是的，一个企业要想正常运转，或者是做强做大，不仅需要企业管理者的用心掌控，更需要有一套个性化行之有效的管理制度作为基本保障。如果企业没有一套"量身定做"的制度，企业管理者是管理不好企业的，企业也只能是一团糟。所以说，制度决定一切，制度可以使重复的流程简单化，可以使企业正常有序地运转，用制度管人，企业才能长盛不衰。

法治是治国之本，是企业强盛的保障

【聊天实录】

我：管老先生，您对制度管人有何高见？

管子：我曾说过：先王之治国也，使法择人，不自举也。使法量功，不自举也。故能匿而不可蔽，败而不可饰也。誉者不能进，而诽者不能退也。然则君臣之间明别，明别则易治也。主虽不身下为，而守法为之可也。

我：您这句话该如何解释呢？

管子：这句话的意思就是：先王治国，会根据法度去选择人才，而不靠自我举荐。依据法度计量功劳，而不靠自我裁定。所以能者不会被埋没，败者也不能掩饰。无才的人即使有人赞誉也不能提升，有功的人即使遭到诽谤也不会被罢免。这样君与臣的界限分明，贤与不肖也界限分明就容易治理了。君主并不用凡事都躬亲下为，只需按法办事就完全可以了。

我：您的意思是说您认为人性本恶，所以，您认为要治理好国家必须依靠法度的实行，依法度行事才能树立起君王的威严。法治是治国之本，更是治民之本，那么，对于一个企业来说，企业管理者如果能够以制度管人，可以使企业长盛不衰。

管子：是的，法治是治国之本，是企业强盛的保障。

【解读】 ～ **依法治国的汉昭帝** ～

　　霍光和上官桀是西汉昭帝时的两个辅政大臣，上官桀之子上官安骄横跋扈、为非作歹，他整日饮酒作乐，还与后母、侍婢淫乱。他还整日守在大司马府门口，见霍光出来，便缠住他，央求封自己的好友丁外人为侯。霍光自然是不答应，他又央求委任丁外人为光禄大夫，霍光还是不许。后来，上官桀亲自来请求此事，霍光还是拒绝了。

上官父子由此记恨上了霍光，他们开始盘算着争权夺利，试图把霍光掌权之职取而代之。御史大夫桑弘羊是前朝的权臣，名义上也是辅政大臣，他自认为无论从资历、功劳还是才能上都比霍光强，但他的权势低于霍光，也赶不上上官桀。他曾替其子弟谋官，也遭到了霍光的拒绝，因此，他对霍光也是怀恨在心。

于是，桑弘羊与上官父子自然地勾结起来，他们想携手反对霍光。另外，因自己未被立为太子而一直耿耿于怀的燕王刘旦对辅佐昭帝的霍光也是充满了仇恨，他在上官父子的拉拢下，也加入了反对霍光的联盟。

这样，三方势力各司其"职"，上官桀和桑弘羊暗中收集霍光的过失，然后把材料交给刘旦，刘旦负责上疏参劾霍光，他在奏折中说："霍光出京去长安东的广明亭检阅御林军，道上称跸，太宫供备饮食，僭用天子仪仗。他还任人唯亲，他的长史杨敞无功却当上了搜粟都尉，他还擅自调动校尉。霍光专权已久，臣怀疑他欲图谋不轨，愿归玉玺，宿卫京师，保卫皇上。"

皇上接到上疏这天，霍光恰好没有来，上官桀和桑弘羊便怂恿昭帝把燕王的奏疏下发百官，以使人人看清霍光的"真相"。昭帝却自有主张，他把奏疏留了下来，不肯下发。

第二天，霍光听说了燕王参劾自己之事，便躲在一个小屋里，没有去上朝。

昭帝见霍光迟迟没有来，心里有些着急。上官桀趁机走上前去说："大将军听说燕王揭发他的罪行，躲起来不敢进来了。"

昭帝令霍光入朝，霍光只得前来，免冠顿首，昭帝却笑着说："请大将军戴上冠，朕知道燕王奏疏有诈，大将军无罪。"

霍光赶忙谢恩，他不解地问昭帝："皇上怎么知道奏疏有诈呢？"

昭帝严肃地说："大将军去广明亭检阅御林军，广明亭近在咫尺，何需准备饮食？调动校尉一事不出十日，身在外地的燕王怎能得知？再者，若大将军真想图谋不轨的话，也不在乎多一个少一个校尉啊。"

接着，昭帝下令捉拿燕王遣来上疏的使者，上官桀和桑弘羊怕事情败露，赶忙对昭帝说："此等小事皇上还是不要追究了。"昭帝假装没有听见。上官桀等人仍不死心，他们又指使别人参劾霍光，昭帝不禁大怒道："大将军忠心耿耿，先帝遗命他辅佐朕，朕对他的为人很了解，谁再敢诋毁他，朕就治谁的罪！"

上官桀等人还是不甘心失败，他们决定铤而走险，他们让鄂邑公主出面请霍光喝酒，在暗处埋伏兵马试图杀掉霍光，然后再除掉燕王，废除昭帝，拥立上官桀为帝。

不料，他们的阴谋被稻田使者燕仓知道了，燕仓密报给大司农杨敞，杨敞转告了谏议大夫杜延年，杜延年又奏告昭帝和霍光。昭帝遂令霍光发兵擒杀了上官父子、桑弘羊，鄂邑公主和燕王自杀。

这场政变被成功粉碎，朝廷秩序又恢复了平静。此后，军事大权昭帝仍委任给霍光掌管。霍光虽大权在握但绝不专权跋扈，君臣相处得很好，而在用人、处事上能够察奸识伪，也足以体现出昭帝的英明。

可见，分辨是非者明，依法行事者威。身为领导者只有分清善恶忠奸，才能使身边有一个正义开明的风气，如此一来，小人就没有了立足之地。没有了小人制造混乱且法制严明的国家，怎么会不强大呢？因此，明辨是非、依法度行事才是治国之本。

制度管人，是企业强盛的保障

翻开历史的画卷，我们可以看到，古往今来，各朝各代的文武百官之所以能为君主卖命，无非是欲做栋梁之臣，得到君主的赏识。而一旦君王昏庸不辨是非真伪，脱离法度来以虚名晋爵，那么，谁还能够一心为君主承担国事呢？"上有所好，下必行焉"，君主没有君主的样子，臣子又怎么能够谨守臣子的职责呢？

古代君王治国，有的以德服众，有的以礼惠及众人，但不管是"仁治"还是"礼治"，都离不开"法治"，依法度行事不仅能树立君威，更能使国家强盛。

那么，对于今天来说，如何经营企业，如何管理企业中的人，以及成功的企业最需要什么样的素质的问题，不同的人有不同的回答。比如有人强调要有具有创新精神的企业家，有人看重充足的资金和高素质的人才，还有人倚仗良好的市场大环境和国家政策的倾斜，等等。这些备有侧重的看法无疑都是正确的，也是企业发展所不可或缺的，但都只是些硬件方面的要求。而对于软件方面呢？制度、文化的因素可是不容忽视的。

制度的作用在于限定人的行为，明确地告诉人什么该做什么不该做，怎么做效果好怎么做效果不好，而这些不应当成为管理者每天为之费心的事情，在这方面，管理者唯一应该费心的，就是如何让制度适合企业。

不以规矩，不成方圆。任何一个组织想要生存并且流畅地运转下去，都必须有一套切实可行的制度作为保障。企业更是如此，一套好的制度，甚至要比多用几个管理人员还顶用。

千万不要小瞧制度的作用。18世纪末，英国人来到澳洲，随即宣布澳洲为它的领地，但是怎么开发这个辽阔的大陆呢？当时几乎没有哪个英国人愿意到荒凉的澳洲去，英国政府想了一个绝妙的办法：把犯人统统发配到澳洲去。一些私人船主承包了运送犯人的工作，最初，政府以上船的人数支付船主费用，船主为了牟取暴利，尽可能多装人，却把生活标准降到最低，所以犯人的死亡率很高，英国政府因此遭受了巨大的经济和人力资源损失。

为了挽回这些损失，英国政府想了很多办法，问题却始终没有得到解决，直到后来一位议员把矛头指向制度层面。这位议员认为：这种现象之所以屡禁不止，是因为制度本身存在着缺陷。私人船主不计代价地多装人，正是因为政府付给船主的报酬是以上船人数来计算的，他们要考虑的只是怎么想办法扩大船的容量。假如换一种方式，政府以到澳洲上岸的人数来计算报酬的话，他们自然会开始变换脑筋，转而考虑怎么样让上船的人尽可能多地活着到澳洲。

政府采纳了他的建议——不论你在英国上船装多少人，到达澳洲上岸后再清点人数支付报酬。一段时间以后，英国政府又做了一个调查，发现犯人的死亡率大大降低了，有些运送几百人的船经过几个月的航行竟然没有一个人死亡。犯人还是同样的犯人，船主还是那些船主，但制度的改变解决了所有的问题。

由此可见，管理下属离不开制度，好的制度也胜过一切说教。

管理智慧

◇法治是治国之本，是企业强盛的保障。

◇不以规矩，不成方圆。

◇管理下属离不开制度，好的制度也胜过一切说教。

上下贵贱皆从法，是企业管理的法宝

【聊天实录】

我：管老先生，您对制度管人有何高见？

管子：我曾说过：君臣上下贵贱皆发焉，故曰法。古之法也，世无请谒任举之人，无间识博学辩说之士，无伟服，无奇行，皆囊于法事其主。

我：您这句话该如何解释呢？

管子：这句话的意思就是：无论君主或群臣、上层或下层、贵者或贱者，都必须一律遵守法律，所以要师法古时的法治，使社会上没有私自请托保举的人，也没有那种多识、博学和善辩的人，没有特异的服饰，没有奇怪的行为，所有的人都被规范限定到法的范围里为君主服务。

我：您的意思是说您强调法的重要性，认为不论是君是臣，不论地位高低，也不论身份贵贱，都应该依据法律办事，即法律面前人人平等。您认为任何人都不能凌驾于法律之上，强调执法必严、执法公正，绝不允许徇私枉法。这句名言在今天对于维护法律的尊严，制止徇私枉法的行为，依然具有积极意义。对企业而言，在制度管人面前，人人平等是天下最大的原则，是管理的法宝。

管子：是的，上下贵贱皆从法，是企业管理的法宝。

【解读】 上下贵贱皆从法

东汉光武帝时期，天下初定，治安情况还很不好，京都洛阳又是全国最难治理的地方，聚居在城内的皇亲国戚、功臣显贵常常纵容自家的子弟和奴仆横行街市，无恶不作。朝廷接连换了几任洛阳令，还是控制不住局面。董宣是当时有名的酷吏，处理社会治安方面的才能也很显著，于是，光武帝刘秀决定任命年已69岁的董宣做洛阳令。

湖阳公主是光武帝刘秀的姐姐，这位公主仗着自己和皇帝的姐弟关系，豢养了一帮凶狠的家奴，在京城里作威作福，为非作歹，横行无忌。有一天，公主的家奴在街上杀了人，董宣立即下令逮捕他。可是，这个恶奴却躲进了湖阳公主的府邸里不肯出来，而地方官又不能到这个禁地去搜捕，董宣就派人监视湖阳公主的住宅，下令只要那个杀人犯一出来，就设法抓住他。

过了几天，湖阳公主以为新来的洛阳令只不过是故作姿态，虚张声势而已。有一天，湖阳公主又带着这个杀人恶奴出行，刚走到大街上就被董宣派出去的人发现，派出去的小吏立即回来向董宣报告说，那个杀人犯跟着公主的车马队伍走，无法下手。董宣一听，立即带人赶到城内的夏兰亭，拦住了公主的车马。湖阳公主坐在车上，看到这个拦路的白胡子老头如此无礼，便傲慢地问道："你是什么人？敢带人拦住我的车驾？"

董宣上前施礼，说："我是洛阳令董宣，请公主交出杀人犯！"

那个恶奴在车马队伍里看到形势不妙，就赶紧爬进公主的车子里，躲在公主的身后。湖阳公主一听董宣向她要人，仰起脸，满不在乎地说："你有几个脑袋，敢拦住我的车马抓人？你的胆子也太大了吧？"

可是，她万万没有料到，眼前这位小小的洛阳令竟然怒气冲天，双目圆睁，猛地从腰中拔出剑向地下一划，厉声责问她身为皇亲，为什么不守国法？湖阳公主一下子被这凛然的气势镇住了，目瞪口呆，不知所措。董宣又义正词严地说："王子犯了法，也得与老百姓一样治罪，何况是你的一个家奴呢？我身为洛阳令，就要为洛阳的众百姓做主，绝不允许任何罪犯逍遥法外！"董宣一声喝令，洛阳府的吏卒一拥而上，把那个作恶多端、杀害无辜的凶犯从公主的车上拖了下来，就地砍了脑袋。湖阳公主感到自己蒙受了奇耻大辱，气得脸色发紫，浑身打战，丢了个奴仆，她倒并不十分痛心，可是在这洛阳城的大街上丢了这么大的面子，怎么能咽下这口气？她顾不得和董宣争执，掉转车头，便直奔皇宫而去。湖阳公主一见到刘秀，又是哭，又是闹，非让刘秀杀了董宣替她出这口恶气不可。光武帝听了姐姐的一番哭诉，不禁怒形于色。他感到董宣如此蔑视公主，这不等于也没把他这个皇帝放在眼里吗？想到这里，便喝道："快把那个董宣捉来，我要当着公主的面把他乱棍打死！"

董宣被捉来带上殿后，他对光武帝叩头说："请允许我先说一句话，然后再处死我吧。"光武帝十分愤怒，便说："你死到临头了，还有什么话说？"

董宣这时声泪俱下，却又十分严肃地说："托陛下的圣明，才使汉室再次出现中兴的喜人局面，没想到今天皇上却听任皇亲的家奴乱杀无辜，残害百姓！有人想使汉室江山长治久安，严肃法纪，抑制豪强，却要落得个乱棍打死的下场。我真不明白，你口口声声说要用文教和法律来治理国家，现在陛下的亲族在京城纵奴杀人，陛下不但不加管教，反而将按法律执法的臣下置于死地，那么国家的法律还有何用？陛下的江山还能用什么办法来治理？要我死容易，用不着棍棒捶打，我自寻一死就是了。"说着便一头向旁边的殿柱上撞去，碰得满头满脸都是血。光武帝也不是个糊涂的君主，他被董宣那一番理直气壮的忠言，以及刚正不阿、严格执法的行为，深深地打动了。他又惊又悔，赶紧令卫士把董宣扶住，给他包扎伤口，然后说："念你为国家着想，朕就不再治你的罪了。不过，你总得给公主一点面子，给她磕个头，赔个不是呀？"董宣理直气壮地说："我没有错，也无礼可赔！因此，这个头不能磕！"

光武帝只好向两个小太监使了个眼色，示意他们把董宣搀扶到公主面前磕头谢罪。

两个小太监立即照办，这时，年近七十的董宣用两只胳膊支撑着地，硬着脖子，怎么也不肯磕头认罪。两个小太监使劲往下按他的脖子，却怎么也按不动。

湖阳公主自知理亏，却仍耿耿于怀，不出这口气心里憋得慌，她又冷笑着问光武帝说："嘿嘿，文叔（光武帝的字）当老百姓的时候，常常在家里窝藏逃亡的罪犯，根本不把官府放在眼里。现在当了皇帝，怎么反而连个小小的洛阳令都驾驭不了呢？我真替你脸红！"

光武帝的回答也很妙，他笑着说："正因为我当了一国之君，才应该律己从严，严格执法，而不能像过去做平民时那样办事了，你说对不对呀？"光武帝转过脸又对董宣说："你这个强项令，脖子可真够硬的，还不快点退下去？"

从上面这个故事我们可以看出，光武帝还是个普通的平民时，也是不怎么遵守法令的，然而自己当了皇帝，却也得要依法办事了。因此，颁布严格的法令，禁止豪强势力的发展，是每一个皇帝要让天下安定太平的首要事务。因此，管子认为法度行则国治，实行法制、依法办事是国家安定的前提。

法律的制定固然重要，但如果有法不依，做不到执法公正，那么法律就只是一纸空文。如果法律只对一般人起作用，而对某些人则失去其强制性和约束力，那么就会造成民心惶惑，无所适从，最终导致法制混乱。

企业管理者不能以职权破坏规则

众所周知，管理的有效性来自制度，制度与规则能使管理有效，但必须得到管理者坚决执行的保障。而管理不能有效的主要原因，其实就在高层。管理者既是规则的制定者，也最有机会扮演规则破坏者的角色，事实上，几乎所有的规则都是被管理者首先破坏的。所以，制度的设计与遵守是促使管理有效的根本前提，是管理者本身不能破坏规则，古人说的天子犯法与庶民同罪，就是这个道理。

机构里的规章制度不能经常变动。人人都应该清楚，如他们努力工作，多少年后便可以达到职位，这样才好让大家遵守所制定的有关规定。

稍有一点违背原则，人们就会看得到，别以为可以瞒住大家，不可把重要的事当成儿戏。权力是管理者表现自己管理手段的体现，但它不代表一切。无数事实证明，过分保护和依赖权力就会存在私人欲望，就会产生滥用权力的现象，这是对权力价值的破坏。

管理者信赖墨守成规的现象在管人上体现为以下几点：

第一，以命令压制下属。

命令是让下属执行的措施，个别管理者往往习惯以权压人："这是业务命令，你就按照我说的做，不然，我就把你开除。"像这种不顾下属立场、强制的命令方式，只会徒然增加下属反抗心理，只能收到相反的效果。

有些企业管理者，当下属不按己意行事时，往往不愿花点时间与下属商谈一下，而是马上搬出权力这张王牌，代以操纵下属。即使管理者不是用强硬的态度，但此时行为即明白表示，管理者不相信下属的能力。

第二，超权指挥。

要想管理有条不紊，就要做到有层次。现代管理有着明显的层次分别，公司中有决策层、管理层、执行层，各层次都有与之职责相对应的权力：决策层负责企业的经营战略、规划和生产任务的布置，管理层负责计划管理和组织生产，执行层负责具体的执行操作。如果企业经理不能正确对待管理中存在的客观事实，便会在管理中不可避免地发生这样或那样的问题。

传统的管理着大多用高压的方式领导和管理下属，认为当领导的就要对下属吆五喝六，指挥周围的人，否则做领导就失去了威信。随着时代的进步，这种高压式的管理方式已经渐渐被淘汰了。下属不再是企业管理用来赚钱的工具，现代管理在下属管理更注重加入一些人性的东西。

在企业中不断加强制度建设的今天，一项好的制度能不能靠得住，关键要看管理者是否身体力行，是否用手中的权力去保护制度而不是超越制度。如果权力大于制度，那么，再多的制度也不过是制度，要想用这样的制度管理好下属是不可能的。

权力是管理者影响下的一个辅助工具，使用权力的目的不是专制，也不是制造紧张气氛，而是要使团队的业绩达到预期的效果。实践证明，权力是管理者实施有效管理的辅助手段，也是管理者指挥和影响下属一个不可或缺的管理平台，因此，如何正确地使用权利就成为每一个管理者不得不面对的问题。美国著名管理者泰勒认为："权力是管理者表现自己管理手段的体现，但无数事实证明，过分保护和夸大这种权力就会引起私人欲望，就会产生滥用权力的现象，滥用权力是对权力价值的破坏。任何权力都有一定的限制和范围，管理者如果硬要突破这种限制和范围，就会形成'权力扩张'，最终会危及企业及下属的利益。"

所以说，正确地使用权力既是管理者的责任，同时又是管理者应尽的义务。因为管理者是一个团队的核心，他将直接影响团队何去何从。因此，唯有上下贵贱皆从法，才是企业管理的法宝。

管 理 智 慧

◇上下贵贱皆从法，是企业管理的法宝。

◇如果法律只对一般人起作用，而对某些人则失去其强制性和约束力，那么就会造成民心惶惑，无所适从，最终导致法制混乱。

◇权力是管理者影响下的一个辅助工具。

管理者做到赏罚分明，才能安定人心

我：管老先生，您对制度管人有何高见？

管子：我曾说过：厚爱利，足以亲之，明智礼，足以教之，上身服以先之，审度量以闲之，乡置师以说道之，然后申之以宪令，劝之以庆赏，振之以刑罚。故百姓皆说为善，则暴乱之行无由至矣。

我：您这句话该如何解释呢？

管子：这句话的意思就是：付出厚爱和厚利，就可以使民众亲近。彰明知识和礼仪，就可以使民众得到教育。君主要以身作则来引导人民，审定规章制度来规范人民，设置乡官来指导人民，然后用法令加以约束，用奖赏加以鼓励，用刑罚加以威慑，这样，老百姓就会乐于做好事，暴乱行为就不可能再发生了。

我：您的意思是说您主张治理人民要既有赏，也有罚，在这样的为政政策下，人们自然而然就会乐于做好事，将暴乱行为降低到最低限度了，如此也就基本达到了"天下安定"的目的了。是的，没有赏和罚的分别，人民也就无所谓行为的好与坏、善与恶，善有善果、恶有恶报才会将人民带领到正确的道路上来，以赏罚分明来治理天下，是天下安定的前提。对现代企业而言，企业管理者能够做到赏罚分明，才能安定人心。

管子：是的，管理者做到赏罚分明，才能安定人心。

【解读】 　　　　　赏罚分明的商鞅

公元前356年，商鞅变法正式开始。当时，商鞅提出了许多切实可行的改革措施，但对故有的旧制度产生了冲击。为了提高秦军战斗力，商鞅否定了世卿世禄制，建立了新的军功爵制度。

新法规定：凡是没有为国家建立军功的旧贵族，不能列入宗室贵族的属籍，

商鞅变法

不得继续享受贵族特权，不得无功受禄；还规定重赏有功的将士，军功大小，不再按出身，而是按照在战场上斩杀敌人的数量来评定，官爵也按军功大小授予。

商鞅根据"劳大者其禄厚，劳多者其爵尊"的原则，建立了一套新的军功爵制。军功爵位共有二十级，最低的一级为"公士"，最高一级为"彻侯"。根据爵位高低授予种种封建特权，包括占有耕地、住宅、衣服、车马等。

商鞅的改革触及了很多人的利益，所以改革初始就遭到了很多方面的反对，但商鞅一心改革，全然不顾个人安危，与反对派进行了一场不懈的斗争。

当时，太子有两个老师，一个叫公子虔，一个叫公孙贾，这两个人都是贵族，商鞅的变法损害了他们的利益，这不禁使两人对商鞅耿耿于怀。他们天天在太子面前说商鞅的坏话，诬陷说商鞅大权在握，正在收买人心，图谋不轨，太子相信了他们的话，感到自己国君的地位受到了威胁。

于是，在两个老师的怂恿下，太子在秦孝公面前狠狠地告了商鞅一状。秦孝公对商鞅很是信任，他对太子的这种攻击新法的行为很是恼怒，遂把他训斥了一顿，然后交给商鞅依法处置。

商鞅为难地想到：太子犯法，按法律应当腰斩。可是，太子是储君，是未来的皇上。哪里有臣下治皇上之罪的道理呢？可是，这次如果不处理，那么谁都会来攻击新法，非但朝廷的威信会一落千丈，新法也有夭折的危险。这是个树立威信的好机会，况且如果王子犯法不予追究的话，那还谈什么变法呢？

最后，商鞅决定执行法令，但考虑到太子身为国君的继承人，毕竟事关重大，不能使其负法律责任。他下令将太子的老师公子虔处以杖刑，公孙贾黥面，以示天下。后来，公子虔又一次犯法，商鞅毫不留情地割掉了他的鼻子，百姓为之大悦。

从此，新法在秦国得到普遍推行，人人遵纪守法，甚至连妇女和孩子都在称赞商鞅的变法。

商鞅的改革之所以能够顺利实施，一是因为他不畏困难、不怕权贵的精神，二就是因为他赏罚分明，广得人心。

对普通人而言，都希望看到天子犯法，与民同罪。虽然这只是广大人民的愿望，在历史上也很少被得以实施，但树立了一种法律面前人人平等的理念。商鞅决必变法从而惩罚太子之师的行为，就是这种理念的真实体现。

所以说，赏罚分明则上下臣服，上下臣服则天下安定，统治者唯有实行赏罚公正的奖惩制度，才能得到军队和百姓的拥护，赏罚分明才会天下安定！

❧ 赏罚分明，安定人心 ❧

赏与罚，曾被古人称为管人的两把利剑，是领导者统驭部属、使用人才的重要手段。孙武把"法令孰行"、"赏罚分明"作为判明胜负的两个重要条件，曹操曾说："明君不赏无动之臣，不赏不战之士。"赏罚分明得当，是古今中外一切用人者的根本原则。企业管理者一定要正确使用赏罚，切莫随心所欲，无原则赏罚。

首先要做到的是不赏私劳，不罚私怨，即不奖赏对私人利益有功的人，不惩罚对自己有成见或隔阂的人。现实生活中的许多当权者，在这个问题上往往处理不好。

其次，还要做到有功即赏，有过即罚。领导者要正确地用人，真正调动部下的积极性，必须做到按功行赏，论过处罚。这样做至少有三点好处：一是为部下提供了一个公平竞争的环境。既然功过是非是决定任何一个人的升降荣辱的唯一准则，那么大家就会尽心尽力地工作，以争取奖赏，避免惩罚。二是可以避免人为的矛盾。如果不坚持功奖过罚，部下难免有亲疏嫡旁之感，而部下一旦产生这种情绪，相互之间的矛盾便会随之而生。只有唯功是奖、唯过是罚，部下感到领导一视同仁，矛盾便会自然消失。三是可以调动大多数人的积极性。无论赏还是罚，只有得当，才能起到激励作用。如果失度，不仅没有受到赏罚的人心里不服，即使受罚者也不以为然。因此，在赏罚上不能搞平均主义，不能吃"大锅饭"，必须坚持功过分明。无功受禄，罚不当罪，皆是管理的大忌。

美国可口可乐公司的产品在国际市场上长盛不衰，畅销全球。该公司总裁韦恩·卡洛韦在谈到他如何取得这一成绩时，肯定地回答只有一个字：人。韦恩·卡洛韦对他属下的550名管理人员的情况大多了如指掌，他用自己40%的时间去研究人的问题。

他坚持优胜劣汰的用人原则，亲自制定了各类人员能力标准，每年至少一次与他的属下共同评价他们的工作。如果一个属下不够标准，韦恩·卡洛韦会给他一段时间学习提高，以观后效；如果已达到标准，第二年就会习惯性地提高要求。经过评估，公司的管理人员被分成四类，第一类最优秀者将得到晋升；第二类可以晋升，但目前尚不能安排；第三类需要在现有的岗位上多工作一段时间，或者需要接受专门培训；第四类最差者将被淘汰。

罗杰·昂利克是可口可乐公司全球饮料部的主管，他与超级歌星迈克尔·杰克逊签订费用为500万美元的广告合同时，可以不必请示上司，只要在事后打个电话告诉韦恩·卡洛韦就可以了，这也是韦恩·卡洛奇鼓励管理人员快速、独立地自己做出决定的结果。

是的，管理下属最基本的手段之一是赏——鼓励下属该做什么和怎么做，一是罚——使下属牢记哪些禁区不能跨越。做到赏罚分明得当，下属就会心情愉快地尽量把事情干好。

所以说，企业管理者一定要做到赏罚分明，才能安定人心，从而有利于企业的发展。

管理智慧

◇管理者做到赏罚分明，才能安定人心。

◇明君不赏无动之臣，不赏不战之士。

◇赏罚分明则上下臣服，上下臣服则天下安定，统治者唯有实行赏罚公正的奖惩制度，才能得到军队和百姓的拥护。

明法令以严惩奸邪之人，企业才能健康发展

【聊天实录】

我：管老先生，您对制度管人有何高见？

管子：我曾说过：常令不审，则百匿胜；官爵不审，则奸吏胜；符籍不审，则奸民胜；刑法不审，则盗贼胜。国之四经败，人君泄见危。

我：您这句话该如何解释呢？

管子：这句话的意思就是：国家的基本法令不严明，朝廷中的各种小人就会得逞；官爵制度不严明，奸邪的官吏就会得逞；户籍制度不严明，奸民就会得逞；刑罚制度不严明，盗贼就会得逞。这样一来，国家的"四经"就会败坏，君主就会陷入危险之中了。

我：您的意思是说奸邪小人对于国家来说，是大害虫，如果忽略了他们的可怕性，国家就一定会因奸邪小人作乱而混乱不堪的。小人的种类繁多，他们存在于各种阶层中，大到朝廷、小到百姓，都难免有小人作乱。奸邪小人的伤害性是不可小瞧的，因而，一定要严惩奸邪之人以法制，也只有这样，才能国泰民安。对一个企业来说，如果企业内部存在着一些奸邪小人，肯定会影响企业的健康发展。

管子：是的，明法令以严惩奸邪之人，企业才能健康发展。

【解读】 ～ **对奸邪小人严惩不贷的丁宝桢** ～

安得海是慈禧太后的贴身宦官，此人贪污受贿、骄横跋扈，在朝中可谓是无恶不作，可是因为他有慈禧太后撑腰，没有人敢正面和他作对。

有一次，安得海奉慈禧太后之密诏南下办差，这一路上，安得海在船头挂上彰显高贵的船幡，口称有圣旨密遣，所到之处，他欺男霸女、为所欲为。而沿途的官吏个个害怕他的淫威，都是小心翼翼地侍奉，不敢有任何怠慢。唯有山东巡抚丁宝桢例外，他性情忠厚，刚正不阿，对安得海之流早已恨之入骨，他早就想好一个主意来对付安得海。

丁宝桢先把安得海已到山东的消息密奏给了同治皇帝，然后，他令骑兵前往泰安把安得海拘捕了。安得海被这突如其来的变故弄得摸不着头脑，他大声喊道："我是奉太后的旨令前来办公，你们这帮不知天高地厚的东西竟然敢抓我，真是吃了豹子胆了？"安得海被押到济南，丁宝桢亲自审讯他，安得海一见丁宝桢就破口大骂道："丁宝桢，你别得意得太早，等我向太后禀告此事，我让你死无葬身之地？"

丁宝桢坐在大堂上一脸威严地说："安得海，宦官私自出城，按大清的律例当斩，你可知罪？"

安得海听到这话后气焰便没那么嚣张了，他哆哆嗦嗦地说："我有太后的密旨。"

丁宝桢严厉地喝道："你胡说，我们这些册封的大臣们都没有接到皇上的圣旨，你此次出城必有见不得人的阴谋？"说完，皇上的圣旨正好也到了，丁宝桢便将安得海就地正法了。

丁宝桢不畏权势、敢作敢为，为朝廷除去了一个无恶不作的大害虫。这件事告诉我们，对待恶人一定不能心慈手软，严惩奸邪之人以正法制方可使众人心服，别人才会遵纪守法。

当然，每朝每代都会有奸恶之人，他们之所以为所欲为、作威作福，关键是有人在他们背后撑腰。对待这样的人，如果一味地听之任之、不加约束的话，朝廷迟早会被他们搅乱。既然是关系到国家安定团结的大事，对这帮恶人就应严惩不贷，不给他们任何机会。

企业管理者一定要对奸邪小人严惩不贷

古往今来，帝王都强调官员要奉公守法，对于那些不安分的官吏，昏庸之君可能会听之任之，而那些贤明的君主则会对此深恶痛绝，严惩不贷。对现代企业而言，企业管理者也一定要严惩企业里那些奸邪的小人。

美国斯坦福大学心理学家詹巴斗曾进行过一项有趣的试验：把两辆一模一样的汽车分别停放在两个不同的街区，其中一辆原封不动地停放在帕罗阿尔托的中产阶级社区，而另一辆则摘掉车牌、打开顶棚，停放在相对杂乱的布朗克斯街区，结果怎样呢？

停在中产阶级社区的那一辆，过了一个星期还完好无损；而打开顶棚的那一辆，不到一天就被偷走了。

后来，詹巴斗把完好无损的那辆汽车敲碎一块玻璃，结果仅仅几小时这辆车就不见了。

以这项试验为基础，美国政治学家威尔逊和犯罪学家凯林提出了一个"破窗理论"。他们认为：如果有人打坏了一栋建筑上的一块玻璃，又没有及时修复，别人就可能受到某些暗示性的纵容，去打碎更多的玻璃。久而久之，这些窗户就给人造成一种无序的感觉，在这种麻木不仁的氛围中，犯罪就会滋生、蔓延。

"破窗理论"在社会治安综合治理以及反腐败中的作用是显而易见的，在企业管理中也有着重要的借鉴意义，它给管理者带来的启示就是：要如何处理第一个破坏制度的人。

一些管理者大概会说：那要看是什么事情了，大的错误当然不能姑息，但是一些无伤大雅的小错误，就用不着小题大做了吧，为芝麻小事兴师动众，实在多此一举。殊不知，这种观点是最要不得的。

和一幢摩天大楼相比，火柴小得微不足道，但是要毁掉一幢摩天大楼，一根火柴就足够了。还有国外那句著名谚语"一个马掌钉毁了一个国家"，就是告诉我们：很多事情看着小，作用却一点都不小。所以，管理者对待随时可能发生的一些"小奸小恶"的态度，特别是对于触犯企业核心价值观念的一些"小奸小恶"，小题大做的处理是非常必要的。

千里长堤，溃于蚁穴。再严明的法纪，也经不住人们一次又一次的违反和破坏。为了维护制度，管理者必须及时处理第一个以身试法的人，而且还要从严处理，这叫杀鸡儆猴。

管理者要通过杀鸡做猴的方式确立制度的权威，必须有两个前提：一是"鸡"的选择。惩罚下属是需要看情况的，因为下属犯错误的原因也各有不同。如果一个员工因为入行没多久不熟悉工作流程而犯错误，或者因为一时疏忽犯下错误，并非可以为之，这叫不知道或者不小心，是所有企业都无法避免的。管理者惩罚这样的人，相当于否定了员工为了学习而付出的努力，很有可能使员工离心，得不偿失。真正应该选择重罚的，应该是那种明知道制度如何，行为上却在违反制度的人，他们才是真正打碎玻璃的人，也是即将带来恶劣影响的人，只有重罚这样的人，才能起到管理者希望看到的效果。

第二个前提是准确的时机。并不是所有时候管理者都需要"杀鸡儆猴"的，当公司里所有员工士气正旺，干劲十足的时候，管理者忽然心血来潮捕风捉影地找了一个员工的麻烦，其他员工的积极性就很容易被挫伤。只有当军心涣散，所有人都没有前进动力的时候，管理者才需要刻意制造一点紧张的气氛，而"杀鸡儆猴"无疑是很不错的方式，既可以打击出头之鸟，维护制度，又能让员工感受到压力，从而产生新的干劲。

可见，小人是社会的毒瘤，对他们稍一纵容，他们便会抓住机会为非作歹、搅乱时局。因此，对待小人应该发现一个处理一个，不给他们任何作乱的机会。只有坚定惩治奸邪之人的立场，国家法制才能得到真正实施，人民才能心服口服、遵纪守法，如此一来，国家才能安定。对于企业而言，那些奸恶小人，在这种环境下也就没有了生存的空间，企业的开明正直风气自然也就形成了。

管理智慧

◇明法令以严惩奸邪之人，企业才能健康发展。

◇小人是社会的毒瘤，对他们稍一纵容，他们便会抓住机会为非作歹、搅乱时局。

◇对于企业而言，那些奸恶小人，在这种环境下也就没有了生存的空间，企业的开明正直风气自然也就形成了。

法律政令须视时而立，量身定做

【聊天实录】

我：管老先生，您对制度管人有何高见？

管子：我曾说过：国准者，视时而立仪。

我：您这句话该如何解释呢？

管子：这句话的意思就是：国家法令准则应根据时代的现实变化来确立不同的标准，时代变了，环境变了，法令制度也应相应地调整。

我：您的意思是说您提倡制定国家政策法令应根据时势发展而随时调整，这样才能利于国家经济的发展，国家的富强繁荣。您的这一观点用我们今天的话讲，应该与时俱进。适合于时代需要的，君主要积极实行；不适合时代需要的，君主则坚决放弃。其实，这也是马克思主义哲学中"发展"的观点。无论是国家还是个人都面临"下一步怎么走"的问题，我们应善于审时度势，及时调整国家的政策以及法律。对于企业来说，应该对企业的制度"量身定做"。

管子：是的，法律政令须视时而立，量身定做。

【解读】 善于"视时而立仪"的楷模——秦始皇

中国历史上第一个皇帝——秦始皇，就是一个善于"视时而立仪"的楷模。秦始皇，名嬴政，因生在赵国，又取名赵政。他灭亡六国，统一中国，建立了中国历史上第一个统一的中央集权的封建国家。

始皇帝元年（前246年），秦庄襄王死，年仅十三岁的嬴政即位，由其母临时听政，尊吕不韦为相国，号称"仲父"，朝廷大权落在吕不韦手中。当嬴政二十二岁那年，按照秦国惯例，国王要举行冠礼，开始亲自主持政务，不料，吕不韦指使嫪毐发动叛乱。秦王嬴政及时平定了这次未遂的政变，嫪毐被处死，吕不韦被罢相，不久畏罪自杀。

秦王嬴政亲政后，在十年之中，以他的雄才大略结束了自西周、春秋、战国以来七八百年的分封割据局面，使中国的政局出现了第一次统一。

秦王嬴政吞并六国、一统天下后，面临的迫切问题是建立一个什么样的封建国家。对于这样一个关系到国家前途命运的重大问题，大臣中存在着很多不同意见。为了统一思想认识，嬴政召开了一次会议，参加会议的有丞相王绾、御史大夫冯劫、廷尉李斯，还有一班博古通今的博士。讨论中，丞相王馆认为应当建立分封制，廷尉李斯反对，主张建立郡县制的中央集权制国家。秦王嬴政从历史中看到分封制的弊端，同意李斯的意见，决定在秦国原来政权的基础上建立中央集权制的国家。会议还讨论了国家元首的称号和权力，讨论结果，大家一致认为，古代"泰皇"称号最为高贵，因此秦王嬴政尊号为"泰皇"。还建议从今以后，改"命"为"制"，改"令"为"诏"，天子自称为"朕"。秦王嬴政最后决定：去掉"泰"字，保留"皇"字，加上"帝"字，号称"皇帝"。最后又补充决定：废除"谥号"，自称"始皇帝"；规定其后世按数计算为二世、三世，以至万世。"皇帝"号的采用，意味着功过三皇，德超五帝，从此，秦王嬴政成为中国历史上的第一个皇帝。随后，他又采取了一系列巩固国家政权的措施。

建立中央集权制度。国家的最高统治者是皇帝。皇帝之下设中央政权机构，即"三公九卿"。"三公"是：丞相，为百官之长，是中央机构中的首脑，协助皇帝处理全国的政务；太尉，武官之长，掌管全国的军事；御史大夫，是皇帝的秘书掌管图书典籍，监察各级官吏。九卿是：奉常、郎中令、卫尉、太仆、廷尉、典客、宗正、治粟内史、少府。奉常掌管宗庙祭祀礼仪，兼管皇帝侍从；郎中令负责皇帝的安全保卫工作；卫尉是掌管皇宫的警卫部队；太仆掌管皇帝车马；廷尉掌管司法，审理重大案件；典客负责民族事务和外交；宗正掌管皇家的属籍事务；治粟内史掌管税收和财政开支；少府掌管皇宫的修建。"三公九卿"直接对皇帝负责，皇帝对重大事务有最后决断权，这就确立了皇帝一人大权在握，突出了中央集权制的特点。

健全地方各级行政机构。废除分封制，全国各地普遍推行郡、县两级政权机构。全国分为三十六郡，到秦末增至四十余郡。每郡设有郡守，掌握行政事务，为一郡的最高长官。郡下设县，县下设乡、亭、里，县有县令、县长，是一县最高长官。县万户以上的设县令，万户以下的设县长。从中央到地方，郡县政权的官吏均由皇帝任免，实行俸禄制。这套行政机构，一方面大大加强了对人民的控制，另一方面大大提高了工作效率，为以后历代封建王朝所承袭。

秦始皇的另一个历史功绩就是统一了当时全国的各种制度。秦始皇以秦制为标准，对全国各地区的政治、经济、文化等方面的制度进行改革，从而消除了由于长期封建割据所造成的差异，进一步促进了全国的统一和发展。

首先，统一度量衡。战国时代各国度量衡的大小、长短、轻重不同，单位名称也各异。秦始皇把商鞅制定的度量衡标准推广到全国，公布于天下施行。统一的度量衡是：度为寸、尺、丈、引，量为龠、升、斗、桶、斛，衡为铢、两、斤、钧、石。

其次，统一货币。战国时期各国货币不仅形制不同，而且单位也不相同，有布币、刀币、圆钱、铜贝等。有的国家以斤为单位，有的国家以镒为单位。为了有利统一后的商品交换和经济的交流和发展，秦始皇废除了原有各诸侯国的货币，改用黄金为上币，以镒为单位，圆钱为下币，以半两为单位。

再次，统一文字。战国以前各地区文字写法各不相同，严重影响着文化学术的交流和发展。秦统一六国后，秦始皇命令李斯等人进行文字改革工作，以小篆为基础统一全国文字，同时，还把隶书作为日用文字，便于民间使用。这样，做到了"书同文"，对文化的传播和发展是一个贡献。

此外，统一车轨，促进交通事业的发展。秦始皇规定车宽六尺，全国统一规格。他下令毁掉关塞堡垒阻碍物，修建驰道。以首都咸阳为中心，一条向东直通燕齐旧地，一条向南直达吴楚旧地。这种驰道路基坚固，宽五十步。

秦始皇所采取的统一法律、统一度量衡、统一货币、统一文字等措施，不仅对消除封建割据的影响、巩固统一的政权具有重大意义，而且对于促进全国经济、文化的联系和发展具有积极作用。

秦始皇应历史潮流，统一中国，建立中央集权制，对中华民族历史的发展做出了重大贡献。虽然他在历史上以滥征徭役、严刑酷法等闻名，但他"视时而立仪"的做法确实体现了千古一帝的伟大气魄。今天，改革开放不断深化，新情况、新问题层出不穷，每个人都面临着新机遇、新发展，我们更需要学习秦始皇这种"视时而立仪"的做法。

制度要"量身定做"

世界上没有万能制度，任何一个企业都有它独特的地方，相应的，要让制度在企业里发挥最大作用，制度本身必须也是带有企业特色的。很多管理者因为不想浪费精力而选择照搬同行业其他公司的制度，反正产品一样，市场一样，制度一样应该不会出现什么大错吧。如果哪个管理者有这样的想法，把制度看成随随便便的，认为有一套摆设在那就可以，这就大错特错了。

一位年轻有为的炮兵军官上任伊始，到下属部队参观炮团演习，发现了一个奇怪的现象。一个班的士兵把大炮安装好，每个人各就各位，但其中有一个人站在旁边一动不动，直到整个演练结束，这个人也没有做任何事。军官感到奇怪："这个人是干什么的？为什么他没做任何动作？"班长回答说："原来在作训教材里就是讲这样编队的，一个炮班完整编制是十一个人，其中一个人站在这个地方，我们也不知道为什么。"

军官回去查阅资料后，才知道这一个人站在那里究竟是做什么的：原来，早期的大炮是用马拉的，在战场上，大炮一响，拉车的马很容易因受惊而失控，这时必须有一个士兵站在炮筒下，他的任务是拉住马的缰绳，防止由于马的动作导致炮口方向改变，减少再次瞄准的时间。到了现代战争，大炮实现了机械化运输，不再用马拉，而那个士兵却没有被减掉，仍旧站在那里，成了一个不拉马的士兵。这位军官的发现使他受到了国防部的表彰。

不拉马的士兵是怎么出现的？当然是制度的原因。无论制定什么样的制度，都必须满足两个方面的要求：一是必须为企业量身定做，事前详细了解实际形态，整理分析各类问题，保证制度的每一句话都对应着实事。企业的情况各不相同，若制定了冠冕堂皇的条文，却与现实情形背道而驰，则无异于一纸空文；另外，千万不要以为制度一旦制定就可以一劳永逸，世上没有十全十美的东西，所以任何东西都有改革的余地。况且计划永远没有变化快，想让制度持久地发挥效用，就必须与时俱进，随时适应情况的变化。

当某一种不良现象在公司中出现，管理者首先要考虑的不是处罚员工，而是从制度层面找出事情发生的原因，修改制度，从根本上杜绝不良现象，这比在员工犯了错之后惩罚要有效得多。从这个角度上讲，一套好的企业管理制度，既是死的，又是活的。说它死，是因为制度一旦制定，员工就必须按照制度行事，有违者，罚；说它活，是由于规则本身又在不断发展不断改进，因为企业在变，社会环境在变。

所以说，一个能把管理做到位的人，首先就要善于为企业量身定做制度，至于灵活运用制度管理下属，那是有了适合的制度之后才要考虑的事情，没有适合的制度，制度管人又从何谈起呢？为此，法律政令须视时而立，量身定做。

管理智慧

◇法律政令须视时而立，量身定做。

◇世界上没有万能制度，任何一个企业都有它独特的地方，相应地，要让制度在企业里发挥最大作用，制度本身必须也是带有企业特色的。

◇一个能把管理做到位的人，首先就要善于为企业量身订做制度，至于灵活运用制度管理下属，那是有了适合的制度之后才要考虑的事情，没有适合的制度，制度管人又从何谈起呢？

以人为本，是企业管理的精髓

【聊天实录】

我：管老先生，您对制度管人有何高见？

管子：我曾说过：夫霸王之所始也，以人为本。本治则国固，本乱则国危。

我：您这句话该如何解释呢？

管子：这句话的意思就是：霸王的事业之所以有良好的开端，是因为以人民为根本，这个根本理顺了国家才能巩固，这个根本搞乱了国家势必危亡。

我：您的意思是"以人为本"，就是以人民为本。不少人认为，"以人为本"思想源于14世纪至16世纪西方文艺复兴时期，是西方"人本主义"的经典表述，我国古代只有"以民为本"的提法，其实，您提出 "以人为本"比西方早了两千多年。您这里所说的"霸"同"伯"，就是老大、第一。一个国家称霸，就是要当大国，当让其他国家顺从的老大。在我国古典文献中，"人"与"民"二字经常连用，合成一个词组。《诗经·大雅·抑》有名句："质尔人民，谨尔侯度，用戒不虞。"即劝诫大臣们要自警自律，善于治理人民，谨慎法度，防止发生意外事故。与《诗经》齐名的《书经》则说："民惟邦本，本固邦宁。"对于今天而言，"以人为本"不仅是治国和执政的理念，也是企业管理和企业竞争的精髓。

管子：是的，以人为本，是企业管理的精髓。

【解读】　　以人民为本的汉章帝

东汉章帝时，国家财政十分困难，粮食价格居高不下，为了摆脱这种困境，汉章帝采取了不少措施，可都是收效甚微。

朝臣张林对章帝说："国家掌握经济命脉，只要重新制定条例，朝廷定能摆脱穷困。现在的粮食贵，都是因为钱太便宜了。只要把钱币废掉，用布帛来代替，一切难题就迎刃而解了。另外，盐是人们的必需品，再贵也得吃，把盐类贸易归到朝廷并加以垄断，抬高价格，还何愁朝廷不富裕呢？"

汉章帝听后欣喜万分，他高兴地说："只要有利于朝廷，能够让我们渡过难关，什么办法都可以试！"

朝臣们见皇上态度这么坚决，都不敢上前加以劝阻。大臣朱晖对好友说："张林只知道讨好皇上，却不惜盘剥百姓、与民争利，还有比这更可恶的事情吗？真要这么办的话，钱是赚到了，恐怕百姓也会造反啊！"

他的好友劝他去向皇上进谏，朱晖担心因此造祸，不敢前去。他的好友生气地说："你身为朝廷大臣，既知事不可为，就该极力劝阻，否则和张林之流有何区别呢？你现在不规劝皇上，等日后祸事来了，你怎么保全自己呢？”

朱晖顿然领悟过来，第二天一早，他就上朝对章帝说：“昨日我没有说话，是因为我害怕触犯了皇上对我自己不利。多亏朋友责骂我，我才知道做事只为自己考虑的人，虽可讨得一时便宜，但最后一定会吃亏。正像朝廷眼下的困境一样，如果皇上依照张林的办法处理，那么和杀鸡取卵有什么不同呢？如此一来，必然会失去民心，搞得天下大乱，哪里还有便宜赚呢？”

汉章帝听了害怕起来，此事暂时搁浅下来。可过了不久，又有人向章帝推荐张林的办法，章帝又一次心血来潮，准备实行张林的“新政”。

朱晖这一次果断地站了出来，严肃地说道：“朝廷不是商贩，到了任何时候都不该和老百姓争夺利益，这样做只会激化矛盾，让国家走向衰亡。”说完，朱晖把自己捆绑起来，来到了牢狱之中等待处罚，他让人带话给章帝说：“我现在之所以自讨苦吃，是为了以后不让人骂我不忠不义。我死并不足惜，只求皇上醒悟过来，不要贪图一时的便宜而葬送了国家。”

汉章帝权衡利弊，终于决定放弃采取张林的主张。他把朱晖从狱中接了出来，又痛斥了张林等人一顿。汉章帝没有采取张林的建议，他的这种不损害人民利益的思想让人拍手称赞，张林之辈则只会遭到痛斥唾骂。

可见，国以民为本，因此一切政策都应该围绕着人民来制定。如果统治者为了个人私利而不惜损害人民利益的话，在他统治下的国家必然不能长久，上面事例中的汉章帝就曾差点犯下为己之利而损民利的大错。

企业管理要以人为本

今天，世界正在走向多极化，在这种国际形势下，中国领导人提出“以人为本”的治国和执政理念，可以说是继承了中国传统文化的精髓，展现了一个大国的责任与风范。其实，在国外，也有很多“以人为本”的例子。

在英国，有些公司有比较优厚的职工福利待遇，然而英国最有效率的犹太商店马克士·斯宾塞零售公司却与众不同，它系统探讨的是那些影响到职工行为的“促进因素”。这些因素包括：尊重工作人员，注意工作人员的实际的困难，承认和鼓励工作人员的努力和贡献，经营培训工作人员以发挥他们的才能。

该公司坚持的一条原则是：对人的照顾和关心。公司创始人米采·马克士说："只要把人放在第一位，就不会失败，做赚钱的事也是这样。"因此，在近100年中，马克士·斯宾塞这个大公司，没有发生过行业性大争端，在营业额、盈利、生产、管理和改革方面，毫不受干扰，业务蒸蒸日上，真是件了不起的事情，受到了人们的钦佩和羡慕。马克士·斯宾塞公司没有工会是它的最大特色之一，这一点区别于英国大多数企业。公司并不是反对工会，而是强调人际关系的管理，从而形成了非常好的工作条件和人际关系。一个管理人事的员工回忆说："有一次，一个当地工会的高级职员要我为他安排一次与商店员工的谈话。我安排了，并详细地贴出布告通知大家，结果我对他非常抱歉，因为没有人来。后来，我请他在公司的饭店里吃午饭，坐在营业员当中，店里令人愉快的情景感动了他，此后我就没再听到他说要来了。"

该公司认为"福利"首先是指关心个人的需要和健康，公司的一个董事说："我们照顾、关心员工，并不仅给予福利。"这就是说，照顾员工是目的，福利是手段，出发点是人的关系。为了先行关心员工的福利，公司采取了一个又一个的措施，有些不仅超过了员工福利的法定要求，而且大大超过与之竞争的其他公司准备给而未给的福利。该公司于1934年就成立了福利委员会，福利委员会每周开一次会，从未间断过，平均每周讨论八件事，大多涉及员工和他们的家属，如贷款、补助金、长休假、减少工作时间等，有时还提供法律性或医务性的咨询和帮助。

福利委员会有一个令人注目的特点，即预算不封顶、费用不受限制。该委员会由9人组成，都不是董事，但却有充分的自主权来处理一切困难及灾难事件，他们所做的决定和建议很少遭到拒绝。所以，从某种意义上说，福利委员会为员工们提供了安全网，不管有什么困难，也不管困难有多么严重，都不愁无人相助。委员会对90%的事件可立即做出决定，在任何情况下，对所有的事都能尽快地做出处理，并通知有关个人，或告知几天内可有结果，为此，公司为有这样一个委员会而感到自豪。

马克士·斯宾塞公司1.3亿的股份属于23.5万个股东所有，绝大部分都是个人小投资者，有70%的股东持股在200股以下，最大的股东是咨询委员会，其股份占总数的7%公司的董事们占有不到0.5%的公司财产。公司的22万个员工遵照公司的赢利分配规划，都成了股东。

由此可见，这个公司正是把人放在了第一位。

我们都知道，犹太人十分看重金钱，因而犹太人有"金钱不问履历"的说法。但如果把金钱与人才放在一起讨论的话，那情形又不同了，因为与金钱比起来，犹太人更重视的是人才的智慧头脑，所以许多知名的犹太企业家都自觉自愿地把人放在经营的第一位。

为此，作为企业管理者，一定要懂得：以人为本，是企业管理的精髓。

管理智慧

◇以人为本，是企业管理的精髓。

◇只要把人放在第一位，就不会失败，做赚钱的事也是这样。

◇与金钱比起来，犹太人更重视的是人才的智慧头脑，所以许多知名的犹太企业家都自觉自愿地把人放在经营的第一位。

制度只有严格执行，才具有权威性

【聊天实录】

我：管老先生，您对制度管人有何高见？

管子：我曾说过：凡君国之重器莫重于令，令重则君尊，君尊则国安。令轻则君卑，君卑则国危；故安国在乎尊君，尊君在乎行令，行令在乎严罚；罚严令行，则百吏皆恐；罚不严，令不行，则百吏皆喜。

我：您这句话该如何解释呢？

管子：这句话的意思就是：凡属统治国家的重要手段，没有比法令更重要的。法令威重则君主尊严，君主尊严则国家安定；法令没有力量则君主低贱，君主低贱则国家危险。所以，安国在于尊君，尊君在于行令，行令在于严明刑罚。刑罚严、法令行，则百官畏法尽职；刑罚不严、法令不行，则百官玩忽职守。

我：您的意思是说法令一旦发出，就要严格执行，管理制度要严格执行，才有权威性，才能贯彻落实。

管子：是的，制度只有严格执行，才具有权威性。

【解读】 严格执行国家制度的柳公绰

柳公绰是唐宪宗时期的京兆尹，他是个刚正不阿的忠义之士。他刚上任之初，就责打了皇帝喜爱的神策小将。宪宗皇帝为此大发雷霆，他把柳公绰找来，一顿臭骂，责怪他为什么不经请示就擅自责打神策小将。

柳公绰毫不畏惧地说："皇上因信任小人才让我担任京兆尹的职位，为了不辜负皇上，我自当先立表率。可小人刚刚上任，那个小将就轻率冒犯于我，我想这不仅是怠慢臣下，也是轻视陛下的表现啊。他如此目无法纪，理应治罪。小人只知道打的是不懂礼法之人，不管他是什么神策军将官。"

宪宗余怒未消，又问道："那你为什么不奏明？"

柳公绰答："按我府尹的职权，只该打死他，不该我上奏。"

宪宗继续追问："那么依你之见，谁该上奏呢？"

柳公绰答："管辖他的部队应上奏，若是死在大街上，金吾街使应该禀奏，若是死在巷里，左右巡使应该禀奏。"

柳公绰的回答句句在理，竟说得宪宗无言以对，只好宣布散朝。

散朝后，宪宗皇帝跟身边的人说："你们要对这位京兆尹小心一点，连我都怕他呢！"

可见，治理国家、惩治恶徒都要靠法律，而不能靠领导者的"口"。国家的制度一旦公布，就得事事遵循，只有这样，才能树立起制度的权威和领导者的威信。

制度，必须严格执行

通常情况下，管理者会头疼这样一个问题：制度很明确，也那么显眼地挂在墙上，员工却偏偏视而不见。这种事情在大企业可能少见一点，但在中小企业，尤其是在那种有很多下属是与管理者同乡甚至沾亲带故的企业里，时有发生。

比如《红楼梦》中著名的"凤辣子"的做法。王熙凤的成功在于她的聪明才干，尤其是在协理宁国府的过程中，王熙凤的管理能力得到了充分的表现与施展。

王熙凤画像

在去宁国府之前，王熙凤先对宁国府进行了管理诊断，一针见血地指出，宁国府在管理上存在五大弊病："头一件是人口混杂，遗失东西；第二件，事无专执，临期推诿；第三件，需用过费，滥支冒领；第四件，任无大小，苦乐不均；第五件，家人豪纵，有脸者不服管束，无脸者不能上进。"针对这些弊病，王熙凤在宁国府进行了大刀阔斧的整顿。

有制度才好管事，王熙凤第一个整顿动作就是制定新制度。王熙凤对来升媳妇道："既托了我，我就说不得要讨你们嫌了。我可比不得你们奶奶好性儿，由着你们去。再不要说你们'这府里原是这样'的话，如今可要依着我行，错我半点儿，管不得谁是有脸的，谁是没脸的，一例现清白处理。"

然后，王熙凤要求管理者带头遵守规则严格管理，她对来升媳妇说道："来升家的每日揽总查看，或有偷懒的，赌钱吃酒的，打架拌嘴的，立刻来回我，你有徇情，经我查出，三四辈子的老脸就顾不成了。如今都有定规，以后那一行乱了，只和那一行说话。"

在这里，王熙凤实实在在地执行了一把现代管理中的"火炉原则"——她把制度变成了火炉，不管是谁碰上去都一样烫手，在制度面前"有脸"的人和"没脸"的人平等，这就在最大限度上保证了制度的有效性和权威性。

接下来就是具体的要求了，为克服"人口混杂、遗失东西；事无专管，临期推诿；任无大小，苦乐不均"等管理弊病，王熙凤开始根据工作需要来定岗定编，分工清楚，责任明确，尤其是把做事与管物结合起来，把工作责任和经济责任结合起来，误了事要罚，丢了东西要赔。经过王熙凤的筹划，宁国府的管理果然面貌一新：某人管某处，某人领某物，开得十分清楚。诸如荒乱、推托、偷闲、窃取、无头绪等弊端，次日一概都没有了。

要求全部安排完毕，王熙凤也没有忘了杀鸡儆猴，让下属实实在在地体会一把犯错的严重后果。

时间意识是王熙凤管理的一大特色，为了彻底扭转宁国府纪律涣散的颓风，王熙凤一到宁国府就明确提出时间管理的要求，她对宁国府的人说："素日跟我的人，随身自有钟表，不论大小事，我是皆有一定的时辰，横竖你们上房里也有时辰钟。"因此当王熙凤第二天"卯正二刻"正式到宁国府点卯，"那宁国府中婆娘媳妇闻得到齐"，她们的生物钟仿佛一下就被王熙凤调整过来了，只有迎亲送客上的一人未到。即命传到，那人已张皇愧惧，百般求饶。王熙凤说道："本来要饶你，只是我头一次宽了，下次人就难管，不如现开发的好。"登时放下脸来，喝命："带出去，打二十板子！"一面又掷下宁国府对牌："出去说与来升，革他一月银米！"这时人们才真正见识到了凤辣子的厉害。众人不敢偷闲，自此兢兢业业，执事周全。

当然，王熙凤的管理之道也不是一味的严厉，她一方面强调纪律，严格执法，同时也不忘让大家有个奔头，她鼓励大家说："咱们大家辛苦这几日罢，事完了，你们家大爷自然赏你们。"治大国若烹小鲜，管理公司也是一样，制度的制订要慎重对待。

完全没有必要动辄把一些新要求上升到制度的高度，但是一旦形成制度，就必须让下属严格遵守。

让下属行事在制度范围内，还有几个要素必须考虑到：最基本的一条是制度本身要有可行性，必须既符合行业标准，又符合公司具体情况，保证只要员工努力就能做到，这叫有法可依；接下来就是制度的具体性，一件事怎么做，该谁去做，做到什么程度为止，犯了错误要承担什么责任，都必须明确规定，并且保证员工遵守，这叫有法必依；最后就是违法必究，用以保证制度的权威性。

不过，这里面的违法必究是有讲究的，必须兼顾下属和企业两方面。惩罚员工，不仅意味着员工要付出代价，企业同时也在担负着风险。尤其是员工犯了一个在公司有共性的错误时，管理者千万不能鲁莽地决定处罚措施，其他的员工很有可能推人及己，这样很容易造成整个公司的"军心"不稳。

所以说，制度只有严格执行，才具有权威性。

管 理 智 慧

◇制度只有严格只新交规，才具有权威性。

◇国家的制度一旦公布，就得事事遵循，只有这样，才能树立起制度的权威和领导者的威信。

◇最基本的一条是制度本身要有可行性，必须既符合行业标准，又符合公司具体情况，保证只要员工努力就能做到，这叫有法可依；接下来就是制度的具体性，一件事怎么做，该谁去做，做到什么程度为止，犯了错误要承担什么责任，都必须明确规定，并且保证员工遵守，这叫有法必依；最后就是违法必究，用以保证制度的权威性。

第章

管子与我聊情感管理

　　常言道：人是感情动物。在现代企业管理中，感情投资是不可忽视的。那么，在情感管理方面，管子是如何告诫我们的呢？管子告诉我们：管理者要善于恩威并施，要尊重员工，要用情感激励，对员工的关怀要真诚……所以说，现代企业管理者应该谨遵老祖宗的教诲，一定要在情感管理上下功夫。

管理者善于恩威并施，才能达到预期效果

【聊天实录】

我：管老先生，您对情感管理有何高见？

管子：我曾说过：明主在上位，有必治之势，则群臣不敢为非。是故群臣之不敢欺主者，非爱主也，以畏主之威势也。

我：您这句话该如何解释呢？

管子：这句话的意思就是：圣明的君主居于上位，因为有铁腕统治和威势在，群臣们就不敢为非作歹了。所以群臣不敢欺负他们的君主，并不是因为喜爱君主，而是害怕君主的威势。

我：您的意思是对于国家来说恩威并施方能统驭民众，用在职场中，可以理解为当下属员工犯错误的时候，企业管理者对下属施威，批评或者责罚，让他认识到自己的错误，等到他受到批评的愧疚之心平息下来后，管理者又要适当地给他一点甜头，引导他朝正确的方向走，只有这样，才能够达到管理者的预期效果。

管子：是的，管理者善于恩威并施，才能达到预期效果。

【解读】 **善于恩威并施的曾国藩**

曾国藩在用人和治人上可称得上"圣贤"，他熟读春秋诸子百家学说，特别推崇法家思想，在为官时，他也特别主张严刑峻法，对官吏要清除腐败之风，对民众则要用严刑惩治不法之徒。

曾国藩在湖南做官时，对于那些为非作歹的恶霸，轻则惩以杖打，重则处以斩首。曾国藩提倡严明法纪，另一方面他也很重视用传统儒家思想对犯错之人施行教化，他主张礼法结合，礼治在先，严惩在后，这种恩威并施的治国策略起到了很好的社会效果。

曾国藩极其重视执法人员的品格，要求其既公又明，为民便民。当时的执

法人员都是中央和地方的各级官吏，官吏们掌握着法权，有可能利用法律谋取私利、破坏法律、毁坏法制的执行。

因此，曾国藩提出了以法治吏的理论，首先明确为官任职是为民，并将管理钱粮、狱讼视作为民的主要标尺。他采取培养、甄别、选举、考察等方法选拔官吏，要求为官者平等待人、不贪污受贿，在用人上要任人唯贤。对于那些谋私、受贿、害民之官，一律严惩。

曾国藩还特别痛恨冤狱累讼，他曾对别人说："冤狱的严重和普遍，必然导致反复拖拉，牵连无辜，百姓的冤枉、痛苦也就不能避免。一家久讼，十家破产；一人沉冤，百人含痛。往往有纤小之案，累不结，颠倒黑白，老死囹圄，令人闻之发指者。"

为了防止冤狱累讼的事情发生，曾国藩严禁私自关押，以杜绝执法者以权谋私和乘机违法乱纪。对于符合条件的关押人犯，曾国藩主张必须依法从速处理。他明确规定大小衙门传达司法公文须从速处理，不准拖拉。他还规定凡是诬告者一律严办，而对那些秉公办案者给予奖励。

治军也是曾国藩的一项重要事务，他治军讲究孔孟的仁、礼，他认为，用恩莫如用仁，用威莫如用礼。在用仁、礼教化约束士兵的同时，曾国藩还强调治军之要，尤在论功罪，需赏罚分明，以法严格约束兵卒。为了严肃军纪，曾国藩提出了种种禁令，如禁止洋烟、禁止赌博、禁止奸淫、禁止谣言、禁止拉帮结伙等。

曾国藩还非常爱民，他曾经一度把爱民作为军队的头条纪律，他要求士兵忠于国家，爱护人民。

他说："行军当以严为主，临阵纪律不严，则无以作勇敢之气；平日营规不严，必然骚扰害民，所以爱民更为重要。治军宜勤，操守宜廉，行军宜爱民，说话宜诚信。四者缺一不可，无以官大而忘之也。吾辈带兵，若不从爱民二字上用功，则造孽大矣！"恩威并用，以法治军，严字当头，以爱民为根本是曾国藩治国治军理论的精华所在，他的法治思想讲究严法与慎用的平衡。施用严刑，如果过分苛刻，反而会失去震慑力，因此，在施严刑的同时要讲求仁厚。而如果一味讲究仁厚，往往会放纵奸邪，姑息养奸，所以说，只有恩威并施，治国治军才能达到最好的效果。

恩威并施方能统驭民众

池田光政曾说过这样一段话："一位当政者，要想统治好一个国家，必须要德威兼备，宽严得宜。如果只施以小惠，而没有威严，国民就会像一群在溺爱中成长的孩子不听教诲，将来更不可能成为有用的人。相反地，如果对任何事情都采取严厉的态度，或许在表面上能使人遵从，但绝不能使人心服，事情也就很难顺利进行了。所以一定要有公平的赏罚，施恩于人，如此才是真正的威严。没有恩只有威是没有用的，而没有威只有恩也不会发生效力，但最重要的还是要了解百姓的想法，如果无法做到，即使恩威并施，也不会发挥真正的效用。"

但是，"恩威并用"牵涉到管理者的个性、观念和做事的理想，同样的方法、同样的事情，绝不能用于所有人的身上，必须根据平时你对他们的了解，以及上下级之间的关系，灵活地加以运用。

是的，如果一个员工犯了错，作为管理者到底是该安慰他还是该骂他一顿？有时安慰比骂更有效果，有时骂比安慰更立竿见影。但是，该安慰的时候领导者却骂，该骂的时候领导者却安慰，会把本来没有那么糟的事情搞得更糟。那么，到底该恩该威，全靠领导者的悟性来把握了。

另外，当领导的应有一个清醒的认识，恩威并施，拉打结合要有一个适当的度，"恩"重将会使人才产生骄傲的情绪，反之，则会使人才偏离群众。"打"重了可能会使人才产生自卑感或逆反心理，反而会为企业埋下一个隐患，所以恩威并施、拉打结合时，领导者要对此保持头脑的清醒。

日本索尼公司董事长盛田昭夫是一个把握批评艺术的成功企业家。索尼公司是靠生产电子产品起家的，随身听是该公司的重要产品。一次，一家分公司的产品出了问题。这家分公司的产品是销售到东南亚的，总公司不断收到来自东南亚的投诉。经过调查发现，原来是这种随身听的包装上有些问题，并不影响内在质量，分公司立即更换了包装，解决了问题。可是盛田昭夫仍然不依不饶。

这位经理被请到公司的董事会议上，被要求对这一错误做陈述。在会议上，盛田昭夫对其进行了严厉的批评，要求全公司以此为戒。该经理在索尼公司干了几十年，第一次在众人面前受到如此严厉的批评，难堪尴尬之余，禁不住失声痛哭。

会后，该经理步履沉重地步出会议室，正考虑着准备提前退休，可是董事长的秘书走过来，盛情邀请他一块去喝酒，他哪里还有这样的心思，无奈秘书几近强拉硬扯，两人走进一家酒吧。该经理说："我现在是被总公司抛弃的人，你怎么还这样看得起我？"这位秘书说："董事长一点也没有忘记你为公司做的贡献，今天的事情也是出于无奈。会后，他知道你为这事伤心，特地让我来请你喝酒。"

后来，秘书又说了一些安慰的话，该经理极端不平衡的心态才开始缓和一些。喝完酒，秘书陪着这位经理回到家。刚进家门，妻子迎了上来对丈夫说："你真是受总公司重视的人！"

该经理听了感觉非常奇怪：怎么今天妻子也来讽刺自己？这时妻子拿来一束鲜花和一封贺卡说："今天是我们结婚二十周年的纪念日，你也忘记了。"在日本，员工拼命为公司干活，像妻子的生日以及结婚纪念日这样的事情通常都难以记起。该经理问："可是这跟我们总公司又有什么关系？"原来，索尼公司的人事部门对员工的生日、结婚纪念日这样的事情都有记录，每当遇到这样的日子，公司都会为员工准备一些鲜花和礼品。只不过今年有些特别，这束鲜花是董事长盛田昭夫特意订购的，并附上了一张他亲手写的贺卡，勉励这位经理继续为公司竭尽全力。

盛田昭夫不愧是善于批评的老手，为了总公司的利益，他对犯错误的员工不能有丝毫的宽待，但考虑到这位经理是老员工，而且在生产经营上确实是一把好手，为了不彻底打击他，所以采用这样的方式表达一定的歉意。盛田昭夫经常使用这样的方式，被索尼公司的许多人称之为"鲜花疗法"。

所以说，一个好的企业管理者，都应该懂得用"恩威并施"这一"手腕"去获得一个好的结果。只有对员工宽严得宜，恩威并用，才会事半功倍。当然，这并不是要让恩与威各占一半，而是要依事情的情况而定，恩威配合，是说领导者要以身作则地来教导员工，如此，员工才会乐意完成管理者交给他的任务。

管理智慧

◇管理者善于恩威并施，才能达到预期效果。

◇"恩威并用"牵涉到管理者的个性、观念和做事的理想，同样的方法、同样的事情，绝不能用于所有人的身上，必须根据平时你对他们的了解，以及上下级之间的关系，灵活地加以运用。

◇一个好的企业管理者，都应该懂得用"恩威并施"这一"手腕"去获得一个好的结果。

员工是企业无形的资产，管理者应尊重员工

【聊天实录】

我：管老先生，您对情感管理有何高见？

管子：我曾说过：帝王者，审所先所后，先民与地则得矣，先贵与骄则失矣。是故先王慎贵在所先所后。

我：您这句话该如何解释呢？

管子：这句话的意思就是：成就霸业的君主要分清什么事放在先什么事放在后，把百姓与土地放在首位就能得天下，把高贵与骄矜放在首位就失去天下，因此先代的圣王慎重地看待把什么事放在先把什么事放在后的问题。

我：您的意思是说，对于成就霸业来说，把百姓和土地放在首位就能得天下。那么，对于现在的企业来说，员工就是企业的无形资产，是企业竞争力的重要体现，企业应尊重员工，留住人才。

管子：是的，员工是企业的无形资产，管理者应该尊重员工。

马云对员工的情感管理——尊重

马云对待工程师的一贯态度就是：尊重和不干预。公司创业之初只有三四个工程师的时候，马云是如此，后来公司里的技术人员发展到500人，马云还是如此。他一直把公司的技术人员当作一个另类群体，尊重他们、宽容他们，甚至给他们特殊政策和特殊待遇，并为他们的发展开拓了广阔的空间。

技术人员不同于行政或其他岗位的人员，技术人员的工作就是设计研发，是创新性的工作，所以，他们在工作中会经常出现失败，这种失败有时候甚至会给公司带来巨额损失。这时候，领导应该以宽容的心态对待他们，而不是对其斥责或者将其开除。要知道，任何研发性的工作，都是失败多于成功，都是在无数次的失败之后，才能获得一次成功。如果因为失败了就对他们进行斥责，显然是无视研发的客观规律，而且，失败同时也意味着经验的获得，每一次失败的教训，同时也是成功的基石。如果公司因为研发失败或者受到了损失就将相关人员辞退，那么不光前期的投入打了水漂，后面新来的研发人员，仍可能会犯同样的错误，仍可能会给公司带来同样的损失。

尊重下属，其实是领导激励下属的一种方式。当然，马云特别强调尊重公司的技术人员，不仅仅是为了激励他们，还因为技术人员是所有互联网公司最需要也最欠缺的人才，只有留住了他们，互联网公司才可能不断发展下去。

马云说员工表现不好，老板要先检讨，其实就是尊重员工的意识体现。当然，马云不是为了尊重而尊重，在他看来，只有尊重员工才能了解员工的需求，而只有了解了员工的需求并解决了他们的需求，员工才能尽最大的努力为公司创造价值。显然，在某种意义上，尊重也是一种手段，是激发员工最大工作动力的一种手段。

对此，马云有一番精辟的论断，他说：

每个老板在请员工的时候要想清楚几个问题。如果你对客户、产品没有梦想，觉得你的产品就是一个简单的产品，那么不要寄希望员工有梦想。员工的梦想很现实，他必须要生存。

要反思的是，员工拖沓，员工要求加工资，原因不在员工身上，而在老板身上。老板没有珍惜员工，员工自然不会珍惜产品。我们永远要明白，你的价值和产品不是你创造出来的，是你的员工创造出来的，你要让员工感受到——我不是机器，我是一个活生生的人。

老板要思考有没有倾听过员工的想法，如果员工基本的生活保障都得不到满足，他在这儿工作没有得到荣耀，没有成就感，没有很好的收入，要他为你而骄傲，不可能！所以我觉得问题在老板身上，你真心服务好员工，员工就会真心服务好客户。

工资要不要涨？一定要涨。让他们相信公司是对社会有贡献的、公司对客户是有贡献的、我对公司是有贡献的——这样的员工容易管理。

从马云的这番言论可以看出，他让老板反思的目的，就是希望老板能够为员工创造一个无后顾之忧的工作条件，然后激发出员工的工作激情，为公司创造最大的价值。

在短短几年间，阿里巴巴成为世界上最大的电子商务平台之一，取得了大家公认的成功。面对阿里巴巴的成绩，阿里巴巴的首席执行官马云认为是他尊重、重视人才的结果。在马云的眼里，人才不单单是那些专家和中层管理者，普通的员工也是马云眼里的人才，并真正地以人才来尊重、看待他们。

在一次演讲中，马云说："一个企业中重要的是人。21世纪什么最重要？我觉得是人。许多人认为专家很重要，认为中层管理很重要，但是他们忘了把士气丢给普通的员工。普通员工更重要的事是：我要买车，我要买房，我要结婚生子。我们家保姆，我给她1200元，杭州市场的费用是800元。她做得很开心，因为她觉得受到了尊重。你对广大员工增加一些，那么士气会大增，所以，士气是大部分员工得到满足。"

事实也正如马云所说，士气是大部分员工得到满足，只有大部分员工得到满足、感到满意、感到受到尊重的时候，才会开心地工作，这样一来，公司便有了士气，有了士气就能战胜创业路上的艰难险阻。

马云不但用可观的薪水来尊重员工的价值，还用很人性化的管理手法尊重员工的个性。马云不懂技术但尊重技术人员，公司的员工可以穿旱冰鞋上班，马云常常和员工们拉家常，了解员工的内心世界，及时解决员工的困难和忧愁。马云对员工的尊重，使得员工能快乐地工作，让阿里巴巴取得了辉煌的成绩。

不可否认，可观的薪水的确是体现尊重员工的一个方面，因为正如马云所说的，大部分的普通员工都面临着买车、买房、结婚生子的问题。然而，要学会尊重员工，更重要的是要学会关心员工；作为管理者，在对待员工所有问题上，要做到公平、公正，要像马云一样，做到一视同仁，不要忘了把士气丢给普通员工。

没有员工们的高效工作，就不会有真爱集团的好成绩，而没有马云对所有员工的一视同仁，尊重所有员工的事实，员工们也不会积极、快乐地工作。我们看到，阿里巴巴在尊重员工的基础上赢得了市场，获得了成功。

可见，创业者如果不想只做一个"小业主"，就必须以一颗真诚的心来尊重下属和同事，将心比心地多替下属想一想，多进行换位思考，站在下属的立场多想一想。就像马云说的那样，老板要多反思。因为唯有真诚，才能进行有效的沟通；唯有真诚，合作关系才可能持久；唯有真诚，企业才会有真正意义上的团结和凝聚力。今天的创业者在管理公司的时候，不要忘了借鉴马云的做法。只有让你的员工感受到被尊重的时候，他们才会快乐地工作，工作的效率也将会成倍地增长。如果你觉得自己的员工没有积极地工作，那么就先反省一下自己是怎样对待员工的吧！

尊重员工是一种行之有效的情感激励方式

现代管理学之父德鲁克认为：人是企业唯一真正的资源，就应该尊重他，重视他，对他心存感激之情。是的，尊重员工是人性化管理的必然要求，只有员工的私人身份受到了尊重，他们才会真正感到被重视、被激励，做事情才会真正发自内心。

其实，对于员工来说，在他们内心深处都有一种渴望得到领导重视和尊重的心理。在他们看来，在地位上的差异他们能够接受，但在感情上却希望自己的贡献、自己的价值能得到认可，这种认可的体现就是在企业中能得到别人的尊重，尤其是上级领导的尊重。一旦这种愿望得到实现，他们的心底就会产生一种"不负使命"的责任感，工作意念和干劲儿就会促使他们尽力工作。

同时，管理者对员工的尊重也是赢得员工的尊重并让员工认可其领导才能的前提。一旦员工对你产生一种尊重和崇拜感，就会转化成一种较高的工作热情，下面我们就看一下尊重员工所带来的巨大推动力。

俄亥俄州克利夫兰市的正版中心公司欢迎每一位新员工的到来，他们提供给员工一整套个人经历登记卡。总裁南希·维特隆介绍说："这种方法简便极了，但却可以看出公司对每位员工的重视。"公司还编印了年鉴，上面登载着员工的照片和个人资料，诸如最喜欢的音乐、最美好的儿时记忆以及名为"我在公司中的作用"的个人工作简介等。这就使得在这个公司上班的员工感受到了来自公司领导的重视和尊重，进而以更加高昂的工作热情去回报这份尊重。

休氏合伙公司是一家资助福利公司，该公司把员工放在首要地位，有位叫史蒂夫·彼得森的员工说："去年秋天，我家经历了一场大难。我3岁的儿子做了心脏手术，而我妻子正值临产期，情况很不好，结果她早产了，给我生了个女儿。那阵子，我真是忙得团团转。正巧公司安排我负责一位重要的客户，我急得没办法，只得向公司讲明情况。没想到公司非常体谅我，准许我3个月内每天只上半天班。他们还在我家里装了一台电脑，这样我就可以在家上班，以便尽可能地照顾我的妻子和孩子。起初，我很不安，担心这样做会影响我在公司的前途，可公司却一点儿都不嫌弃我，因为我们这里的原则是'员工至上'。"

从中，我们可以看到：对人的尊重一旦应用到企业的管理工作中，哪怕只是一件微不足道的事情，都能很好地起到激励员工的作用，形成让员工努力工作的一种强大的推动力。

所以说，员工是企业无形的资产，管理者应尊重员工。

管理智慧

◇员工是企业无形的资产，管理者应尊重员工。

◇人是企业唯一真正的资源，就应该尊重他，重视他，对他心存感激之情。

◇管理者对员工的尊重也是赢得员工的尊重并让员工认可其领导才能的前提。

情感激励让员工死心塌地地为企业效力

【聊天实录】

我：管老先生，您对情感管理有何高见？

管子：我曾说过：枢言曰："爱之利之，益之安之。"四者道之出。帝王者用之而天下治矣。

我：您这句话该如何解释呢？

管子：这句话的意思就是：枢言指出：爱民、利民、益民、安民，四者都是从道产生的，帝王运用它们，天下便得治了。

我：您的意思是说如果一个帝王能够爱民、利民、益民、安民，从这四点出发，那么国家就能够长治久安。那么，对于企业来说，投桃报李是人之常情，而企业管理者对下级、员工的重情之举，群众的回报就更强烈、更深沉、更长久。

管子：是的，情感激励让员工死心塌地地为企业效力。

【解读】 善于运用感情激励的麦当劳

在激励员工方面，麦当劳非常善于利用感情力量，麦当劳用感情激励的方法有很多，其中最独特的就是抓住员工太太的心。

在员工太太生日的时候，麦当劳一定会向花店订一束鲜花，送给员工太太。也许一束鲜花并不贵，但却让人感受到公司的关怀。所以，麦当劳的经理经常会收到这样的感谢信："总经理能记得我的生日，真是非常感谢！"

在麦当劳，除了几个节日外，每5个月发一次奖金，这些奖金并不发给员工本人，而是交给其太太。在送上奖金之际，公司会致函一封给这些太太：

"今天公司所以赚钱，多亏了各位太太的支持。虽然，在公司勤奋上班的是你们的先生，但多亏太太的支持。因此，现在奉上的奖金归诸位太太所有，不必交给你们的先生。"因为钱直接开在太太的户头之上，员工们把这种奖金叫作

"太太奖金"。自己的太太被重视，员工能不高兴吗？所以"太太奖金"不但赢得了员工太太的支持，更促进了员工更好地工作。

除了"太太奖金"以外，麦当劳对员工的关怀还体现在一些十分微小的方面，比如员工过生日的时候可以请公假，与家人团聚，欢庆一番。

麦当劳非常注重对不同国籍员工的人文关怀，比如在大年初一的时候，麦当劳往往会发贺岁钱给中国员工。钱数虽不多，但对于员工来说意义非凡，公司的关爱在喜庆的新年开始温暖着员工的心。

再用全球企业界的典范通用电气公司做一个例子。

通用电气的"情感管理"堪称尊重员工的典范。通用公司像一个和睦、奋进的大家庭，最高首脑与全体员工每年至少举办一次生动活泼的"自由讨论"，公司从上到下直呼其名，无尊卑之分，互相敬重，彼此信赖，关系融洽、亲切。有个著名的故事：1980年1月的一天，旧金山一家医院的隔离病房外面，一位老人与护士死磨硬缠地要探望一名住院的女士，但护士严守制度不让探视。这位老人就是被誉为"世界最佳经营家"的通用总裁斯通先生，他探望的只是公司一位普通销售员哈桑的妻子。这件事不仅让后来知道的哈桑感激不已，还成了管理教科书中的典型案例。

虽然说物质激励并不能时时刻刻发挥作用，但感情激励却可以做到这一点。关怀感化的激励作用靠的是感情的力量，它体现的是人与人之间的尊重关心和良好的人际关系。给予员工家人般的关心体贴，达到情感上的沟通，可以实现在思想上的融通和对问题的共识。另外，感情激励还可以从精神上激发和鼓励人们去克服工作中遇到的困难，帮助他们解决生活中的实际问题，从而激起他们干好工作的热情。

情感激励是一种有效的员工激励术

何为情感激励？情感激励就是从员工的感情需求出发，通过情感上的关心、尊重、信任等手段来满足员工精神上的需求，从而激发员工的工作热情，达到激励的效果。从实质上来说，强调更多地利用情感的方式激励员工是对传统的单一物质激励所存在弊端的一种弥补，使得管理者的激励手段更完善，使激励的效果更明显。

其实，以"情"激励的巨大作用就是它能弥补物质激励所造成的不利影响，能让激励的作用得到更充分的发挥。在很多情况下，人们都有一种维持现状或想再增加收入的情绪和欲望，一旦奖励消失，就会使人产生受挫折的心理，进而影响工作积极性，可见片面的物质激励不是长远之计。物质激励更多的是一种商业上的交易，难以在员工的内心深处形成持久的动力，而且，只单纯地强调物质激励，也会削弱员工对工作的意义和兴趣的追求。更为严重的是，单纯的物质激励还会损害人的基本道德，从而很难想象企业在面对困境时员工还会对工作有一种责任感。

一般来说，在剖析物质激励的不足时，情感本身的巨大力量就显示出来了，因为人的情感决定了人的价值取向和心理强度。

中国有一句俗话，就是"受人滴水之恩，定当涌泉相报"。这也说明，感情激励不只调节人的认知方向，调动人的行为，当人们的情感有了更多一致，即人们有了共同的心理体验和表达方式时，集体的凝聚力、向心力即成为不可抗拒的精神力量，维护集体的责任感甚至是使命感也就成了每个员工的自觉立场。所以说，情感激励对人、对集体是非常重要的。

管 理 智 慧

◇情感激励让员工死心塌地地为企业效力。

◇情感激励就是从员工的感情需求出发，通过情感上的关心、尊重、信任等手段来满足员工精神上的需求，从而激发员工的工作热情，达到激励的效果。

◇感激励不只调节人的认知方向，调动人的行为，当人们的情感有了更多一致，即人们有了共同的心理体验和表达方式时，集体的凝聚力、向心力即成为不可抗拒的精神力量，维护集体的责任感甚至是使命感也就成了每个员工的自觉立场。

管理者真诚关爱员工，有利于企业和谐发展

【聊天实录】

我：管老先生，您对情感管理有何高见？

管子：我曾说过：然则上之畜下不妄，而下之事上不虚矣。

我：您这句话该如何解释呢？

管子：这句话的意思就是：既然如此，那么君养臣能够真诚，臣事君也就老实。

我：您的意思是说如果君王对臣下真诚，那臣下也会忠心报君。对于今天来说，如果企业领导者能够真诚地关爱员工，有利于企业的和谐发展。

管子：是的，管理者真诚地关爱员工，有利于企业和谐发展。

【解读】 让关爱成为一种企业文化

在西南航空中存在一种关爱的文化，关怀成为组织的核心价值观，当员工犯错时成员之间会相互宽恕及扶持，会把人与事分别看待，关照到每个人的心情。他们深信接受关怀的人一定会心存感激，在责任感的驱策之下，会懂得如何负起更多的责任。

有一次，公司的主管巴瑞特发现，某位地勤人员经常受到旅客的投诉，由于事态愈来愈严重，他不得不请这位同事到办公室面谈，巴瑞特问道："一切还好吧？我们接到一些顾客的投诉信，对你的服务似乎不像以前那么肯定。"

巴瑞特才刚说完这句话，这位女性同仁就伤心地开始哭泣，接着她开始说出她目前所面临的困境及遭遇。最近，她正在与先生办理离婚，为了争取三岁儿子的监护权，两人正进行官司的诉讼，也因此她积欠1800美元的诉讼费。这些事情困扰着她，让她感到身心疲乏，所以在对顾客的服务上经常出现状况。

巴瑞特用心倾听，终于了解事件背后的原因，他努力地安慰她要渡过这个难

关，他将设法为她寻求帮助。

几个小时后，这位员工收到一个内有1800美元现款的信封，这些钱完全是巴瑞特个人的心意，信封内没有附带的说明或纸条，只有这名员工的姓名。

巴瑞特在与员工的互动中展现了真诚的关心，知道员工若在生活上或工作上遭遇困境，是不可能有好的服务态度回馈给顾客的，所以要先关照他们的情绪。这位员工后来一直是西南航空中最忠诚的员工之一，更令人欣慰的是，她已经知道如何担当更多的责任，她说："我想不出还有哪些企业可以让员工时时感到关爱，以及愿意倾听他们的苦楚。"关爱为她注入生命与工作的活力。

❧ 管理者要真诚地关爱下属 ❧

俗话说"带人如带兵，带兵要带心"，企业领导者只有对下属温暖一些，真正关心下属，才能赢得下属的充分信任和忠诚，才能高效、高质量地完成管工作，而对企业管理者自己而言，也将会有更好的职业发展前景。

曾有这样的一个小故事，太阳和北风打赌，看谁能先让行人把大衣脱去。于是太阳用它温暖的光轻而易举地使人们脱下大衣，而北风使劲地吹，反而使行人的大衣裹得更紧。其实这就告诉我们一个道理，作为一个管理者，对下属就要像太阳那样，用温暖去感化他们，使他们自觉地敞开心扉；如果像北风那样使劲地吹，一味地强制逼压，反而会使他们始终对管理者心存戒备。

企业管理者是率领一个团队来完成工作的，只有关心下属，赢得下属的忠诚，你才能真正建立自己的影响力。然而，很多管理者对员工的关心方面存在着很多误区。有的把关心下属等同于小恩小惠，一些管理者觉得，既然自己对下属加薪、晋升等没有"生杀大权"，因此只能靠小恩小惠来表明自己在关心下属。但是，小恩小惠只能博得下属一时的欢心，而更多的下属关注的是自身的职业发展和综合能力的提高。一旦你满足不了下属稍高一点的需求，下属就觉得你不是真正关心他们。况且小恩小惠往往是以牺牲组织整体利益为代价的，一旦曝光，对自己也很不利。

还有的管理者好对员工许诺空头支票。每个下属都有获得加薪、晋升的期望，作为管理者，你自然想抓住他们的这个需求进行激励。你是直接告诉他们你在为他们的加薪、晋升而努力，还是不说为妙呢？"不说"，你担心下属觉得你根本不关心他们，但是，轻率许诺的结果更糟。成熟的公司都有自己的一套关于薪金、晋升的规定和程序，并不是你个人能随意更改的事一旦许诺落空，你在下属面前就威信扫地了。这样做也会使上司对你产生不好的印象，感觉你有野心，暗里培养自己的人马，因此，千万不要轻易许诺。关心下属，重要的不在说，而在做。要让下属感觉到你真正在为他们的期待而努力、而行动，比如在上司、同事面前夸赞你的下属，给下属展露才华的空间，放手让下属挑重担，等等。如果你已经做出了承诺，而由于情况发生变化，以致无法兑现，此时，最好的解决办法是向下属道歉并坦诚地告诉下属不能兑现的缘由，以求得下属的谅解。

在实际的管理中，管理者关心下属员工，也要要恰如其分。很自然地，管理者希望下属对自己而不只是对组织有感激之情，但要恰如其分，不可好事往自己身上揽，坏事往组织身上推。在一些企业里，有的管理者对下属说："你之所以获得什么样的奖励，是因为我向上司极力推荐。"其实，很多时候，作为一个管理者，如果你这样说，下属根本就不会领情，也不会感激你，因为这本是你分内的工作。管理者在与下属谈这件事的时候，要分清主次，首先肯定这主要是下属工作努力的结果，连带提到自己也尽了推荐的微薄之力。有的管理者遇到自己办不成的事，习惯向下属抱怨"不是我不想办，是上司糊涂"或"组织太官僚"，这样做只会让下属对你失去信任，更严重的是对公司也会失去信任。所以，一个管理者对下属的关心要适当，只有这样，你的关心才会有收获，才能够赢得员工的感激和支持。

企业管理者要想真正做到关心一个员工，就要了解这个员工，了解他真正的需求。我们知道，人与人之间需要以诚相待，同样管理者与下属之间也需要心与心的交流。然而，要想真正了解一个人的心，仅凭读几本心理学教科书是不可能做得到的。学习心理学固然有必要，但那些毕竟只是表面文章，人们只能从中借鉴一些与人相处的方法。拿着心理学教科书去与人打交道，无论你把对方的心理分析得多么透彻，对方也绝不会向你敞开心扉。你也许会问长问短，甚至不惜逢迎。但在对方看来，这一切不过是虚情假意，两者之间始终隔着一堵无形的、无法逾越的墙。

另外，企业管理者与下属之间要想保持良好的关系，管理者就应去做先打开胸襟的人，主动向下属表示友好，主动去关心下属，并用自己的诚意去换下属的真诚，这样，管理者对下属员工的关心，才会得到员工的回报和支持。

不少企业管理者关心下属功利色彩过于明显，让下属觉得你并不是真正地关心、帮助他，而是在为自己的晋升拉选票，这样的关心不会有好效果。但是，在职场中，管理者对下属的关心与社会上所说的关心是不同的，它不可避免地带有功利的色彩，也就是说它要求回报，那就是下属的忠诚，乐于跟你尽力做事。不管怎么样，管理者关心下属必须真正为下属着想，而不是"另有企图"，否则就会弄巧成拙。

作为一个企业管理者，关心对待下属一定要像温暖的阳光一样，既要让下属自动打开心扉，了解他们的苦衷、压力和希望，还要像阳光一样光明，没有太多的功利色彩，只有真心诚意的为员工解决一些实际问题，才能够得到员工的衷心拥护和追随。

所以说，一个成功的企业管理者用人必须要懂得去关爱每一位员工，尊重他们的工作、重视他们的才华，从小事中去关心他们，帮助他们解决工作和生活中所遇到的困难，热心地帮助他们成长，尽可能地鼓励他们学习，对他们的成绩予以关注和表扬。如此一来，员工工作时就会更为积极，就会更大地发挥其长处，充分地展示其创造力和才华，从而帮助你成就事业。

管理智慧

◇管理者真诚关爱员工，有利于企业和谐发展。

◇带人如带兵，带兵要带心。

◇企业领导者只有对下属员工温暖一些，真正关心下属，才能赢得下属的充分信任和忠诚，才能高效、高质量地完成管工作，而对企业管理者自己而言，也将会有更好的职业发展前景。

沟通，是有效联络上下属感情的纽带

我：管老先生，您对情感管理有何高见？

管子：我曾说过：是故，圣人一言解之，上察于天，下察于地。

我：您这句话该如何解释呢？

管子：这句话的意思就是：因此，圣人对于道有一个字的解释，就是能上通于天，下达于地的。

我：您的意思是说懂得"道"的圣人，能上通于天，下达于地。那么，对现代企业而言，如果企业管理者懂得情感管理，懂得经常与下属沟通，就能很好地联络上下属感情。

管子：是的，沟通，是有效联络上下属感情的纽带。

【解读】 **要懂得用沟通进行情感管理**

美国芝加哥郊外的霍桑工厂，是一个制造电话交换机的工厂。这个工厂具有较完善的娱乐设施、医疗制度和养老金制度等，但下属们仍愤愤不平，生产状况也很不理想。为探求原因，1924年11月，美国国家研究委员会组织了一个由心理学家等各方面专家参加的研究小组，在该工厂开展了一系列的试验研究。这一系列试验研究的中心课题是生产效率与工作物质条件之间的关系，其研究中有一个"谈话试验"，即用两年多的时间，专家们找工人个别谈话两万余人次，并规定在谈话过程中，要耐心倾听工人们对厂方的各种意见和不满，且做详细记录；对工人的不满意见不准反驳和训斥。

这一"谈话试验"收到了意想不到的结果：霍桑工厂的产量大幅度提高。这是由于工人长期以来对工厂的各种管理制度和方法有诸多不满，无处发泄，"谈话试验"使他们的这些不满都发泄出来，从而感到心情舒畅，干劲倍增，社会心理学家将这种奇妙的现象称为"霍桑效应"。

"霍桑效应"给我们的启示是：人在一生中会产生数不清的意愿和情绪，

但最终能实现能满足的却为数不多。对那些未能实现的意愿和未能满足的情绪，切莫压制下去，而要千方百计地让它宣泄出来，这对人的身心和工作效率都非常有利。

任何沟通都没有固定的模式，关键要看其有效性与适用性。不仅要注重与下属沟通的数量，更应注重沟通质量，讲求沟通技巧。

管理者向下属交代工作是沟通，下属向管理者报告工作也是沟通。问题在于，管理者交代工作的时候，员工通常只有一个反应——点头，不停地点头。点头就真的代表他明白了管理者的每一句话吗？未必，至少管理者不能确定。同样，当下属报告工作的时候，因为管理者不可能常在工作现场，又怎么能保证员工的每一句报告都是事实呢？

情感管理离不开沟通

管理是发生在人与人之间的工作，而人与人之间永远都离不开沟通。有效的、正确的沟通有助于管理者迅速地消除冲突和误解，解决矛盾，并增强管理者与下属、下属之间以及本部门与外单位之间的亲密度，使本部门内部更为团结，有利于管理者的成功与组织的发展。精确的了解依赖于有效的沟通，如果与下属的沟通过程出现了问题，所有其他事情都可能会因此而受到影响。

国外的一项研究表明，160名管理人员平均要花费三分之二以上的时间同其他人一起工作，由此可以看出主管与下属的沟通确属必须。另一项研究又表明，主管在同其他人的沟通中能力差别很大，因而，提高有效沟通技能对大多数主管而言显得极为迫切。

但是管理者在沟通之中也应当意识到，并不是每一种沟通都有效和实用的。现实中，管理者与下属的沟通方式也常常会走进误区。

最常见的沟通误区有两种，分别是管理者在与下属的语言交流中表现出等级观念，和管理者不会做一个好的倾听者。

先来看第一种，管理者走进这种误区的表现通常是：交代任务时喜欢采用命令的语气，下属犯错时会显得很生气，喜欢责骂下属，过分者甚至在人格上侮辱下属。

管理者如果总是采取这样的方式沟通，非但不可能达到任何效果，只能使事情变得更加糟糕。管理者与下属有级别之分，但没有贵贱之分，管理者绝对不可以说出伤害下属自尊的话，例如"你怎么这么无能"、"再犯这样的错误就开除你"，等等。话一出口，覆水难收，再想恢复到原有的相互对等关系便十分困难，甚至会引起下属强烈的反感或辞职。

同下属谈话，口气非常重要。同一种意思，同一个出发点，表达得过于激烈，就会伤害到对方的自尊。管理者如果经常有意无意地伤害到下属的自尊心，会出现许多不良影响，产生沟通障碍，影响公司的业务进展，甚至影响领导本人工作上的进展。

当然，出现了问题还是需要解决的，只是必须注意方法，不可忽视他们的自尊。伤害下属的自尊之后，他们一定会良久不忘，如果不做妥善处理，下属心里的疙瘩便会越结越硬。

再看第二种误区，管理者不会做一个好的倾听者，这是管理者最普遍最常见的一个错误，也是我要重点论述的对象。

倾听是很重要的一门交际学问，管理者在与下属的沟通过程中也应当重视这一点。

有些管理者却在这方面没有表现出足够的耐心，如果这时候下属的观点或者建议乍一听很愚蠢或者很烦琐，那么糟糕的结果就产生了，下属的建议直接被管理者无视，管理者也很快就会表现出置之不理心不在焉的样子，于是下属的积极性遭到毁灭性打击，很可能以后都不会再主动找管理者沟通。

对任何下属的建议管理者都该认真倾听。在通常情况下，下属都会经过深思熟虑才会提出建议，由于管理者自身知识的局限、看法的片面，一些意见他并不重视，一些意见他甚至觉得幼稚，但事实上这些建议很可能会对实际工作产生深刻的影响。如果管理者只用简单的一个"不"字就否定了下属，不但错过了改进工作的机会，还会让下属从此失去创造的信心，而倾听和讨论则会使下属认清自己的不足，并有机会充实和提高。

为此，在对下属提出的批评或负面看法表示异议进行否决时，要尽量慎重、尽量客观。人都是希望自己被重视的，如果管理者能认真倾听并思考下属的想法，下属们会因为自己得到了管理者的尊重而更加服从指挥，更加拥护管理者的决策，也因为希望再次得到这种重视而继续努力思考。

如果管理者不会做一个好的倾听者，对下属们辛苦思考得来的结果毫不欣赏，他们就会懒得开动脑筋，管理者也就再不会了解他们的真正想法了。

其实，企业技术的真正改进往往都不是管理者想出来的，而恰恰是那些工作在第一线的员工想到的，这就更需要管理者和前线员工的沟通渠道能够畅通。

是的，在现实生活中，我们会发现很多的领导者虽然具备了突出的才干和正直的品行，但其业绩和成就总是比不上别的领导者，为什么呢？原因就在于他们的协调艺术不够。在管理活动中，领导者大约要将60%以上的时间和精力用来处理各种复杂的人际关系，因此，能否巧妙灵活地疏通协调人际关系，往往成为衡量一个领导者是否成熟的重要标志。

因为在管理工作中，始终不可缺少的一项是沟通，可以说，管理者所做的每件事中都包含着沟通。首先，管理者没有信息就不可能做出决策，而信息只能通过沟通得到。其次，一旦做出决策，就要进行沟通，否则将没有人知道决策已经做出。因此，即使是最好的想法、最有创见的建议、最优秀的计划，不通过沟通都无法实施，这就要求管理者必须掌握有效的沟通与协调技巧。

归根到底，如何让沟通变得更有效呢？有效的沟通必须选择最佳的沟通时间和沟通形式以及最适当的沟通技巧，这里将就有效沟通应注意的事情做一个综合分析介绍。

一般而言，工作期间的沟通远不如休息时间的沟通效果好，休息时间必须是人为制造出来的，如企业组织的活动。

除了企业组织的活动，其他如下棋、聚餐等也是一样的，想要多了解员工，这些机会是绝对不可错过的。

一个优秀的管理人员应当知道在什么时候与人沟通以及采取何种方式与人沟通。通常情况下，应该注意以下技巧。

1. 偶尔放下手头的工作和员工交谈，消除员工的恐惧心理，使他暂时远离手头工作的烦恼。

2. 当员工处于低潮或特别脆弱，容易陷于精神崩溃的状态时，要及时抚慰。

3. 当处在低谷状态中的员工体力、脑力和精神状态都无法和正常情况相比时，他们需要适时适度的激励。

4. 把已经完成的工作结果或自己的工作设想摆在他面前，诚心诚意地听一听他的评判，这将对他极其有益。

5. 可以利用闲聊的时候（最好是只有你们两个人）把你自己处于低谷时的情形讲给员工听，对他说这种情形对谁都在所难免。

6. 如果以前员工取得过很多的成绩，但同事还不知道，你可以把这些成绩提出来对他进行公开表扬。

7. 对于失败的员工，仍要把一些工作交给他去做，否则他会觉得你已丧失对他的信任，这将伤害他的自尊心。你可以不去催他完成这些工作，告诉他时间还很充裕，但要告诉他如果员工在一个星期以后还不能把你交给的工作完成，那么他将会面临减薪或被解雇的处罚。

管理智慧

◇沟通，是有效联络上下属感情的纽带。

◇管理是发生在人与人之间的工作，而人与人之间永远都离不开沟通。

◇有效的、正确的沟通有助于管理者迅速地消除冲突和误解，解决矛盾，并增强管理者与下属、下属之间以及本部门与外单位之间的亲密度，使本部门内部更为团结，有利于管理者的成功与组织的发展。

管理者要"视卒如子"，才能情暖人心

【聊天实录】

我：管老先生，您对情感管理有何高见？

管子：我曾说过：昔者，明王之爱天下，故天下可附；暴王之恶天

下，故天下可离。

  我：您这句话该如何解释呢？

  管子：这句话的意思就是：从前，明君的心爱天下，故天下归附；暴君的心恶天下，故天下叛离。

  我：您的意思是说如果君王爱民如子，那么天下就可以归附。对今天来说，如果企业管理者能够爱下属，如同亲人一样，那么这个企业一定能够其乐融融，管理者的工作也一定能够开展得顺利。

  管子：是的，管理者要"视卒如子"，才能情暖人心。

【解读】 　　　"视卒如子"的吴起

  吴起是我国战国时期的一代名将，他同士兵亲如父子，同甘共苦，深得人心。由于他爱兵如子，因此，他统率的军队打起仗来奋勇向前，战无不胜，令敌人闻风丧胆。

  有一次军中一位士兵生了脓疮而痛苦不堪，吴起看到了，就立刻俯下身去用嘴把脏乎乎的脓血吸干净，又撕下战袍把士兵的伤口仔细包扎好，在场的士兵无不感动得热泪盈眶。

  这位士兵的同乡后来将此事告诉了士兵的母亲，老妇人听后放声大哭。别人以为老人是感动得哭，谁料想老人却说："我这是伤心，我儿子的命将保不住了。以前我丈夫在吴将军手下当兵，吴将军对他也是这样好，后来在战争中我丈夫为报答将军的恩，拼死向前，结果战死在沙场，现在又轮到我儿子了。"

  士为知己者死，在中国这样一个历来重视情义的国度中，领导者如果能体恤和爱护员工，员工们必然会以全力回报。

  "视卒如子"谋略的核心，实际上就是尊重人、理解人，充分发挥人们的主观能动性，调动人们的积极性，齐心合力地干好事业和工作。这在日常生活中也经常被明智的企业领导者和管理者所使用，特别在经济管理和企业界运用更为广泛，效果也特别显著。

管理者要学会用"情"暖人心

人是有感情的动物，人的一切行动都受感情的影响。很多企业的管理者都懂得这个道理，在发挥人的作用时，重视感情的作用。他们总是对员工体贴入微、动之以情，使大家对企业的管理者充分信赖与爱戴，这样企业就会形成合力，创造出理想的业绩。

马克斯·斯宾塞画像

在经营管理中能使各方面人才充分展现才能为本企业效力，是经营管理者的重要职责，也是能使企业迅速发展的重要保证。人的潜在能量十分丰富，往往受外在条件的束缚只能部分释放，而在正常条件下能得到正常释放，受到适当激励时则能超常释放。经营者应根据职工的不同需要，采取相应的激励措施，使职工潜在能量最大限度地释放出来，这就需要经营管理者正确运用"视卒如子"谋略，以增强本单位员工的凝聚力和积极性。

一个周末的晚上，恐怖分子在英国马克斯·斯宾塞公司的马布尔·阿奇分店橱窗里偷置的一枚炸弹爆炸了，相邻几家商店也受到了影响。爆炸声惊动了这个沉睡的城市，更惊动了这家分店的员工。虽然第二天是休息日，但该店的员工们却在没有人号召的情形下，不约而同地一早就回到店里，清理一片狼藉的店堂，更换橱窗上的玻璃。到了第三天的上午，周围的商店刚刚开始清扫商店内的爆炸碎片，马布尔·阿奇分店已经开始正常营业了。

人们不禁要问，该店的员工为什么会这样做呢？其实，只要仔细了解了该公司的管理方法，便不难找到准确的答案。

马克斯·斯宾塞公司是英国销售服装和食品最大的零售商，也是英国最注重福利的公司之一，然而，该公司并不是将福利作为慈善机构的施舍硬塞给职工，而是为了激励他们去更积极地工作。

马克斯·斯宾塞公司一贯重视和关心辖下4.5万员工的待遇和福利的发展提高，管理层把每个职工都看作是有个性的人。人事部门的管理工作人员超过900人，他们主要是在各商店中工作，并成为商店管理班子的重要组成部分，每个人事经理要对他所管理的五六十人的福利待遇、技能培训和个人的提高发展方面负责。

该公司每年要拨款5000万英镑，用于提高职工的奖金和福利，这是一笔相当大的数额，但是经营者对此并不认为可惜。公司董事长西夫勋爵甚至对地区经理提出更高的要求："你就是出差错，那也必须是因为过于慷慨。"

为了调动职工的工作积极性，公司建立了高质量的职工餐厅，每个职工只要花40个便士（约合6美分）就可以吃到一顿三道菜的午餐、早晨咖啡和下午茶，这样，职工就能精力充沛地投入工作。公司还特意为一个曾经在一家分店任过经理、在公司工作了50年的老年女士购置了一幢小型住宅，并发给她养老金。这些感情投资使在职的全体职工都大为感动，看到了公司的关怀与体贴。

所有这些"视卒如子"的激励措施，大大增强了公司的凝聚力，不论是分店经理、管理人员，还是会计、营业员，甚至普通的送货员，都以自己能在马克斯·斯宾塞公司工作而感到非常自豪。

并且公司有3.5万人持有本公司的股票，倘若他们以高价出手，那么公司的控制权就会转移到其他企业。但是，员工们却总是紧紧捏着自己的股票不肯脱手，因为他们信赖公司，热爱公司，这正如公司钟爱他们，也信赖他们一样。

可见，企业管理者"视卒如子"，热爱自己的下属是一种经营艺术。一个优秀的企业管理者，总是善于对员工进行感情投资。只有通过感情投资，真正地爱下属如同亲人，才能使下属感到自己受到了老板的重视与爱，因而愿意尽己所能，充分发挥自己的潜力。

管理智慧

◇管理者要"视卒如子"，才能情暖人心。

◇人是有感情的动物，人的一切行动都受感情的影响。

◇在经营管理中能使各方面人才充分展现才能为本企业效力，是经营管理者的重要职责，也是能使企业迅速发展的重要保证。

第章

管子与我聊用人之道

人才就是企业的力量与未来。那么，关于用人之道，管子是如何告诫我们的呢？管子告诉我们：管理者一定要以人才为本，用人要以德为先，选拔人才要不拘一格，要知人善任……是的，很多时候，一个企业并不是真的缺少人才，而是缺少培养人才、挖掘人才的方法和体制。因此，如何建立合理的用人体制，如何进行人力资源管理和开发不仅非常重要，而且还是管理者一项神圣的使命。

以人才为本，才能事半功倍

【聊天实录】

我：管老先生，您对用人之道有何高见？

管子：我曾说过：我苟种之，如神用之，举事如神，唯王之门。

我：您这句话该如何解释呢？

管子：这句话的意思就是：我如果注重养育人才，那就会收到神奇的效果，办事有如神助，只有成就王业的人才懂得这个道理。

我：您的意思是说您认为无论做什么事情，没有好的人才必是无法成事的，可以说，人才是成事的必要前提。并且，如果以人才为本，就往往能够事半功倍，获得意想不到的大成功。

管子：是的，以人才为本，才能事半功倍。

【解读】 ❧ 以人才为本的唐玄宗 ❧

唐玄宗

唐朝时，姚崇文章写得好，在文臣中可谓出类拔萃，玄宗决定拜他为相。

开元元年十月，玄宗正式宣布任命姚崇为宰相，但是姚崇却并不拜谢。到了晚上，姚崇跪拜在玄宗的面前，对玄宗说："我想建议十件大事，如果陛下对这十件事不能实行，那我也就不敢接受任命。"

接着，姚崇说："这十件事分别是：一、实行仁政；二、几十年不求边功；三、不许宦官干预政事；四、杜绝非正式的入仕途径；五、确立法纲纪网；六、严禁贿赂风气；七、停止建造寺观宫殿；八、要以礼法对待大臣；九、允许直言谏净；十、限制后妃、外戚干政。"

姚崇的这十条建议是涵盖了政治、经济、军事等各方面的一整套政治纲领，玄宗对这些建议大加赞赏，也更坚定了他重用姚崇的决心。

在玄宗的支持下，姚崇开始了拨乱反正、振兴唐朝的伟大变革，开启了辉煌的"开元之治"，玄宗对姚崇极其信任，放手任用。有一次，姚崇为了一件小事而前去向玄宗请示，玄宗却仰视殿顶，充耳不闻。姚崇不知其故，忐忑地退下堂去。

一旁的大臣问玄宗其中缘由，玄宗说："我委托姚崇处理大事理当共议，小事岂有必要一一相烦。"

姚崇这才明白了玄宗的良苦用心，从此大刀阔斧、当机立断，出色地履行了自己的职责。在他的整治下，朝中充满了开明的风气。玄宗把姚崇的功绩都看在眼里，他深信"以人为本，事半功倍"的道理，因此对姚崇非常礼待，每次姚崇进宫议政，玄宗总是起身相迎，离开时也是送到殿门。

玄宗对人才的重用最终取得了成效，随着时间的推移，开元初期政治逐步清明，"十事要说"逐一得到了实现，由此开创了"开元盛世"的历史性篇章。

可见，人才是国家发展的动力，他们或是精于兵法，或是深谙治国之术，又或是擅长社交，他们推动着社会的进步，为国家和百姓创造着财富。对于一个国君来说，人才比自己的宝座和江山都重要，没有了人才，一切皆是空，皇位必不长久，江山必不永固。善于使用人才的人才是真正的智者，人才为本才能事半功倍！

人才为本，事半功倍

历史上许多君王深知人才对国家的重要，为了得到人才，他们放下架子，不惜用厚礼去相邀名士，亲自登门相请。国家有如此求贤若渴的君王，何谈不能兴盛呢？

那么，对今天而言，如果一个企业注重人才，那这个企业就可以蒸蒸日上。

说起八佰伴，人们最早是通过电视连续剧《阿信》知道的。八佰伴的创始人正是剧中主角阿信的原型和田加津，这位勤劳而善良的日本女子出生于一个贫困的家庭，10岁就开始做童工，婚后和丈夫一起开了一家经营蔬菜和水果的小铺子，而这也是八佰伴原始积累的开始。经过夫妇的顽强拼搏，八佰伴后来发展成为一家年销售额50亿美元的大型跨国公司。

然而，1997年9月18日，八佰伴因负债累累而不得不向所在地方法院申请破产，成为战后日本第一家股份上市的破产零售企业。同年11月20日，香港八佰伴也陷入危机无法自拔，遂宣布清盘。

短短40年间，八佰伴走过了一条从无到有、由盛到衰的曲折历程，向人们演绎了激烈的市场竞争中你死我活、优胜劣汰最残酷的一幕，它的失败或许能给我们带来某些启迪。

分析八佰伴由盛到衰的经过，除了盲目扩张、急于求成、决策失误等主要原因外，还有一个重要原因，就是管理人才严重缺乏。人才是企业经营的关键要素，而八佰伴在大规模向海外扩张的同时，恰恰忽视了必不可少的人才储备。国外缺人就从国内拉，匆忙从国内转往国外的企业骨干，对当地市场和销售动向根本来不及调整，往往只是简单地将国内的一套做法原封不动地搬过去，有的甚至对新项目完全是"门外汉"，上手都是问题，何谈取得好的经营业绩呢？

古今中外，凡是成功的领导无一不是重视人才的管理者。企业经营过程中，作为企业的领导必须以一种大度的胸怀，去选拔容纳各类优秀人才，拥有了人才就拥有了财富，拥有了人才就拥有了资本。

关于选拔英才的重要性，美国惠普电子仪器公司有两个有趣的公式，一个公式是：人才+资本+知识=财富，另一个是：博士+汽车库=公司。

博士、汽车库，这是两个不相干的条件，但也是一种发人深省的组合。在当今这个知识爆炸、技术进步、日新月异的时代，要办好一个企业，既需要技术人才也需要管理人才，人才比以往任何时候都更加重要，不重视选拔人才的企业在激烈的竞争中必然失败，不重视选拔人才的领导也不是合格的领导。

众所周知，凡是成功的领导无一不是重视人才的管理者。企业经营过程中，作为企业的领导必须以一种大度的胸怀选拔容纳各类优秀人才，拥有了人才就拥有了财富，拥有了人才就拥有了资本。

所以说，以人才为本，才能事半功倍。

管理智慧

◇以人才为本，才能事半功倍。

◇凡是成功的领导无一不是重视人才的管理者。

◇企业经营过程中，作为企业的领导必须以一种大度的胸怀选拔容纳各类优秀人才，拥有了人才就拥有了财富，拥有了人才就拥有了资本。

用人以德为先，企业才能良性发展

【聊天实录】

我：管老先生，您对用人之道有何高见？

管子：我曾说过：是故国有德义未明于朝而处尊位者，则良臣不进；有功力未见于国而有重禄者，则劳臣不劝；有临事不信于民而任大官者，则材臣不用。

我：您这句话该如何解释呢？

管子：这句话的意思就是：因此在一个国家里，如果有人德义未著称于朝廷而爵位显贵，贤良的臣下就得不到进用；有人功绩不突出于全国而俸禄优厚，勤奋的臣下就得不到鼓励；有人办事不能取信于民而身居要职，有才能的臣下就不会努力。

我：您的意思是说，任用人才与封官晋爵，是否以德望来决定授爵，关系着国家的安危与百姓的祸福。对于今天来说，我们可以引用、理解为"用人以德为先"。也就是说，任人授权的时候，德望是多么的重要，是需要考察与思考的首要因素。

管子：是的，用人以德为先，企业才能良性发展。

【解读】 ❧❧ 用人要以德为先 ❧❧

　　刘温叟是宋太祖赵匡胤时的大臣，他办事公正、忠于职守。先前他在一次亲自主持的科举考试中，录取了进士十六人。有人向皇帝进谗说刘温叟取士不严、以权谋私，皇帝闻言后撤了刘温叟的职，把他录取的十六名进士黜免了十二名，刘温叟虽问心无愧，但未做任何辩解。

　　几年后，那些被免的人又在后来的科考中相继登第，刘温叟谋私的言论不攻自破。赵匡胤看中了刘温叟的可贵品质，即位后让他出任御史中丞兼判史部铨。

　　刘温叟一上任就上疏赵匡胤，指陈朝廷官制紊乱，官职年限无定，调集无常，造成两京百司，渐乏旧人。为此他建议请司官爵，有其名应任其职，不许寄禄、空设官阶。

　　有一次，刘温叟工作到天黑才回家，当他走到宫阙前时，见赵匡胤带着宫内数人正准备登启明德门。由于这是皇上的临时安排，因此并未通知有关部门。刘温叟见此，便下令按正式制度传呼皇帝登城过门。第二天，刘温叟就劝告赵匡胤要奖赏将士，体恤下面的辛苦，还应注意减少一些临时动议之举，以免劳军劳民，赵匡胤对此深以为然。

　　刘温叟为官清廉，为御史十几年，监察郡国行政，考察四方文书计簿，从不接受贿赂。皇帝的弟弟赵光义听说刘温叟清廉无私，有意要亲自试探一番，便差人给刘温叟送去钱财五十万。刘温叟对此钱不敢直接拒绝，便让人把钱暂时储藏在西房，并用封条封上。

　　到了第二年重阳节，赵光义又派人给刘温叟送去厚礼一份，刘温叟仍是让人置于西房。送礼人见西房封钱的封条没动，回去报告了赵光义。赵光义听后感叹不已，对刘温叟不禁心服口服了。

　　后来，刘温叟因病多次请求告老还乡，赵匡胤都不忍允准，原因是朝廷中一时难以找到像刘温叟这般正直的人，最终刘温叟病死在任上，赵匡胤悲痛不已。当有司奏请赵匡胤任命新的御史中丞时，赵匡胤再三叮嘱道："必得纯厚如温叟者方可。"

　　古代那些有贤德的君王都是善于用人的高手，但他们能够人尽其才的另一个原因，就是因为他们在选人之时就以德为先。在这些有德之士忠心耿耿、鞠躬尽痒地辅佐下，国家更容易走向强大。因此，用人要以德为先。

德才兼备，有利于企业的发展

从古至今，才与德一直是人们讨论的热门话题，很多人在德与才之间难以选择。其实，企业要想做大做强必须要启用德才兼备之人，因为只有这样的人，才能够在社会上站稳脚跟，才能够帮助企业增强信誉和创造价值。

当然了，不同时期人才的使用标准也不尽相同。比如乱世当中，就应该像曹操那样，取人问才不问德——能把事情干好的就是英雄。但在治世当中，用人应以德为本，以行教化之功。

宋代史学家司马光认为：才能可以辅助有品德的人成就大业，而德行能够引导有才的人走正道，向正确的方向发展。云梦的竹子虽然刚劲，但如果不把它做成利箭，就不能够穿透坚硬的物体；棠地的矿铜虽然精利，但如果不把它熔炼打磨做成兵器，就不能够打败强大的敌人。才能正如同竹子的刚劲和矿铜的精利，而德行正如同对竹子和矿铜的加工。当德行和才能合二为一时，便能够有大作为。因此，人们常常把德才兼备的人称为圣人，把无才无德的人称为愚人，把德高于才的人称为君子，把才高于德的人称为小人。

司马光由此联想到用人和选人。他认为在选人用人的时候，如果不能得到圣人辅佐，可以找君子。如果连君子都得不到，宁可用愚人也不可用小人。因为有才的君子能够在其德行的引导下正确发挥自己的才能，有助于领导事业的发展；而有才的小人则会受其德行的误导，从而阻碍领导事业的发展。愚人无德无才，尽管不能对领导事业有帮助，但最起码不会造成威胁。

司马光不仅阐述了德与才的关系，而且依照才德的大小将人分为四类：圣人、君子、愚人、小人。不仅如此，他还针对这四类人才的不同点，形成了自己的用人观。从司马光的观点可以看出，他把德作为一个人的根本，这一点我们是可以借鉴的。不过，司马光提到的德和才，是大才和大德，他的人才分类是依据这种标准来进行的。

曾国藩认为：一个人的才干正如同水的柔性和木头的坚硬，而德行能够使水动荡，能够使木头变直。动荡的水能够承载物体和灌溉田地，而直直的木头可以用来造船和构建房屋。才是水的波澜，而德是水的源泉，有了源泉，就能够保证水的波澜不断；才是树的枝叶，德是树的根本，有了根本，就能够保证枝叶繁茂。

从司马光和曾国藩的观点中都可以看出，德和才不能偏重。企业在用人过程中，需要正确处理德与才的关系，这时，古人的观点是值得我们借鉴的。不过，企业需要的人才多种多样，上至有决策能力的经理、总裁，下至手工操作的工人，因此，司马光的大才和大德观念，对如今的企业来说是并不实用的。

企业在用人过程中，首先对德和才要有一个全新的认识。如何看待德与才，要根据企业的利益来定标准。一般来讲，如果一个人能够与同事友好相处，而且不会损害企业利益，他便是有德之人；一个人如果能够处理好自己手中的事情，他便是有才之人。无德之人是小人，有德之人是君子；有才之人是人才，无才之人是庸才。

通常情况下，最好不要用小人，因为小人或许能够凭着才干给企业带来利润，但同时也会带来潜在的威胁。

所以说，用人以德为先，企业才能良性发展。

管理智慧

◇用人以德为先，企业才能良性发展。

◇企业要想做大做强必须要启用德才兼备之人。

◇一个人的才干正如同水的柔性和木头的坚硬，而德行能够使水动荡，能够使木头变直。动荡的水能够承载物体和灌溉田地，而直直的木头可以用来造船和构建房屋。才是水的波澜，而德是水的源泉，有了源泉，就能够保证水的波澜不断；才是树的枝叶，德是树的根本，有了根本，就能够保证枝叶繁茂。

管理者要不拘一格，大胆地选拔人才

【聊天实录】

我：管老先生，您对用人之道有何高见？

管子：我曾说过：夫王者之心，方而不最，列不让贤，贤不齿第择众，是贪大物也，是以王之形大也。

我：您这句话该如何解释呢？

管子：这句话的意思就是：王者之心，应该方正而不走极端。封爵时不能排斥贤才，选贤才时则不去考虑年龄和地位，这样做是为了取得更大的利益，这样的王业才是伟大的。

我：您的意思是说统治者就该有这样宽大的胸襟，在眼中只有贤才与非贤才之分，而不该去追究并不重要的年龄和地位等条件。对于我们今天来说，可以引用、理解为"不拘一格用人才"。 对于谋事与成事，人才是关键，凡是行为端正的企业管理者，都是有着宽大的胸怀的，无论对方的年龄与地位如何，只要有贤能，都能够加以任用，这样才能最大限度地使企业得到最大的利益。

管子：是的，管理者要不拘一格，大胆地选拔人才。

【解读】　　　**大胆地选拔人才的刘邦**

人的才能有高低之分，但每个人都有自己的特长，帝王能否使用好那些地位不突出但在某一方面有特长的人，是其统治成功与否的关键，汉高祖刘邦在使用韩信上就是一个很成功的例子。

韩信，淮阴人士，出身于平民家庭，品行一般，因此未能被推选到官府任职，而他又不肯务农、不屑于经商，只能依靠他人而赚吃赚喝。韩信这种吃闲饭的日子并不好过，他寄食时间较长的是在淮阴的南昌亭长家。起初南昌亭长见韩信举手投足间与常人不同，便收留了他，但几个月后，亭长的妻子开始讨厌韩信这种不劳而获的作风，便开始提前吃饭，韩信按往常的时间前来吃饭时，人家早已吃完，并没有给韩信准备饭食。韩信明白了女主人的用意，一怒之下离开了亭长家。

后来，项梁在吴中起兵反秦，大军渡过了淮河，韩信认为施展自己抱负的时机到了，于是他投奔到了项梁门下。项梁战死后，韩信继续跟随项羽并任郎中，负责警卫工作。在此期间，韩信曾多次向项羽献策，可高傲自大的项羽根本就不把他这个小小的郎中放在眼里，对他的话更是充耳不闻。

韩信怀才不遇，果断地离开了楚军大营，投奔了刘邦的部将夏侯渊。夏侯渊见韩信出言不凡、相貌威武，很是高兴，并把他介绍给了刘邦，刘邦任命韩信为治粟都尉，负责管理全军的粮饷。

一次偶然的机会，萧何见到了韩信，同样被他的才华所震动，他多次向汉王推荐韩信，但汉王一直也没有重用韩信。韩信的抱负还是得不到施展，思来想去，他还是选择了离开。一天晚上，韩信不辞而别，萧何知道后焦急万分，他顾不得向汉王汇报，便立即骑马追赶韩信去了。萧何追上韩信后，好说歹说才把他劝了回来。

第二天一大早，萧何便去汉王府拜见汉王，汉王见到萧何后对他说：“你深夜逃亡，为何？”

萧何说：“臣不敢逃，臣是追赶逃亡的韩信去了。”

汉王一听萧何追赶韩信去了，自然不相信，他对萧何说道：“将领逃亡的有十多人，您都不曾去追赶，为什么单单去追赶韩信？”

萧何回答道：“大王，以前那些逃跑的将军，都是些容易得到的人，而韩信这样的杰出人才，普天之下恐怕找不出第二个来。大王如果是想长久地称王汉中，韩信确实是派不上用场，但大王如果想争夺天下的话，就非得请韩信来辅佐才行。”

汉王此时才想起这段时间以来总是有人向他举荐韩信，但他一直没有当回事，现在连丞相都这么看重他，想必他真有点本事。

于是，汉王对萧何说：“我要任命他为将。”

萧何说：“虽任命为将，也不一定能留得住他。”

汉王说：“那我任命他为大将？”

萧何这才高兴地说："这就再好不过了。"接着，汉王召见韩信入府，萧何赶忙阻拦说："大王向来对部下傲慢无礼，今日任命大将怎能如此随便呢？大王如果真心想留住这个人才的话，就选个良辰吉日，设立拜将的高坛来拜请韩信吧。"

汉王答应了萧何的要求，向全军宣布了举行任命大将典礼的日期。典礼那天，汉王用最高的礼仪拜韩信为将，全军上下，无不震惊，将帅们都怀疑这位以前未曾统兵的都尉是否能担此重任。

后来的事实证明汉王的决定是英明的，韩信一路摧城拔寨，百战百胜，为汉王室立下了赫赫战功，其军事才能也得到了淋漓尽致的发挥，"明修栈道，暗度陈仓"更是成为军事史上一次典型的战例，被后人所称道、效仿。刘邦听取萧何的建议，不拘一格的起用韩信为大将，这可谓是一次冒险，韩信毕竟未曾有打胜仗的先例，但正所谓"用人不疑，疑人不用"，刘邦的魄力使他获得了一位军事奇才，自己的霸业从而得以加速实现。

可见，帝王要想成就一番事业，必须有贤相良将的辅佐，而这个世界上没有天生的贤者，这就需要帝王去发现、去大胆地使用，每一个有特长的人。只有不拘一格用人，那些所谓的人才才会光芒四射，那些有抱负的人才有施展的机会。人才被完全挖掘出来并充分地得到使用，国家也就强大了。

论英雄不问出处

俗话说"自古英雄出少年"，"英雄何必问出处"，就是说年龄小和出身贫贱的从来不可小看。常言道"人小志气大"，"人穷志不短"，就是说人在少年和困境中往往胸怀大志。人若有了气吞山河之志，谁又能否认他不会有惊天动地之举呢？"毋少少，毋贱贱"这句名言提示我们：抛弃任何成见，大胆任用人才，尤其是年少和穷顿者中往往不乏奇才。

是的，人才的使用不应人为地设置诸多条条框框，比如出身、学历、籍贯等。实际上，许多人才可能过不了那些条条框框的关，但确实身具异才。框框一名，人才脱颖而出的路子便被堵塞了。正如近代诗人龚自珍云："我劝天公重抖擞，不拘一格降人才。"但是，如果企业管理者用人偏偏拘于一格，老天"不拘一格降人才"又有什么用？

事实上，拘于一格，不敢大胆选人、灵活选人的企业管理者比比皆是。他们的做法，往往使得人才无法冒尖，无法尽其所能，间接地使团队失去生机，失去竞争力。

那么，企业管理者要想避免失败的下场，就必须放弃保守的观念，大胆选人、灵活选人、不拘一格地选人。因为人才从来都是培养而成的，对他们应当放手使用，使之冲上云霄，战风斗雨。其实，办事情完全在于任用人才，而任用人才全在于冲破原有的格局。高明的企业管理者尤其要善于使用冒尖的人才，有人说，"人才源于大量"，是有一定道理的。假如大胆任用下属，可能就会成为人才；反之，就会泯灭一个人才的出现。

所以说，有才能的人，并非都是长者，或者有出众的外表和高贵的出身，他们由于环境和时代所限，要想出人头地很难。善于识才者，往往透过表象看到人的质地，注重人的潜力，一旦发现有过人之处，立即大胆使用。为此，作为企业的管理者，要想成功，关键是要冲破陈旧观念条条框框，奉行"不拘一格降人才"的最高用人原则。

管理智慧

◇管理者要不拘一格，大胆地选拔人才。

◇对于谋事与成事，人才是关键，凡是行为端正的企业管理者，都是有着宽大的胸怀的，无论对方的年龄与地位如何，只要有贤能，都能够加以任用，这样才能最大限度地使企业得到最大的利益。

◇有才能的人，并非都是长者，或者有出众的外表和高贵的出身，他们由于环境和时代所限，要想出人头地很难。

知人善任，充分发挥员工的作用

【聊天实录】

　　我：管老先生，您对用人之道有何高见？

　　管子：我曾说过：虽有明君，百步之外，听而不闻。闲之堵墙，窥而不见也。而名为明君者，君善用其臣，臣善纳其忠也。

　　我：您这句话该如何解释呢？

　　管子：这句话的意思就是：即使是明君，百步之外也是听不见的，隔着一堵墙也会看不见。能够称之为明君，是因为善于使用臣下，而臣下也善于贡献他的忠心。

　　我：您的意思是说您认为即使是圣明的君王，也并非是万能的，他需要臣子的忠心协助才能够使千秋大业得到继续，可见善于使用臣下是多么的重要。要在首先了解臣下的前提下，再去任用他，才能把他安排在恰当的职位上发挥出他最大的作用。在这里，我们可以引用、理解为"知人善任者'明'"。　作为一个统治者而言，能够做到"知人善任"是很必要的，也是很难得的，把有能力的人都安排在恰当的职位上，这样一来，统治者就多了很多有力的助手，如此又怎愁国家治理不好呢？

　　管子：是的，知人善任，充分发挥员工的作用。

【解读】　　知人善任的吴王寿梦

　　知人善任不仅能体现出一个君主眼光的过人之处，于国于民也很重要。吴王寿梦就是因为用对了人，才使国家强大了起来。

　　春秋时期，吴王寿梦拥有着一支强大的水军，因此跻身于春秋诸强之列。他试图再组建一支强大的陆军，以实现他称霸诸侯的理想。

　　这时，北方强国晋国因与楚国矛盾激化，便想联合南方的吴国，前后夹击楚国，晋国国王于是派大臣屈巫臣出使吴国。屈巫臣颇有韬略，精通车战、步战的战法，是位颇具实力的将才。吴王寿梦问他道："有什么方法可以击败强大的楚国呢？"屈巫臣回答道："可以与楚国的敌国晋国结盟，结盟可以给吴国最大的好处，那就是晋国可以帮助吴国建立一支懂车战、步战战法的陆军。"

吴王寿梦听后很是高兴，当即请屈巫臣留在吴国任军事教官。屈巫臣不敢自作主张，遂回国禀报了晋王。晋王认为帮助吴国训练陆军有利于自己战胜楚国，很爽快地答应了这件事。

不久后，屈巫臣带着百名随从来到了吴国，吴王寿梦当即下令吴军将士拜屈巫臣为师，学习陆军作战之法。他告诫吴军将士要像敬重自己一样敬重屈巫，如有怠慢者，斩。

屈巫臣很受感动，他认真地带领晋兵学习车法、阵法，吴王寿梦还亲临练兵场加以督促。数年后，一支强大的陆军终于建成了。楚国怕吴晋联合，决定先攻打吴国。吴军以屈巫臣所教之阵法果断迎战，在水师的配合下，吴军大败楚军。楚国惊惧吴国的强盛，竟十余年不敢再与吴军交锋。

吴王寿梦重用屈巫臣，为自己建立了一支强大的陆军，使吴国成为春秋中后期的强国之一。

所以说，君王选才需要知人，进而才能善任。为国荐才的大臣也是如此，只有了解所荐之人，才能给他保荐相应的职位，可见，这"知人"是"善任"的前提。

❧ 知人善任，物尽其用 ❧

众所周知，在企业中，每个人的能力都是不一样的，大材小用是造成人才浪费的直接原因。那么，怎样才能够把员工放在合适的工作岗位上呢？管理者应该充分认识到员工的实际能力。只有认识了员工的能力，才能知道员工胜任哪个职位。否则，要么造成人才浪费，要么给企业带来损失，这也就是所谓的"知人善任，物尽其用"。

"知人善任，物尽其用"这八个字，人人皆知，但不一定人人能用。作为成功领导者应当知其义理而能用之，刘伯温的主张可见一斑。

刘伯温在《郁离子》举例说："州之庸问于郁离子曰：'云山出也，而山以之灵；烟火出也，而火以之畜，不亦异哉？'郁离子曰：'善哉问，夫人之用智者亦犹是也。夫智人出也，善用之，犹山之出云也；不善用之，犹火之出烟也。韩非囚秦，晁错死汉，烟出火也。'

"郁离子谓执政曰：'今之用人也，徒以具数与，抑亦以为良而倚以图治与？'执政曰：'亦取其良而用之耳！'郁离子曰：'若是，则相国之政与相国之言不相似矣。'执政者曰：'何谓也？'郁离子曰：'仆闻农夫之田也，不以羊负革岔；贾子之治车也，不以豕骖服。知其不可以集事，恐为其所败也。是故三代之取士也，必学而后入官，必试之事而能然后用之，不问其系族，惟其贤，不鄙其侧陋。今风纪之司，耳目所寄，非常之选也，仪服云乎哉？言语云乎哉？乃不公开下之贤，而悉取诸世胄昵近之都竖为之，是爱国家不如农夫之田、贾子之车也。'执政者许其言而心忤之。"

刘伯温在这里大意讲了这么一则故事：

州之庸向郁离子问道："云出自山中，而山把它奉为神灵；烟出自火中而火把它积储，这不是很奇怪吗？"郁离子说："问得好啊。人们使用有才智的人也就像这种情况一样。有才智的人出现了，善于使用他，就像山里出现的云；不善于使用他，就像火中出现的烟。韩非子被秦国囚禁，晁错被汉朝杀害，这就是从火中出现的烟。

"善用人才，犹山之出云；不善用人，犹火之出烟。人才固然可贵，但更重要的是如何善于使用人才，使人尽其才，物尽其用。如果使用不当，则会白白浪费人才甚至使其无端受损，故常言人尽其才，物尽其用。

"郁离子对执政者说：'如今用人才，是只凭凑数呢？还是认为贤良而倚靠他来图谋治国呢？'执政者说：'也是选取那些贤良者而录用的！'郁离子说：'倘若是这样，那么相国您的执政和您说的话就大不一样了。'执政者说：'为什么这样说呢？'郁离子说：'我听说，农民耕田，不用羊负轭；做买卖的商人赶车，不用猪担任骖服，因为知道它们不可能成事，恐怕被它们弄坏了事啊。所以夏、商、周三代取士的办法，首先必须学习，而后才可做官；必须用处理政事考核他，若有才能，然后才录用他。不管他的世系家庭如何，只看他是否贤良，不轻视那些有才德而地位卑微的人。如今担任法度和纲纪职务的人，担负着像耳朵和眼睛那样重要的使命，要严格选拔。只看仪表服饰吗？只听言谈词语吗？您却不能公平对待天下的贤士，而全部录用那些世家贵族的后代、与自己关系亲近的纨绔子弟为官。您这样爱国家的做法，还不如农民爱耕田、商人爱车的做法呢。'执政者虽然口头上同意他的话，但内心却不以为然。"

总之，刘伯温认为，人才所系，国之安危，没有人才辈出的局面出现，就没有国家的长治久安、社会的繁荣发展。然而在现实生活中，有时人才往往难以脱颖而出，一展宏图。一些自命为伯乐的人，虽然嘴上高喊选贤用能，实际上却压制人才，任人唯亲。如此作为，实为社会发展之大患。故人为国之本，治天下者能人也，任人唯贤，尊重人才，提高人才的价值和社会地位，同之甚盛，民之富饶。

所以说，企业管理者在任用人才的时候，首先要通过多方面的考察和测试，再选择出适合各个岗位的人才。也就是说：知人善任，充分发挥员工的作用。

管 理 智 慧

◇知人善任，充分发挥员工的作用。

◇知人善任，物尽其用。

◇企业管理者在任用人才的时候，首先要通过多方面的考察和测试，再选择出适合各个岗位的人才。

成大事者，必能慧眼识英雄

【聊天实录】

我：管老先生，您对用人之道有何高见？

管子：我曾说过：浩浩者水，育育者鱼。

我：您这句话该如何解释呢？

管子：这句话的意思就是：浩浩然的大水，游着育育然的白鱼。

我：您的意思是说在茫茫人海中，要想成大事，就要具有一双能识别英才的慧眼。而自古成大事者，都能用慧眼识出需用之才。对于今天来说，作为企业管理者，也要善于识别人才。

管子：是的，成大事者，必能慧眼识英雄。

【解读】 　　管仲慧眼识英雄，桓公举火爵宁戚

春秋初年，齐桓公（前682—前643年在位）霸极一时，担当着维护周王和平定诸侯内乱的重任。周庄王十五年（前682年）春天，齐桓公为平定宋国内乱，召集诸侯在北杏《今山东东阿》集会，宋国竟然没来参加。第二年，齐桓公为谴责宋桓公违背北杏盟约，采纳管仲的计策，派隰朋讨得周天子之命，出兵讨伐宋国。陈、曹二国也申请派军队配合齐国，愿为前锋。桓公便派管仲先率一军先行，会同陈、曹二国军队，他与隰朋、王子成父、东郭牙等统帅大军跟进，约好在商丘集合。战车隆隆，战马啸啸，整齐威武的齐国军队斗志昂扬，意气风发，雄赳赳、气昂昂地开出临淄南门。

管仲有一个爱妾名叫婧，钟离人，"通文有智"。桓公好色，每出行，必以嫔妾相随。这次，管仲亦让婧跟随。这一天，管仲军出南门，约行三十多里，在峱山见到一个村夫，短褐单衣，破笠赤脚，在山下放牛，正悠然地敲着牛角唱歌。管仲在车上，观察这人气度不凡，便派侍卫拿酒肉慰劳他。这人吃完，说："我想见见相国仲父。"侍卫说："相国的车已过去了。"村夫说："我有一句话，麻烦你带给仲父，浩浩乎白水？"侍卫追上了管仲的车，把农夫的话转述给他。管仲听后一脸茫然，不知道什么意思，就问婧，婧说："我听说古代有一首诗，名字叫《白水》：'浩浩者水，育育者鱼，未有宝家，而安召我居？'这个人大概想出来做官吧。"管仲立即叫人停车，派侍卫把那个村夫叫来。村夫将牛寄存到村里的人家后，就随侍卫来见管仲。村夫见了管仲直直地站着，并不下拜。管仲问他姓名，他说："我叫宁戚，是卫国的村夫，倾慕你相国好贤礼士，不惮跋涉至此。无事谋生，只为村人放牛。"管仲试问了他的学问，他都应对如

流。管仲感叹说："豪杰辱于泥土，没人引荐，哪有出头之日？我们的君主在后边，不几天就要经过这里，我写封推荐信，你拿着去见我们的君主，必受重用。"管仲当即写了信交给宁戚，然后继续前行。齐桓公大军三日后才到，宁戚像先前一样短褐单衣，破笠赤脚，站在路旁，等着齐桓公。桓公乘车将近，宁戚就拍着牛角，放开喉咙，高声唱了起来：

南山石呀光灿灿，有条鲤鱼长尺半。

生不逢尧与舜禅，短褐单衣破又烂。

从早放牛直到晚，长夜漫漫何时旦？桓公坐在车里，见路边有人唱歌，听着不大顺耳，便命令侍卫把宁戚叫到车前。桓公一看宁戚，身穿破烂衣服，赤着脚，不堪入目。不过桓公看此人眼里透出一股英气，便问道："你是什么人？"宁戚也不施礼，说道："山村野人名叫宁戚。"桓公见宁戚不叩拜，全然不懂礼节，生气地说："你一个放牛的，怎么敢唱歌讥刺时政？"宁戚说："我唱的是山歌，怎么敢讥讽时政？"桓公说："当今太平盛世，上面天子英明，下面百姓安居乐业。寡人身为盟主，会合各路诸侯，命令没有不遵从的，战必胜，攻必克，尧舜盛世也不过如此，你怎么说'不逢尧舜'，怎敢说不是讥讽时政呢？"

宁戚说："小人虽是一介村夫，却也听说尧舜盛世，百官廉政，诸侯宾服，天下安定，可说是不言而信，不怒而威，百姓乐业，国泰民康，不愧为太平景象。可今天，王室衰微，纪纲不振，教化不行，风气败坏。君上虽想统一诸侯，但北杏之盟，宋桓公背盟而逃，柯地之盟又受鲁将曹沫劫持。中原各国用兵不息，戎狄不断侵扰，百姓生活在水深火热之中，君上却说是'太平盛世'，岂不令有识之士齿冷？"

桓公越听越气，厉声喝道："大胆匹夫，竟敢出言不逊，拉下去斩了！"侍从人员把宁戚五花大绑，准备行刑。宁戚颜色不变，毫无惧色，仰天大笑，说："好啊！昔日夏桀无道，杀了关龙逢；殷纣无道，杀了比干；今天齐侯杀了我宁戚，可谓鼎足而三了。"隰朋说："君上，臣看此人威武不屈，浩然正气，非寻常牧夫可比，一定是个有才能的人，应当赦免。"桓公念头一转，怒气顿消，遂命人放开宁戚，对宁戚说："寡人不过是试试你的胆略罢了，你不愧为一名壮士。"

宁戚从怀中取出绢书，桓公拆开一看，读道："臣奉命出师，行至狪山，得卫人宁戚。此人非牧竖者流，乃当世有用之才，君宜留以自辅。若弃之使见用于邻国，则悔无及矣。"桓公曰："你既然有仲父的荐书，为什么不早呈给我？"宁戚说："当今之世，群雄并起，列国纷争，不但君要择人，臣也要择君。君上如果喜听谄媚之言，厌恶直言相谏，那我宁愿死在刀斧之下，也不会把仲父的信拿出来。"桓公大悦，让宁戚上车，同去伐宋。当晚，下寨休军，桓公命令举起火把，要授爵宁戚。

竖刁说："这儿离卫地不远，不如派人去打听一下，如果确有才能，再封官也不迟。"桓公说："还打听什么？有雄才大略的人，一般不拘小节。如果一打听，有什么毛病，用起来心里不放心，舍弃他又觉着可惜。疑人不用，用人不疑，这是寡人的主张。"于是在灯烛之下，桓公拜宁戚为大夫，使与管仲同参国政。在接下来的伐宋中，宁戚大显身手，只身前往宋国，没费一兵一卒，单凭三寸不烂之舌，说服宋桓公向齐侯谢罪，重新订立盟约。从此宁戚名声大噪，被任命为大司农，成为齐桓公的得力大将。

这段佳话就是"管仲慧眼识英雄，桓公举火爵宁戚"，后世传颂不息。宁戚以哑谜自荐，经管仲引荐，终遇霸主齐桓公，得以大展才华，好比鱼儿回到大海，自由自在。"浩浩者水，育育者鱼"这句名言形象地描述了宁戚当时如鱼得水的情景，因此这句名言也成了一种美好的境界，引起人们无限的向往和憧憬，也激励着人们为此不断奋斗。

企业管理者要善于慧眼识英雄

自古成大事者，必能慧眼识出需用之才。企业管理者做事要靠一批有能力的人才的帮助，但到底谁是真正的人才却并不那么容易判断，这就需要领导者有一双慧眼，能识别哪一颗才是真正的宝珠。

南宋大将岳飞就是被宗泽于泥土之中拣出的一颗宝珠。

岳飞是相州汤阴（今河南汤阴县）人，字鹏举。岳家世代为农，生活比较贫苦。在艰苦的环境中，岳飞磨炼成了刚毅顽强的性格。岳飞自幼好读史书，尤其是特别喜欢读孙、吴兵法，因此，古代军事家的战略思想使岳飞受到极为深刻的影响。到了青年时期，岳飞长得体貌雄健，能拉满300斤的劲弓，而且善于骑射，左右开弓，技术也在众人之上。靖康元年（1126年），金军入侵中原，直趋北宋京都东京（今河南开封），北宋皇帝宋钦宗便封康王赵构为兵马大元帅，封抗金名将宗泽为副元帅，并令他们带兵入援京师。赵构部下刘浩在相州招募兵士，于是，岳飞便投靠刘浩军队，并很快被提拔成为一名下级军官。

靖康二年（1127年），宗泽率领部队转战开德府，接连同金军大战13次，均取得了胜利。在一次两军对阵交战过程中，岳飞见金军两个旗手在阵前摇旗呐喊，鼓动厮杀，便立即弯弓搭箭，两发两中，人倒旗落。顷刻间，敌军乱成一团，岳飞率军乘势发起攻击，金军死伤无数，溃败而逃，岳飞获胜，并缴获了大量兵器。不久，宗泽又率领部队分兵北上，岳飞所率一部在北上途中与金军在曹州（今山东菏泽）相遇。金军凶猛扑来，岳飞身先士卒，冲锋陷阵，与金军展开激战。由于岳飞英勇顽强，指挥得力，士卒个个拼命同敌战斗，最后大获全胜。

经过开德、曹州两次大战的胜利，宗泽对岳飞的英勇善战非常钦佩。有一次，宗泽把岳飞召去说："你的英勇与智谋、武艺与才气，就是古代的良将也不能超过你，但是只擅长野战，还不是万全之计。"宗泽非常喜爱岳飞的才华，因此，有意对其栽培，使其了解、精通更多的作战方法，于是便送给岳飞一张作战的阵图。岳飞接过阵图仔细看了以后，便对宗泽说："今时代不同，平地和山险不同，怎么能依一定的阵图用兵？"宗泽反问道："像你这样讲，阵法岂不是没有作用了？"岳飞回答说："列阵而后战，乃兵家的常规，但其运用之妙，却存乎一心。"宗泽听了岳飞的议论，心中十分佩服，认为岳飞是一个很了不起的人才。

南宋建立后，岳飞向皇帝高宗赵构多次上书，要求北上抗金。但是，宋高宗却认为岳飞官小职微，越职上奏，便把他革职。然而，岳飞抗金报国之心毫不动摇，于是便投奔张所，被任为武经郎，充中军统领，在都统制王彦部下当偏裨将。岳飞随同王彦渡过黄河抗金，因为岳飞同王彦的意见有分歧，便脱离了王彦去投奔宗泽，这时，宗泽已调任东京留守。岳飞到东京后还未见到宗泽，就被王彦的部下捉住，正当王彦要按军法处斩岳飞时，宗泽正好赶来，并发现王彦将要处斩的人就是在开德、曹州大捷中建立奇功的岳飞，立即让王彦将其当场释放，并留军前听用。不久，抗金前线传来急报，说金军又要进攻汜

南宋大将岳飞

水关（今河南氾水镇西），宗泽立即命令岳飞率500名骑兵出征迎敌。岳飞接受命令后星夜兼程赶到前线，他身先士卒，英勇善战，奋力杀敌，经过激战，大败金军而凯旋。宗泽立即擢升岳飞为统制官，成为统率千军万马的高级将领。

宗泽慧眼识奇才，而岳飞也没有辜负宗泽的提挈与期望，建立了抗金的奇功异勋。宗泽去世后，岳飞随从杜充南下。建炎三年（1129年），金兀术率金兵渡江南侵，杜充弃城投降金兵，岳飞在广德、宜兴一带坚持抵抗。次年，金军被迫北撤。岳飞乘机率军袭击金军后队，收复建康（今南京），并被提升为通泰镇抚使。绍兴二年（1132年），任承宣使、湖北路、荆、襄、潭州制置使，屯兵噪州（今武昌）。他率领的军队纪律严明，战斗力强，有"撼山易，撼岳家军难"之说，使金兵闻风丧胆。

如果说岳飞是一颗宝珠，那么，正是他被宗泽的一双慧眼所赏识，才有了大放光芒之日。

所以说，作为一个企业管理者，要善于慧眼识才。也就是说，必须要了解什么样的人适合你，什么样的人适合什么样的角色，只有这样，才能让合适的人在合适的位置发挥出自己的最大效用。

管 理 智 慧

◇成大事者，必能慧眼识英雄。

◇企业管理者做事要靠一批有能力的人才的帮助，但是到底谁是真正的人才却并不那么容易判断，这就需要领导者有一双慧眼，能识别哪一颗才是真正的宝珠。

◇作为一个企业管理者，要善于慧眼识才。

用人应扬长避短，巧妙地发挥员工的力量

【聊天实录】

我：管老先生，您对用人之道有何高见？

管子：我曾说过：明主之官物也，任其所长，不任其所短。故事无不成，而功无不立。乱主不知物之各有所长所短也，而责必备。夫虑事定物，辩明礼义，人之所长而蝯蝚之所短也。缘高出险，蝯蝚之所长，而人之所短也。以蝯蝚之所长责人，故其令废而责不塞。故曰："坠岸三仞，人之所大难也，而蝯蝚饮焉。"

我：您这句话该如何解释呢？

管子：这句话的意思就是：英明的君主授官任事时，用人之所长，而不用人所短。所以办事没有不成的，功没有不立的。昏乱的君主则不懂得万物都各有所长和所短，而一律求全责备。考定事物，辨明礼义，本来是人类的所长而是猿猴的短处；爬高走险，则是猿猴的所长而是人类的短处。如果用猿猴的所长来要求人类，那么政令就会失效而责任不能履行。所以说："坠岸三仞，人之所大难，而蝯蝚饮焉。"

我：您的意思是说世间万物都各有长和短，在用人之时要慎重而正确地对待其长处与短处，这是成事的必要前提。尺有所短，寸有所长，再优秀的人也不可能是完美的，再糟糕的人也有特有的长处。对于优秀的人，如果错用他的短处去办事，那么结果是必败的；换了糟糕的人，如果用他的长处去办事，那么也会成功的，这就是"用人之所长，避其之所短"的奥妙所在。

管子：是的，用人应扬长避短，巧妙地发挥员工的力量。

【解读】 用人扬长避短的赵匡胤

陈承昭本是南唐将领，官至南唐保义节度使，在南唐时期可谓是地位显赫。当时，赵匡胤率领后周的先锋部队攻克泗州后，继续一路东下，与陈承昭统率的

军队在淮河展开了决战。赵匡胤足智多谋，指挥得当，而陈承昭作战无能，最后被赵匡胤生擒。陈承昭从此身败名裂，他在后周谋得一个右监门卫将军的小官，失去了往日的显赫地位。

宋国初建，赵匡胤大力兴修水利，开漕运以通四方，然而他手下有勇士三千，谋者八百，却没有一个人精通治水之术。于是赵匡胤四处求贤纳才，物色治水能人。此时，赵匡胤听人说陈承昭对水很有研究，便派他去督治惠民河，以通汴京南部的漕运。陈承昭欣然赴任，他察看了水势，见惠民河水太小，即便疏通也未必可以通航。

于是，他遍寻水源来补惠民河之水。他通过勘察地形发现郑地地形较高，而郑地西部的河流至郑地后都改向东南流去，如想让这些水流向东北，必须加以疏导。他让民夫将郑地西部的闵水和阔水引至惠民河，使惠民河水量大增，水贯连汴京，南历陈州等地直入淮河，由此沟通了京城与江淮的漕运。

赵匡胤见陈承昭确实是位治水之才，于是在国家的治水之事上重用陈承昭，在疏通了惠民河以后，赵匡胤又命陈承昭前去疏通五丈河。

五丈河与惠民河的相同之处是水少，不同之处是五丈河中淤泥甚多，不利舟行。因此，五丈河除需注水外还得挖泥，无论从工程量上还是从疏通难度上都较惠民河有所加大。

经过勘察，陈承昭发现存汴京的东面，荥阳虽有汴河水东流，但还有京水、索河两条河白白直接流入了黄河。他遂上书赵匡胤，说京、索二水都可以引来注入五丈河，赵匡胤很快批奏。陈承昭于是带人自荥阳向东开渠百余里至汴京，将京、索二水东引入汴京城西，架流过汴河，向东注入五丈河。从此，五丈河水量充足，陈承昭又将水东北流向济州大运河，东北漕运由此开通。

后来，赵匡胤欲平南唐，却顾忌江南水军的威力。此时，陈承昭建议赵匡胤建立一支能打水仗的水师。赵匡胤大喜，命陈承昭亲办此事。陈承昭在城朱明门外凿挖水池，引惠民河之水灌入大池中，在此操练水军。不久后，宋国拥有了一支强大的水军，南唐很快得以平定。

接着，陈承昭又为宋国成功治理好了黄河水，两岸百姓对他歌功颂德，陈承昭也越来越得到赵匡胤的器重。

陈承昭在带兵上虽是庸才，在治水方面可谓天才，而明智的赵匡胤正是发现了他这一特长，对这个败兵之将没有加以全盘否定，而是巧妙地用其所长，结果收到了很好的成效。可见，对人之所长，如果能充分使用，的确能起到事半功倍的效果。

管理者用人一定要扬长避短

关于用人扬长避短、适才而用的思想，我们古代的许多政治家、思想家都对此有过论述。

战国时期的齐国名士鲁连子就曾对孟尝君说："善于攀缘树木的猿猴，倘若置于水中，则不如鱼鳖；日行千里的骐骥要论历险乘危，还赶不上狐狸。曹沫奋三尺之剑而劫齐桓公，迫其归鲁侵地，一军不能当，但让他去乡下种地，那肯定不如农夫。因此，倘若弃其所长而用其所短，即便是尧那样的圣贤，也会有所不及的啊！"

是的，每个人都有自己的长处和短处，一般来说，长处表示一个人的优势，而短处表示一令人的劣势，优势能够起到正面作用，劣势则会起反面作用。

对于管理者来说，如果不能很好地避开员工的短处，那么员工的长处在发挥时便会受到或大或小的反面影响。因此，为了能够充分发挥员工的长处，必须巧妙避开员工的短处。

其实，避短有三种方式，一种是放弃有短处的员工，一种是侧面弥补员工的短处，第三种是正面弥补员工的短处。选择哪种避短方式应该视情况而定。

第一，放弃有短处的员工。

当员工的短处无法弥补，而且会给企业造成无法挽回的损失时，管理者应该当机立断，辞退员工，不过，一般不要采取这种极端方式。

企业的管理者应该充分认识到员工的优缺点，如果一个人的缺点远远大于优点，那么这种人不可以用。但如果一个人的优点远远大于缺点，能够为公司创造绝对性的利润，这种人就是可用的。

第二，侧面弥补员工的短处。

当一位员工的短处不会给企业效益带来较大的影响时，管理者可以通过侧面的方式来弥补，比如为发挥他的长处，先接受短处，然后通过沟通让员工意识到自己的短处，以期改正。

如今，企业中有一句这样的话："干一行，爱一行。"但有些员工因为太"爱"自己的行业，也逐渐"爱"上了公司的产品。比如，文具厂的职工会偷偷地将文化用品带回家，日常用品厂的职工会偷偷地将日常用品带回家，等等。面对类似的情况，管理者一定不能视而不见。因为，这样的事情一旦发展下去，就会形成不良的企业文化，从而间接地影响到企业效益。

第三，正面弥补员工的短处。

当企业管理者意识到员工的短处会影响到工作时，可以通过调整部署的方式来弥补，这样也许会收到意想不到的效果。

所以，管理者在用人的时候，不仅要防止员工的长处转化成短处，而且要善于短中见长，巧妙利用员工的短处。

此外，激将法在战争中之所以能够发挥作用，就是因为施用此法的人摸准了下属的短处，然后适时发挥下属的才能。

企业中难免有人性格暴躁而且爱争强好胜，管理者在用人的时候，不妨转移一下这类员工争强好胜的范围，将他们的好胜心转移到工作上，然后发挥出他们的才能。

当企业管理者意识到员工的短处会影响到工作时，可以通过调整部署的方式来弥补，或者巧妙利用员工的短处，发挥他们的力量为企业所用，这样也许会收到意想不到的效果。

为此，企业管理者一定要注意：用人应扬长避短，巧妙地发挥员工的力量。

管理智慧

◇当机立断，不要放过任何成功的机遇。

◇做任何事情，只要认为是对的，一定要立刻去做，绝不拖泥带水。

◇不能做决定的人，固然没有做错事的机会，但也失去了成功的机遇。

管理者应遵循"不论亲仇，唯才是用"

我：管老先生，您对用人之道有何高见？

管子：我曾说过：犹戚则疏之，毋使人图之；犹疏则数之，毋使人曲之。

我：您这句话该如何解释呢？

管子：这句话的意思就是：由贵戚进身的，君主要显得疏远，不要让人背后议论；由疏远提拔的，君主要多与之亲近，不要使他拘束局促。这都是用来扶助良臣成功的方法。

我：您的意思是说，任人唯贤，不任人唯亲，这是重要的用人原则。用人一定会有亲疏，用人者的态度也要亲疏有别以避嫌。对亲近的人要疏远，对疏远的人反而要亲近，如此才显得平等公平。相对于今天来说，就是"不论亲仇，唯才是用"。

【解读】　　奉公荐贤的祁奚

祁奚，又名祁黄羊，是晋献公诡诸的四世玄孙。因为他的封地在祁邑，以地为姓，史称祁奚。祁奚从政近60年，经历六代晋侯，忠公体国，急公好义，深受人们爱戴。他在景公、厉公、悼公、平公四世为大夫，有丰富的从政经验和治世谋略。

公元前573年，晋悼公即位，虽然年仅14岁，但悼公却立志要复兴文公霸业，重振晋国国威。他重整吏治，选贤用能，任命久以贤良、无私著称的祁奚担任中军尉的要职，主管派遣为将佐驾驭马车的军吏及训练士卒的重要职责。

公元前570年，年已70多岁的祁奚自觉精力不济，怕阻塞了贤才上进之路，向晋悼公请求告老还乡。

面对百废待兴的晋国，17岁的晋悼公当然不希望祁奚离开，他真诚地挽留：

"祁老大夫德高望重，是晋国人人敬仰的旗帜人物。寡人年幼，也希望时常能够向您请教——您可不能说走就走呀！"

晋悼公少年老成，德能出众，小小年纪就将偌大的晋国治理得井井有条，从悼公的身上，祁奚看到了晋国未来的光明前景。但是辞职一事，他却主意已定，面对悼公的挽留说："国君好意，老臣感激不尽，但老了毕竟是老了——哪能和年轻人相比？若能回头二三十岁，您让老臣走，老臣也不想走呀。您是少年英主，一代天骄——老臣相信，将来晋国必能雄踞霸主，威震中原！"

中军是晋国的三军之首，中军尉空缺，一旦发生战事，势必会影响全军的战斗力，悼公见祁奚去意已决，不好再挽留，便向他征求继任者的人选："老大夫，大家都知道您慧眼识珠，举荐了不少贤臣——寡人想向您请教一下，以您的了解，朝中哪位大夫担任中军尉比较适合呢？"

"国君既然问起，老臣必当直言。继任中军尉的人选嘛——老臣觉得，解狐可以胜任！"祁奚不假思索地说。

解狐？悼公一怔。呵呵，前几天你们祁家和解狐，不是还因为几年前和楚国开战杀敌抢功的事争吵吗？怎么推荐他当中军尉？悼公觉得奇怪："据寡人所知，解狐他不是你的仇人吗？"

祁奚早知悼公有此一问，正色道："是啊，解狐就是老臣的仇人呀，但是国君您是问谁可以接任中军尉，并没有问谁是我的仇人哪！"

悼公心中非常佩服，连仇人都能推荐担任如此重要的职务，不是一心为公是什么？想到这儿，悼公索性连任命前的例行考察都省去了，爽快地说："好！老大夫忠心为国，堪为国家楷模，寡人就依你的意思，让解狐继任中军尉！"

谁知任命刚下达，解狐还没到任，竟然得了一场急病死去了。这样一来，中军尉的职位又空缺下来。悼公只好又召祁奚询问："您看，您推荐的解狐现在死了，那依您所知，还有谁能胜任中军尉这个职务呢？"

祁奚听后，像是思索，又像是自言自语地嘀咕："解狐已死，剩下的人里面……祁午一直跟随老臣，若论对中军尉之职的熟悉，应该数他了……"

嘀咕到这儿，祁奚向悼公说："回国君，祁午可以。"

一阵疑惑后，悼公又如前番一般问道："祁午，不就是你的儿子吗？"

祁奚答道："国君您在问谁可以胜任，并没有问我的儿子是谁呀！"

悼公听了呵呵一笑，又问道：

"前番推荐解狐倒还罢了，寡人敬佩您一片公心。可眼下，您又推荐您儿子——就不怕别人听说了，议论您处理国事夹杂私心吗？"

祁奚颤着两鬓花白的头发，解释道："老臣一生，虽不能说一心为国，但'公允为人'这几个字自问还是能够做到的。说实在的，推荐解狐，老臣还在犹豫，旁人会不会觉得老臣这么一大把年纪了，还在寻找机会沽名钓誉呀？可这回不同，老臣推举的是儿子——就算老糊涂了，也不会这样博取声名吧？所以，老臣反而心中坦然！"

晋悼公一代明君，听了这话后略一忖度，顿时豁然开朗："好！那就让祁午担任中军尉！"

一转念，悼公又问道："老大夫既有这样的觉悟，那寡人今天就打破砂锅问到底吧——您再说说，祁午之外，还有谁也能做得这中军尉？"

祁奚想都不想，直接答道："不怕国君笑话，老臣觉得，现任中军尉副职羊舌职之子——羊舌赤也可以。"

感于祁奚的公正，悼公感叹道："外举不避仇，内举不避亲，古往今来，寡人知道的贤臣能士多了，但又有几人能做到祁老大夫这般公允？"说完，他依照祁奚的举荐，任命祁午为中军尉，羊舌赤为副职。

担任中军尉一段时间之后，祁午受到满朝上下的好评。有人对悼公谈起这件事："择臣莫若君，择子莫若父。祁午从小就好学而不沉湎于玩乐，守业而不耽于享受。长大后，在家族中能够与人和睦相处，对同族或异族长者也能做到恭敬相待。每遇到大事镇定自若、非义不举——祁老大夫举荐他，非常有眼光。"

事实证明，祁午和羊舌赤都是不可多得的贤才，他们担任中军尉正副职期间，兢兢业业，尽心尽力，后来还有了"诸侯之选"的美誉——即可以辅佐一国之君成就霸业的人，二人后来都在悼公中兴霸业的过程起到了重要作用。

"外举不避仇，内举不避亲。"几千年来，祁奚在推举人才上的考虑和做法都被人称道。然而，祁奚这么做，并不是因为一大把年纪了，还寻找机会沽名钓誉，他被世人称道是因其在推举人才上，唯德唯能，一心奉公，私心不用。历史证明：依靠个人操守举荐人才，依靠个人慧眼挑选人才，靠不住。

其实，中国历史发展到今天，举才不避仇、亲的态度和做法，还是值得今天借鉴的。因为这样选拔官员的做法，体现的是一种品格的崇高，也是一种胸怀的宽广。

不论亲仇，唯才是用

与任人唯贤相反的是任人唯亲，这也是我们常说的"走后门"。

的确，身为企业管理者，很多时候不得不面对这样的人情难题：如果任用了熟识的人，可能会在人情上过关，但免不了受到公司其他员工的私下异议；如果不接受，可能会被周围的亲友说成不讲情面。

任人唯亲有利有弊，这一点已经分析透彻了，但是究竟怎么样才能在选拔人才时做到不偏不倚呢？我们的建议是：选才不避亲，也就是要先才后亲。

但是，选才不避亲的前提是不能任人唯亲，两者概念不一样。任人唯亲一定要先是自己人才能任用，而选才不避亲则是在任用人才时可以选用自己所熟知的人，将"亲"和"才"的先后关系颠倒一下就会产生与众不同的效果。

遵循选才不避亲的原则，不但使选拔人才的事情变得简单，甚至还能选到好的人才。

在国外，应聘者都被要求提供推荐信，为的是能够深入了解人才的情况，一般的公司在招聘时更倾向于老员工或者是亲友们介绍来的人才。熟悉的亲朋可以带来信任，周氏王朝国际控股有限公司的总裁周松波曾表示，经过朋友找到的人才对彼此情况会比较了解，会比网上、报纸登广告，猎头公司找的人才好得多。

诚然，能够做到任人不唯亲已经很难了，而要做到任人不避仇就更难了。

春秋时期的管仲为帮公子纠争夺王位欲杀齐桓公，但齐桓公当政后，听取了鲍叔牙的建议，依然拜管仲为相。

身为企业管理者，不妨学习一下齐桓公"举才不避仇"的用人策略，当然，更重要的是能够做到区分人才，因为有些"仇人"是不能轻易任用的。

有些领导在选拔人才之初十分重视对员工人生观、性格特点的考察，尽量避免录用和自己性格相冲突的人才，担心会因此结下什么"仇怨"，给工作带来麻烦。

在现代社会很少有古时候杀身、杀主这样的深仇大恨了，我们一般所能遇到"仇"不过是人际交往上的误解、过节，有的是源于人生观的差别，有的是源于性格矛盾，而这些仇从大概念上来说并不是仇。

其实，很多所谓的"仇"都是表层现象，比如人生观、世界观的差别。

每个人都有自己的人生观和世界观，彼此总有不一样的地方，有的人追求激进，有的人讲究平稳，不管哪一种都有利也有弊。

重要的是人，领导在起用人才时要认清员工和自己因性格差异产生的"仇"究竟对企业的发展有何影响，不要被"仇"蒙蔽了眼睛，错过了敢于上谏献策的人才。

为此，企业管理者不必为用人时的"亲、仇"问题发愁，擦亮眼睛，唯才是用就是了。

管理智慧

◇管理者应遵循"不论亲仇，唯才是用"。

◇每个人都有自己的人生观和世界观，彼此总有不一样的地方，有的人追求激进，有的人讲究平稳，不管哪一种都有利有弊。

◇重要的是人，领导在启用人才时要认清员工和自己因性格差异产生的"仇"究竟对企业的发展有何影响，不要被"仇"蒙蔽了眼睛，错过了敢于上谏献策的人才。

"用人不疑"是重要的用人之道

【聊天实录】

我：管老先生，您对用人之道有何高见？

管子：我曾说过：大有臣甚大，将反为害。吾欲优患除害，将小能察大，为之奈何？

我：您这句话该如何解释呢？

管子：这句话的意思就是：大臣的势力过大，反而会受谗害。我打算去除这一祸害，并即小见大，应该怎么做呢？

我：您的意思是说，有功之臣，会树大招风，遭人妒忌。所以，对现代企业管理者来说，对有功之臣，不要怕功高盖主，要大力扶持，用人不疑。用人不疑，是重要的用人之道。

管子：是的，"用人不疑"是重要的用人之道。

【解读】　　　✑　**用人不疑的魏文侯**　✑

战国时期，烽烟四起。各国为了自己的利益，纷纷讨伐其他国家，魏国也不例外。魏文侯在位时，乐羊在魏国做臣子。一日，魏文侯决定攻打中山国，要在众大臣中挑选一位大将担此重任。论带兵打仗，在魏国中很难找出能力超过大臣乐羊的。但关键问题在于，乐羊的儿子乐舒是中山国的大臣。如果派乐羊前去作战，他难免要与自己的儿子交锋，在这种情况下，乐羊是选择父子之情还是保持忠君之心便很难预料。众谋士和大臣议论纷纷，魏文侯一时也拿不定主意。经过几天的思索后，魏文侯仍宣布乐羊为主帅，领军征讨中山国。

乐羊率领大军来到中山国后，中山国上下顿时紧张起来。中山国国君得知魏军主帅是大臣乐舒的父亲，便让乐舒迎战，想利用两人的父子之情迫使乐羊退兵。

为了顺利攻下中山国，乐羊向众将士下令将中山国城池团团围住，暂且不进攻。几个月过去了，乐羊仍然按兵不动，中山国自然没有被攻下来。于是，魏国的一些大臣心中焦躁，认为乐羊贪恋父子之情，背叛了国君。魏文侯听到了许多传言，也收到了许多奏章，但他并没有因此浮躁。为了鼓舞士气，魏文侯专门派人给前线将士送去酒肉，以表犒劳。不仅如此，魏文侯还在乐羊大军的驻扎地为乐羊盖了一座别墅，表示支持。又过了些时日，乐羊见时机成熟，于是发兵攻

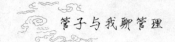

城，一举攻克中山国。

乐羊凯旋，魏文侯兴高采烈。为了奖赏功不可没的乐羊，魏文侯摆了盛宴。酒过三巡后，魏文侯派人取来了一个封好的钱箱，把它赏给了乐羊。乐羊以为魏文侯奖给他的不过是一些金银珠宝，谁知回到家中打开一看，竟然是满满一箱贬斥他的奏章。

看到这些奏章，乐羊心生感慨，非常感激魏文侯对自己的信任。如果魏文侯没有绝对相信自己，就有可能接受众大臣的进谏，乐羊就既不能破城，又会背上不忠的骂名，难以保身。

可见，如果企业管理者对员工起了怀疑之心，说明管理者怀疑的并不是员工的能力，而是在怀疑自己的眼光。一旦产生了怀疑心理，管理者多多少少会对员工产生想法，影响工作的顺利进行。

作为公司的管理者，主要工作是负责重大决策，引导公司向更好的方向发展，如果把主要精力集中到怀疑员工上，势必会影响其他方面的工作。俗话说：耳不能双闻而清，目不能双视而清。一旦分了心，自己原有的工作就不能处理得像以前一样妥当了。这样，员工对管理者的能力也将会产生怀疑，那时候又如何收场呢？

❦ 用人不疑，疑人不用 ❦

企业文化中最重要的内容之一就是对人要充分信任，"用人不疑，疑人不用"正是这个道理。一些企业不但没有建立起"以人为本"的企业文化，反而在发展到一定阶段时出现了内部权力之争，企业失去了凝聚力，也就失去了它的社会资本。所谓企业的社会资本，是指他们为了实现企业利润最大化的目标而在企业内部互相信任、互相依赖的一种社会资源，它是企业发展所不可或缺的。企业增值的一个重要条件是组织内部共同协作的能力，而这种协作的能力是建立在相互信任、相互合作的基础上的。

在一些企业内部，倘若没有相互信任，缺乏共享的价值观念、专业知识以及共同合作的准则，下属之间就无法彼此信任，企业的社会资本就难以形成，经营效率难以提高，企业的竞争力也就不可能得到增强。

这方面的著名国际案例是美国王安公司的兴衰史。王安公司失败的最重要原因，并不是因为缺乏资金和人力资源。1984年该公司的营业额高达33亿美元，拥有近2.5万名下属，可谓实力雄厚。公司之所以失败，主要是因为其缺乏社会资本，缺乏凝聚公司内部下属的社会基础。受中国传统文化的影响，公司总裁王安本人对家族外的美国高层管理者不放心，也不信任，因此，当外部竞争环境发生变化时，他便把公司大权交给自己的儿子，而本应继承权力的美国职工经理遭到了冷落，结果导致许多有才华的经理人在关键时刻离职而去，公司业绩因此一败涂地，到了不可收拾的地步。

日本松下的一位总裁曾说："用他，就要信任他；不信任他，就不要用他，这样才能让下属全力以赴。"有人固然有技巧，但最重要的就是要用人不疑，疑人不用。通常受上司信任、能放手做事的人，都会有较强的责任感，所以无论上司交代什么事，都会全力以赴。相反，如果上司不信任下属，动不动就指手画脚，使下属觉得自己只不过是奉命行事的机器，事情成败与他的能力高低无关，他们就会对上司交办的任务抱着交差的心态去完成。

管理者都知道信任别人会对工作有所帮助，但却不容易做到。上司在交代下属做事时总会存在许多疑虑，譬如："这么重要的事情交给他一个人去处理，能负担得来吗？"或者："像这种敏感度很高，需要保密的事，会不会泄露出去呢？"管理者通常会有这种微妙的矛盾心理，而更微妙的是，当上司以怀疑的眼光去对待下属时，就好像戴着有色眼镜，一定会有所偏差，一件很平常的事也会疑虑丛生。相反，以坦诚的态度面对下属，就会发现对方有很多可靠的长处。信任与怀疑之间，就有这么大的差别。

现代社会最大的缺点，就是人与人之间普遍缺乏互信互敬的胸怀，因此导致许多意识上的差异，甚至行为上的争执，造成社会秩序的混乱。管理者如果有信任别人的度量，不但可以提高办事效率，还可以为缺乏信任的人际关系增添许多光明与和谐的成分。

所以说，在任何一个组织内部，相互信赖都是工作的基础；在任何组织与组织之间，相互信赖也是其合作的基础；对于一个领导者而言，信任就是用人的基石。

如果领导者对所用之人充分信任，大胆地放手让他工作，使他独立地负起责任，这样就做到了"用人不疑"，从而使被用之人产生心理上的安全感，使其积极性得到充分发挥。同时，对员工的信任也培养了员工对领导者的情感，从而产生一种向心力，使得上下和谐一致。

我们都知道，当一个人在做一件事情的时候，如果得不到上级的信任，就会觉得工作没有任何意义，自然就没有了积极性，更不会尽心尽力地去完成该项工作了。因此，由己及人，企业管理者用人也是一样。用人而不予以相应的信任，处处猜忌，予以控制，很难想象被任用的人还会心情愉快地工作，还会有很高的积极性去完成工作。当他感觉到你的不信任之后，你也很难苛求他对你忠诚，为你尽心尽力地办事。

孔子说："民无信不立，信则人在焉。"可见，古人将信任看得十分重要。大到一个民族，小到一个单位，如果上下左右之间没有充分的信任，那将是极其危险的。松下幸之助说过："用人的关键在于信赖。如果对同僚处处设防，半信半疑，则会损害事业的发展，要得心应手地用人，就必须信任到底委以全责。"因此，要使员工积极努力地工作，就必须对他们充分信任，做到"用人不疑"。总之，企业管理者只有对所用人予以充分的信任，并让其感受到你对他的这种信任，才能激发其积极性和创造性，从而达到获取最大人才效益的目的。

管理智慧

◇"用人不疑"是重要的用人之道。

◇用人的关键在于信赖。如果对同僚处处设防，半信半疑，则会损害事业的发展，要得心应手地用人，就必须信任到底委以全责。

◇只有对所用人予以充分的信任，并让其感受到你对他的这种信任，你才能激发其积极性和创造性，从而达到获取最大人才效益的目的。

管理者善于授权，是高明的用之人道

【聊天实录】

我：管老先生，您对用人之道有何高见？

管子：我曾说过：必知不言之言，无为之事，然后知道之纪。

我：您这句话该如何解释呢？

管子：这句话的意思就是：必须清楚什么是不该由自己去说的话，什么是不用自己亲自去做的事，然后才懂得治国之道的要领。

我：您的意思是说对于统治者来说，必须清楚什么是自己该做的，什么是自己不该做的，这才是治国之道的要领。而今天，现代企业中的管理者，喜欢把一切事揽在身上，事必躬亲，管这管那，从来不放心把一件事交给手下人去做。这样，使得他们整天忙忙碌碌不说，还会被公司的大小事务搞得焦头烂额。其实，一个聪明的企业管理者，应该是正确地利用部属的力量，发挥团队协作精神，不仅能使团队很快成熟起来，同时也能减轻管理者的负担。

管子：是的，管理者善于授权，是高明的用人之道。

【解读】 　　❧ **不懂得授权的汉斯** ❧

德国有个叫汉斯的企业家，在发展到拥有几家大百货商场后，依旧采用小店铺的老板作风，对公司的上上下下，关切个彻透；哪个管理者做什么，该怎么做；哪个下属做什么，该怎么做，他都布置得细微妥帖。而当他出外度假时，才出门一周，反映公司问题的信件和电话就源源不断，而且尽是些公司内部的琐碎的问题。

每一个管理者都深知充分调动起下属的积极性是非常重要的，但在实际工作中，却总会出现事无大小全部过问的现象，这并不是一个小问题。埋头苦干并不一定就能得到老板的认可，老板最希望看到的是，管理层能最大限度地激发与调动下属的积极性，为公司创造更大的价值。

假如汉斯在企业管理过程中培养一个二把手，并且做到职责清晰、层次分明，至于连一个安稳的假期都过不好吗？

事必躬亲对管理者来讲并非一件好事，管理者把所有的事情都一篮子挑起，很容易滋养下属们的惰性，造成了事无大小全凭指挥的缺乏思考和创造性的局面，以至于离了他，整个部门就无法正常运转。就管理成效而言，这是一种十分糟糕的情况，

管理者事必躬亲的另外一个害处，是不利于调动部下和下属的积极性与创造性，不能尽人才之用。创造性只有在不断的实践中才能体现出来，而喜欢自己动手的管理者恰好就截断了通向创造性的通道，使下属的行为完全听从别人的命令和指挥。长此下来，会使他们认为想也是白想，管理者早把一切都安排好了，即使有再新再好的创意也难见天日。

因为一个人的创造性如果难以得到体现，人也就无积极性可言，出了问题，便停止工作，等管理者赶来处理，没有一点的能动性。对于那些有才华、有能力的部下或下属，他们会比普通人更加迫切地希望体现自己的价值，而工作中却处处都得不到体现，在这种情况下，难免会有一种压抑感，积得久了，就会递交辞呈走人，这是可以意料到的事。

管理者要善于授权

所谓分工授权，即大权集中，小权分散，把职务、权力、责任、目标四位一体授给合适的各级负责人，这是用人的要诀。"事无巨细皆决之。"事必躬亲，是封建时代领导者的做法，在现代社会已不适用。用人之道就是要"明其责，投其权"，管理界有句行话"有责无权活地狱"。把权力授予敢负责任的下属，对人是人尽其才，对管理是提高效能，这才是有效的领导者。所以，西方管理学者卡尼奇曾说："当一个人体会到他请别人帮他一起做一件工作，其效果要比他单独去干好得多时，他便在生活中迈进了一大步。"

现代管理有着明显的层次分别，一个公司中应有决策层、管理层、执行层，

各个层次都分别有与之相对应的职责和权利：决策层负责企业的经营战略、规划和生产任务的布置，管理层负责计划管理和组织生产，执行层负责具体的执行操作。如果管理者不能正确对待这一管理中存在的客观事实，把什么事情都揽在自己身上，事必躬亲，便会在管理中不可避免地出现这样或那样的问题，累了自己不说，事情也没有解决好。

一个人去买鹦鹉，看到一只鹦鹉前标着：此鹦鹉会两门语言，售价二百元。另一只鹦鹉前则标着：此鹦鹉会四门语言，售价四百元。该买哪只呢？两只都毛色光鲜，非常灵活可爱。这人转啊转，拿不定主意，结果突然发现一只老掉了牙的鹦鹉，毛色暗淡散乱，标价八百元。这人赶紧将老板叫来："这只鹦鹉是不是会说八门语言？"店主说："不。"这人奇怪了："那为什么又老又丑，又没有能力，会值这个数呢？"店主回答："因为另外两只鹦鹉叫这只鹦鹉老板。"这故事告诉我们，真正的管理者，不一定自己能力有多强，只要懂信任，懂放权，懂珍惜，就能团结比自己更强的力量，从而提升自己的身价。相反许多能力非常强的人却因为过于完美主义，事必躬亲，觉得什么人都不如自己，最后自己只能做个最好的公关人员、销售代表，成不了优秀的管理者。

而在生活中，通常会有些管理者喜欢在工作上大包大揽，希望每件事情都能经过自己的努力获得圆满成功，从而得到上司、同事和下属的认可。这种事事求全的愿望虽然是好的，但常常收不到好的效果。

首先，你的精力不允许你这样做。因为一个人的精力、时间、能力是有限的，就算你每天拼死拼活地去努力，部门内大大小小各个方面总会有照顾不到的地方。何况，如果你总是这样，天天如此，你的生理能力一旦达到极限，便会被累垮。

其次，巴掌再大遮不住天。你的下面还有许许多多不同等级的人员，你把所有的事情都做了，那么，他们又去干什么呢？

而且，许多人会对你的这种做法滋生意见和不良情绪。他们会感到自己在部门内形同虚设，无所作为，毫无意义；他们对你的专断独裁会耿耿于怀，认为你是个权欲熏心、死抓着权力不放的人。迟早有一天，他们会弃你而去，因为在你手下，他们根本找不到施展才能的机会，而碌碌无为、无所事事是最让人受不了的。

更会有一些松垮成性的下属，会因为凡事都有你过问或代劳，而养成懒惰、工作消极的毛病。更为重要的是，长期的懈怠会使他们疏于思考，遇到稍微困难的问题就无法解决。部门整体的活力和创造力降低了，失去了生机，极不利于部门的发展。

做好了授权这一步工作后，你再去让他们调动再下一级人员的潜力，安排适合每个员工擅长的工作。这样，一级一级依此类推，每个员工都将获得相对满意的工作，谁都不会再发牢骚、闹情绪，整个部门上下都在努力地工作，这岂不是一种既省心又省力的方法吗？

作为管理者死抓着权力不放，不是好事，往往事与愿违，适得其反。只有授权，让每个员工得到相对满意的工作，才能调动他们的积极性，整个部门和团队才能朝气蓬勃、活力四射。授权，岂不是既省心又有力的好方法吗？

时间管理咨询专家泰勒清楚地表示：授权是管理者工作中最重要的组成部分。管理及领导权威卡维在他的全美畅销书《高效能人士的7种习惯》中指出：有效授权也许是唯一而且最有力的行为。以上都表明了授权的价值，那么，授权何以有如此大的威力？

荀子说："借助车马的力量，不是提高了自己双脚的力量，但是可以到达千里之外的地方；借助船舶的力量，虽然自己不会游泳，但是可以渡过大江大河；君子的天性没有什么特殊的，只是善于借助外物罢了。"这段包含哲理的话实际上道出了管理的真谛，也就是要善于用人管人，要学会借别人的力量实现自己的目标，而授权就是一种重要的"借力"方式。

显而易见，授权能节省你的时间。作为管理者，有很多事需要你去把握和处理，你总会觉得时间不够用，很多事不能及时去做，但如果你能把一部分工作分配给别人，那么时间上的压力会减轻不少。

但如果你只是把工作丢给其他人，却无周全的计划和准备工作，那你的授权尝试就会失败，并且你必须收拾残局。在这种情况下，你反而使自己的时间压力剧增，而不是减轻。因此，在授权一项活动或任务时，最重要的是制订计划和充分准备。

一般来说，担任的管理职位越高，你花在具体事务上的时间越少，取而代之，你要花更多的时间去"计划"，成功的授权可以节省你亲自做具体事务的那部分时间，使你更好地为组织贡献你的力量。

通常来说，在一个组织中，做出决定和执行任务应当由尽可能低级别的职员去完成，这对组织顺利有效地运作是切实可行和必不可少的。

此外，授权恰恰是培养员工能力最有力、最有效的方法之一，因为授权为员工们提供学习及成长的机会。正确使用授权技巧还能激励他们的进取心，使他们获得工作的满足感。当你将一项重任托付给他人时，你就已表示出对他的信心，这有助于他建立自尊。

假如员工们认为你为他们的成长提供机会，他们可能会被激起斗志，全身心地投入到工作中去。他们认为，你确实对他们的事业发展感兴趣，而不是只顾你自己。他们会格外努力地去完成你授权的任务，他们希望让你、让他们自己都满意。

所以说，管理者善于授权，是高明的用人之道。

管 理 智 慧

◇管理者善于授权，是高明的用人之道。

◇只有授权，让每个员工得到相对满意的工作，才能调动他们的积极性，整个部门和团队才能朝气蓬勃、活力四射。授权，岂不是既省心又有力的好方法吗？

◇授权恰恰是培养员工能力最有力、最有效的方法之一。

第六章
管子与我聊财务管理

　　随着人们生活水平的日益提高，理财不仅成为人们当前非常热门的话题，而且日益成为人们生活中必不可少的事情。其实，理财是一生的财富规划，是值得用时间用一生时间去付出心血和精力的事业，而树立智慧的理财观更是理财路上最重要的一步。那么，管子在财物管理方面是如何启示我们后人的呢？管子认为：会挣钱不如会理财；给予的情形要显露出来，夺取的痕迹要隐蔽；君子爱财，取之有道；要学会运用宏观调控的经济手段来理财……

君子不患无财，患在理财无人

我：管老先生，您对财务管理有何高见？

管子：我曾说过：天下不患无财，患无人以分之。

我：您这句话该如何解释呢？

管子：这句话的意思就是：天下不怕没有财物，怕的是没有人去管理它们。

我：您的意思是说对于国家来说，理财十分重要。善于理财，即使财货不足，国家也不会出现大问题；如果不善于理财，即使财货丰足，国家也可能会财政困难。对今天来说，如果一个人或者一个企业的管理者不懂得理财，那么，这个人挣再多的钱也是不够花的，对企业来说，企业管理者不会理财，这个企业就永远不可能发展壮大，您这是在强调理财的重要性。

管子：是的，君子不患无财，患在理财无人。

【解读】 善于治国理财的管子

齐桓公雄心勃勃，总想早日称霸诸侯，但财政开支非常庞大。为了弥补财用不足的问题，他想增加税收，增设房屋税、树木税、牲畜税、人头税四个税种，这遭到了管仲的极力反对。管仲认为：征收房屋税，人们就可能会故意毁坏房屋；征收树木税，人们就可能会砍伐树苗；征收牲畜税，人们就可能会宰杀牲畜；征收人头税，人们就可能会隐瞒人口。不论收哪种税都会引起老百姓的反感，不利于国家的统治。他给齐桓公出主意，把盐和铁的买卖收归国有，通过控制盐铁买卖来增加财政收入。盐和铁都属于大量消费的生产生活必需品，每个人都要吃盐，不吃盐就会浮肿。农民种田需要铁犁、铁锄等农具，工匠干活需要斧子、凿子等工具，妇女做针线活要用针和剪刀，这些都需要铁。管仲将盐铁买卖收归国有，由国家统一收购，然后加价卖给百姓。盐和铁都不能随意生产，老百姓只有向官府购买。这样，不用向老百姓增加税收，国家只是掌握盐铁买卖，每年就增加了成千上万的收入。铁出产在山上，盐从海水中煮出，因此这种国家控制盐铁买卖的策略被称为"官山海"。

管仲不但"官山海"，通过控制盐铁买卖来增加国家的财政收入，而且在理财中特别注意抓住粮食这个关键环节。

齐国土地广阔，人口众多，号称万乘之国，但由于一些贵族之家不向国家缴纳赋税，许多人种私田来逃避国家的税收，因此每年所收的赋税却并不多。齐桓公很忧愁，就对管仲说："我们国家，五分的收入我还不能掌握二分，我们空有万乘之国的虚名，而没有千乘之国的实力，这样怎么能够成就霸业呢？"管仲说："这不要紧，只要您下个命令就行了。"于是管仲就俯在齐桓公耳边说了一通，齐桓公听后连连称是。第二天，齐桓公下了一道命令：国家要征发老百姓去边疆地区屯田，但家中存有十钟（古代的计量单位）粮食的可以不用去，存有百钟、千钟粮食的更可以不去。以前各家为逃避税收，都故意隐瞒自家的存粮数，现在为了不去边疆屯田，都纷纷把实际存粮数报告上来。掌握了各家的实际存粮数之后，齐桓公又下了一道命令：国家财用不足，各家除留足口粮和种子之外，要把余粮全部按照平价卖给国家，各家没有办法只好照做，这样，各家仓库中的余粮就全部归国家控制了。这不但保证了军粮的需要，而且还有余粮贷给农民，帮他们恢复生产。

有一年，齐国西部河水泛滥，庄稼没有收成，发生严重饥荒，粮价奇贵，每釜（古代计量单位，十斗为一釜）卖到一百钱；而东部却风调雨顺，五谷丰登，粮食充足，粮价低廉，每釜仅卖十钱。齐桓公想从东部征收粮食救济西部的百姓，但又怕引起东部老百姓的不满，就问管仲应该怎么办。管仲就给齐桓公出了个主意：下令向国中每人征税三十钱，并要求用粮食来缴纳。按照当时的价格，齐国西部的百姓只需每人交三斗粮食就行了，而东部的百姓每人则需交三釜（三十斗）。这样一来，齐国东部的粮食就大量进入国家的粮仓。齐桓公用这些粮食救济西部的百姓，顺利渡过了难关。管仲高超的理财技巧不但用在国内，而且用于对诸侯国的贸易。

齐桓公想要去朝见周天子，但置办礼物的经费不够，于是就问管仲应该怎么解决这个问题。管仲就给齐桓公出了主意：让齐桓公下令在阴里这个地方修建一座宏伟的城池，要求有三层城墙，九个城门。其实，他是以这项工程为幌子，征召玉匠在阴里这个地方大规模地雕制各种规格的石璧。石璧如数做好之后，管仲就去朝见周天子说：我们国君想要率领各国诸侯来朝见天子，并朝拜先王的宗庙。请您发布命令，要求天下诸侯凡是来朝见天子、朝拜先王宗庙的，都必须带上彤弓和石璧作为献礼，如果不带这些礼物，不允许参加这次活动。

周天子爽快地答应了管仲的要求，并向各诸侯国发出了命令。各诸侯国哪有那么多现成的石璧呀？一听到这个消息，赶忙派人四处求购。齐国乘机把在阴里早做好的石璧拿出来，按不同的规格明码标价出售。于是，各诸侯国都带着黄金、珠玉、布帛、粮食来换取齐国的石璧。

结果，齐国的石璧流布于天下，天下的财物则汇集到齐国，齐国因此获得了丰厚的经济收入，不仅满足了朝见周天子的费用，而且满足了国家好几年的财政支出，这个策略被称为"石璧谋"。

周天子财政困难，多次下令各诸侯国进贡，但得不到响应。齐桓公想帮助周天子解决这个问题，就问管仲应该怎么办。管仲给齐桓公出主意说：让周天子派人把长江、淮河之间的菁茅产地四周封禁并看守起来，然后再向天下诸侯下令：凡是随从周天子封禅泰山的，都必须携带一捆菁茅作为垫席。不按命令行事的，不得随从前往。天下诸侯为了能够随从周天子封禅泰山，都争先恐后地到江淮之间购买菁茅。菁茅的价格一下子上涨了十倍，一捆可以卖到很高的价格。这样一来，天下的金钱从四面八方聚集到周天子手中，周天子通过卖菁茅获得了大量财富，七年没有向诸侯索取贡品，这个策略被称为"菁茅谋"。

控制盐铁买卖，调剂粮食流通，"石璧谋"和"菁茅谋"，这些都表现出管仲高超的理财技巧。我们今天搞社会主义市场经济建设，可以从中吸取有益的经验。

会挣钱不如会理财

现今，有很多人都会有这样的想法：我的收入高，只要能挣钱就行了，干吗费这么大的劲儿去理财呢！当然，如果你收入很高，而且你的花销不是很大的话，那么你确实不用担心没钱买房、结婚、买车，因为你有足够的钱来解决这些问题。但是仅仅这样你就真的高枕无忧了吗？要知道理财能力跟挣钱能力往往是相辅相成的，一个有着高收入的人应该有更好的理财方法来打理自己的财产，为的是留住自己的财产，让它升值，从而进一步提高自己的生活水平，为下一个"挑战目标"而积蓄力量。

杨女士在一家私企工作，经过几年的拼搏，总算攒了些钱，也想过买车买房，但又懒得理财。看着身边的人都在用自己空余的时间开始储蓄或者投资，杨女士却觉得：会理财不如会挣钱，那也舍不得吃、这也舍不得穿的日子过得真没意思。可是随着时间的推移，她的同事都有车有房了，但她却还是什么也没有。

从上面这个例子可以看出，生活中有些人，挣的钱也不少，可一谈起自己的家庭资产，却发现自己挣的钱都不知去向了。可见，会挣钱不如会理财，一个人再能挣钱，如果不会理财，那他挣的钱，就只能是别人的，因为他总是挣多少，花多少，那钱总是流向别人的口袋，永远不会有属于自己的钱。

其实在生活中，如果你并不打算有更具挑战性的生活，那么你确实可以"养尊处优"了。但是假如你在工作到一定的时候想要开一家属于自己的公司，或者想做一些别的投资，那么就需要理财，你也会感觉到理财对你的重要性，因为你想要进行创业、投资，这些经济行为意味着你面临的经济风险又加大了，你必须通过合理的理财手段增强自己的风险抵御能力，在达成目的的同时，又保证自己的经济安全。

所以说，作为新时代的人，更好地享乐生活本无可非议，但凡事讲究适度，讲究科学，只有会理财才会挣钱，不要被"挣钱就是为了花"的观点所左右，否则如果没有好的理财观念，就算付出了很大的代价，到头来你的财富也不会获得更大的增长。

为此，正所谓：君子不患无财，患在理财无人。

管 理 智 慧

◇君子不患无财，患在理财无人。

◇善于理财，即使财货不足，国家也不会出现大问题；如果不善于理财，即使财货丰足，国家也可能会财政困难。

◇会挣钱不如会理财，一个人再能挣钱，如果不会理财，那他挣的钱，就只能是别人的，因为他总是挣多少，花多少，那钱总是流向别人的口袋，永远不会有属于自己的钱。

给予的情形要显露出来，夺取的痕迹要隐蔽

【聊天实录】

我：管老先生，您对财务管理有何高见？

管子：我曾说过：见予之形，不见夺之理。

我：您这句话该如何解释呢？

管子：这句话的意思就是：给予的情形要显示出来，夺取的痕迹则不要显露。

我：您的意思是说如果国家向人民征税的话，您认为税收是有形的，直接向人民收敛，夺取财物，自然是"夺则怒"，会招致百姓的怨恨和不满。最好、最理想的办法是取之于无形，夺之于无影，取人不怨。把税收隐藏在商品里，实行间接征税，使人们看不见、摸不着，且天下乐从，在不知不觉中就纳了税，服了役，而且是人人纳税，无一逃脱，不至于造成心理上的对抗，避免了纳税人或服役人对统治者的不满情绪。可见"见予之形，不见夺之理"是"予"者有形，人皆见之，如减免纳税，赈济灾民，借贷农具、衣物，代民还债等；"夺"则越隐蔽越好，"夺"而不见，可见夺得巧妙。您的这种"见予之形，不见夺之理"的隐蔽税收政策，在盐铁官营、粮食专卖等方面表现得最为突出。

> 对今天来说，企业管理者可以将给予消费者的好处显露出来，而将对商家的利益隐蔽起来。
>
> 管子：是的，给予的情形要显露出来，夺取的痕迹要隐蔽。

【解读】 ❧ **深谙百姓心理的管子** ❧

管仲对民众的心理有深刻的了解，他认识到"民予则喜，夺则怒，民情皆然"，就是说，民众都有好得恶失的心理。因而国君在财政予夺操作中，要适应民众这种心理。首先，给予民众之事要做得有声有色。例如《管子·轻重乙》篇中记载，管仲在一次和莱国的战斗前，轰轰烈烈地对将士们搞了一次"预赏"仪式。什么是预赏？就是口头预先行赏，并不马上兑现。管仲先令人在泰舟之野设立祭坛，然后命士兵敲响战鼓，以振军威。待士兵们情绪高涨、气氛热烈之时，管仲对将士们拱手作揖，高声喊道："谁能冲锋陷阵，杀入敌群，奖励一百两黄金！"喊了三遍，没人回答。有一个人提剑向前，问："带多少人马？"管仲说："一千人马。"那人说："我能行。"于是就赏赐他一百两黄金。管仲又说："兵接弩张之时，谁能抓获敌人的卒长，奖励一百两黄金！"有人问："带多少人马？"管仲说："一千人马。"马上有人说："我能行。"于是又赏赐他一百两黄金。管仲又说："谁能抓获敌人的首领，奖励他一千两黄金！"

这时，群情振奋，有上千人自告奋勇，于是管仲每人奖励他们一千两黄金。还有士兵说能在外围杀敌者，也得到黄金十两。一个上午花光了国家全年的地租收入，高达四万两千斤黄金。齐桓公非常担忧，管仲说："君上不必忧虑。让战士在外荣显于乡里，在内报功于双亲，在家有德于妻子。这样，他们必然要争取好名而图报君德，没有败退之心了。我们举兵作战，攻破敌军，占领敌人土地，那就不只限于四万两千斤黄金的利益了。"桓公听了很赞赏，于是就告诫军中大将们说："凡统领百人的军官拜见你们时，一定要按访问的礼节相待；统领千人的军官拜见你们时，一定要下阶两级来拜送。他们有父母的，一定要赏给酒四石、肉四鼎；没有父母的，一定要赏给妻子酒三石、肉三鼎。"

这个办法实行才半年，百姓中就有父亲告诉儿子，兄长告诉弟弟，妻子劝告丈夫，说："国家待我们如此优厚，若不战死疆场，还有何脸面回到乡里来？"桓公举兵攻伐莱国，在莒地的必市里开战。结果是双方军队旗鼓还没有相望，人数还没有互相摸清，莱国军队就大败而逃。齐军一鼓作气打败了莱国的军队，吞并了莱国的土地，擒获了他们的国君。齐国并没有拿出土地封官，也没有当场拿出黄金行赏，只是预先行赏（当然最后要兑现的），就能使士气大振，一举夺胜，这便是"见予之形"的计策。由于掌握了人的心理，就充分调动起了战士的积极性，极大地提高了将士的战斗力。

其次，在向民众征收赋税的时候要尽量隐蔽，这样民众只感觉得到了利益，而在不知不觉中被夺走了财物，也没有明显地感受到剥削，因而就会与国君感情融洽。管仲的这种"不见夺之理"、取人无怨的隐蔽税收政策，在盐铁官营、粮食专卖方面表现得最为突出。

管仲的理财策略"官山海"，是他最著名的经济观点之一。什么是"官山海"呢？"官"同"管"，"官山海"就是由官府直接掌管山海资源，不使外流，谨慎地制订盐铁政策，实行盐铁官营。

食盐是齐国的特产，又是专有的大宗物资。从财政角度看，食盐很容易成为重要财源，因为它是人民生活的必需品，有多少人口就有多少人吃盐。在盐价中加税，最为稳定而集中，收效最快，阻力最小，而且人人有份。一个万乘之国，有人口一千万。如果缴纳人头税，成年人为一百万人，每人每月交三十钱，每月不过三千万钱。如果在食盐专卖中加价，每升一钱，一釜可收入百钱；若每升加二钱，一釜可收二百钱；一钟二千，十钟二万，千钟二百万。一个万乘大国每日可得二百万，一个月就是六千万，比人头税多一倍。没有向任何人征税，就获得了两倍于人头税的收入。这样在食盐中寓税于价，虽然收入增加了两倍，而人民却不觉负担之重，这就是寓税于价的好处。

食盐专卖是以齐国产盐为基础的，但管仲认为，如果齐国不产盐，由其他国家输入食盐，也同样可以实行专卖。让有海洋资源的国家把盐卖给齐国，每釜十五钱购进，官府再按百钱的价格卖出，虽然没有去参加煮盐，但同样可以寓税于价，增加财政收入。这就叫作利用他国资源来增加自己的专卖收入，可见管仲是很会谋划的。

铁制器具是农业、手工业、交通运输、纺织、造车、建筑和家庭生产所必需的生产、生活资料，如果把铁业生产控制起来，实行专卖，也是一笔可观的收入。如果一根针加价一钱，三十根针的加价收入就等于一个人的人头税；一把剪子加价六钱，五把的加价也等于一个人的人头税；一个铁耜加价十钱，三个的加价收入也等于一个人的人头税，其他铁器加价照此为准。这样，只要人们一动手干活，就没有不纳税的，谁也逃脱不了，这又是一个"不见夺之形"的例子。

粮食，在自给自足的自然经济生活中，有时起着比货币更重要的作用，它不仅是人们赖以生存的命根子，而且是君主治理国家的重要经济杠杆。"天子藉于币，诸侯藉于食"，就是说，天子是靠掌握货币、诸侯是靠控制粮食治国理财的。平常年景，一石粮食如果加价十钱，每月成年男子吃四石，就等于每月纳四十钱的税；成年女子吃三石，就等于每月纳三十钱的税；小孩吃二石，就等于每月纳二十钱的税。如遇荒年谷贵，买粮每石加二十钱，则男子每月就要向国家多交八十钱、女子六十钱、小孩四十钱。这样，人君并没有下令挨户征税，只是认真掌握粮食物产和储备，男人、女人、大人、小孩就都没有不纳税的了。一人从国家仓库买粮，比十人交人丁税还多，十人从国家仓库买粮，比百人交人丁税还多，百人从国家仓库买粮，也就比一千人交税还有剩余，这就是一种寓税于价、夺之无形的政策。

《管子》的"见予之形，不见夺之理"的隐蔽税收政策，因为它阻力小，见效快，不为人们觉察就人人交了税，因此为历代统治者所接受，成为一种超越时代和社会制度的税收政策。在今天的经济建设中，同样有借鉴意义。

❧ 夺取的痕迹要隐蔽 ❧

2011年11月3日，亚马逊宣布一项决定：为所有Kindle平板电脑的用户，开张一个免费图书馆。只要你是亚马逊Prime服务的成员，且拥有一台Kindle，就可以每月免费下载一本书，不仅没有归还日期，而且分文不收。

这不是天上掉馅饼的好事吗？这种免费模式背后有没有猫腻呢？

实际上，Prime是一种免收运费的服务，如果你每年交80美元，在亚马逊网站上购买的任何商品就可以享受两天送达的免费快递。

后来，亚马逊决定与Netflix公司的在线影剧观看服务竞争，而且供应的电影和电视剧品种越来越多，目前已经达到1.3万部，迅速赶上Netflix的片库规模。没有价格，不要钱，唯一的要求是：你是亚马逊Prime服务的用户。

那么，免费快递与在线看电影有什么联系吗?对于Prime的用户来说，这无疑是一个大惊喜。

可是，现在又多了Kindle免费图书，包括《纽约时报》畅销书榜上的热门新书，只要你是亚马逊Prime的用户就能享受。

免费快递、免费电影、免费图书，每年只需80美元，亚马逊究竟在玩什么猫腻?

从表面上来看，亚马逊这样做必须砸下大钱才行，但是，谁都不是傻子，亚马逊肯定有某种更大的幕后图谋，因为由于这一优惠只限于Kindle用户才能享受到，其意图只能是：为了卖更多的Kindle。

如果图片出版商对电子化心惊胆战，那么只有在得到大量保证并且收到大量金钱之后，才肯加入亚马逊的免费图书行动。同时，亚马逊也透露，它提供的免费Kindle电子书其实并非真正免费——它要花钱向出版社购得图书的经销权。

亚马逊说："Kindle 用户图书馆的书籍来自多家出版社，签约条件各不相同。"又宣布说："就其中的绝大多数书籍，亚马逊都与出版社达成了协议，以固定费率购得。而在有些情况下，则是读者每'借书'一次，亚马逊就按标准的批发条款购买一次，作为一种无风险的试验向出版社证明，这一新服务可以带来的不断增长和创收机会。"

弄了半天，原来是先掏钱买下电子书，再免费借给你看。

拥有多种有趣特性的Kindle Fire，实际上相当于一台可以消费亚马逊提供的所有内容的平板电脑：图书、音乐、电视剧、电影。而它的最大特点是低价：只卖200美元。它等于只用iPad的40%价格，实现了iPad的80%功能。

大家都知道，平板电脑的成本，不管是哪个生产厂家：每台不下500美元。亚马逊的Fire肯定是亏本卖的，以便让更多人去购买图书、音乐、电视剧和电影，他们等于是在免费赠送剃须刀，好卖出更多的刀片。

其实，早在互联网问世的初期，微软就是这样扼杀了网景的"导航家"浏览器：推出IE浏览器并免费供人下载，这样做需要大把花钱。

可是，却没人在意亚马逊借鉴这一招，即借助其充沛的现金流优势，向顾客免费赠送东西，以此希望产生更多的现金流。

微软曾被人们视作一家控制欲极强的邪恶公司，然而，亚马逊至今为止，都保留着良好的形象，广受人们喜爱。并且，它没有卷入在苹果、谷歌和微软三家粉丝之间激烈展开的"圣战"，也没有像Netflix那样使出伤害自身的臭招，这说明了什么？

诚然，虽然说Kindle图书馆尚未拥有世界上所有的书。刚开始里面只有5000种，尽管不乏好书，例如《饥饿游戏》三部曲、《快餐国度》、《高效人士的七个习惯》等等，你一次只能借一本。但将来如果你买下这本书，或者再次借阅的话，以前做的笔记和书签都会保留。

从上面这则事例中我们可以看出：亚马逊的做法很疯狂。但是，亚马逊的Prime服务却看上去一天比一天更划算了。事实上，它几乎堪称让人无法抗拒。另外，亚马逊的思考方式跳出了商学院教的套路，大大出人意料，不得不说亚马逊很有心计，把夺取的痕迹都隐蔽起来了。

管 理 智 慧

◇给予的情形要显露出来，夺取的痕迹要隐蔽。

◇民予则喜，夺则怒，民情皆然。

◇在向民众征收赋税的时候要尽量隐蔽，这样民众只感觉得到了利益，而在不知不觉中被夺走了财物，也没有明显地感受到剥削，因而就会与国君感情融洽。

要遵守"君子爱财，取之有道"

【聊天实录】

我：管老先生，您对财务管理有何高见？

管子：我曾说过：非吾仪虽利不为，非吾当虽利不行，非吾道虽利不取。

我：您这句话该如何解释呢？

管子：这句话的意思就是：不合我的准则，虽有利也不去做；不合我的常规，虽有利也不推行；不合我的常道，虽有利也不采用。

我：您的意思是说不合自己行为准则的，虽有利也不去做；不合自己常规的，虽有利也不推行；不合自己常道的，虽有利也不采用。您对利的看法和追求，充分体现了"君子爱财，取之有道"的真义，是值得所后人学习的。

管子：是的，一定要遵守"君子爱财，取之有道"。

【解读】 善于权衡"义""利"关系的唐·弗尔塞

唐·弗尔塞克就因为坚守了信誉，才将自己的米诺皮公司闻名于世。

美国有一家多米诺皮公司，作为这家公司的总裁唐·弗尔塞克，非常注重商业信誉。因为在他们的企业经营方式非常有特色，那就是向所有人承诺，他们能在30分钟之内，将客户所订的货物，送到任何其指定的地点，自唐·弗尔塞克做出这个承诺以后，始终坚持维护自己良好的信誉，也正因为有了这个独特之处，使得"多米诺皮"在众多的竞争对手中，一直都立于不败之地。

与此同时，为了这一个极富挑战性的承诺，唐·弗尔塞克可谓是煞费了苦心，因为这必须保证自己公司的供应部门，在任何时候都不能中断公司分散在各地的商店与代销点的货物供应，假如这些分店与代销点，因商品供应不及时而影响客户的利益，那么，多米诺皮公司的损失便难以估算了。

这一天，唐·弗尔塞克的多米诺皮公司出事了。

多米诺皮公司的长途送货汽车，在运输货物的过程中出现了临时故障，然而，车中所运的货物，却是一家老主顾急需的生面团，一时间，所有人都乱了阵脚，不知道该如何是好，不少人主张给这位老主顾打个电话，相信他是能够理解的。当唐·弗尔塞克知道了这一状况后，当即决定包一架飞机，以将那些生面团送往供销店，于是，生面团非常及时的被送到了那个老主顾的商店里。

"就几百公斤的生面团，值得用一架飞机去运送吗？"当时，有很多员工都对总裁的做法不理解，出于对公司的关心，这些员工提出了自己的疑问："货物的价值，还抵不过运费的十分之一呢，您这样做只能是得不偿失！"

然而，唐·弗尔塞克总裁却回答道："的确，你们一定会感到很奇怪，也许，就表面来看，我们是亏了很多，但是，即使我们情愿赔这些钱，也绝不能中断了供销店的供货，因为这一架飞机不仅仅为我们送去了几百公斤生面团，而且，它还送去了我们多米诺皮公司始终不变的信誉！"

古往今来，生意人都喜欢给自己一个座右铭，如"君子爱财，取之有道"，"仁中取利真君子，义内求财大丈夫"，"生财有大道，以义为利，不以利为利"，等等。这些被商人们津津乐道的名人名言，便有效说明了在商业经营之中，一定要懂得"义"与"利"的关系，坚决反对那些非正道的取财方式。

是的，真正聪明的商人，在商业经营中都会强调一个"义"字。其实，这是他们隐藏了一个求取大利的契机，在他们的眼中，商业上的"精打细算"与讲求道德两者之间并不矛盾。他们深深地知道，做生意没有什么合理或不合理、应该或不应该，只要用一颗真心为顾客服务，不做一锤子买卖，不一心只想着赚钱，那么，最后必然会迎来属于自己的财富！

取之有道的"财"才是最长久的

致富、取财的方法多种多样，有巧取的，有豪夺的，有欺骗的，有讹诈的，甚至还有杀人越货的，这些多为不义之举，或者叫作"取之无道"。由此看来，在古人那里，由于法律的不完备或者过于宽泛，取财往往需要人的自我约束。所谓"取之有道"，"道"主要是指道德、良心，关乎他人和社会责任。

随着社会的发展，"君子爱财，取之有道"已包含了两种含义：一是有形之道，一是无形之道。

有形之道，即指法律、规范。随着人们经济活动范围的日益广泛和内容的日益丰富，法律也尽可能详细地规定，人们在经济活动中可以做什么、不可以做什么，这是人们谋求合法财富的最低底线，是取之有"道"。

无形之道，即道德、良心。这种取之有"道"，应该是既讲合法取财，又能以德取财，或兼顾社会责任，这样得来的财富就更能源源不断，流之久远。不过，这种"道"的标准太空泛，没有强制的约束力，主要靠人的品性和自觉程度。

《圣经》中说："富人进天堂，犹如骆驼过针眼。"《圣经》中的这句话，一定让很多富人暗地为自己捏了把汗。而近来，清算原罪的说法更是甚嚣尘上，正如一位学者所说："中国许多民营企业家的诞生，本身就像是一根木炭，如果你硬要去把它洗白，那么最终的结果是把整根木炭都洗掉，木炭还是洗不白。"清算可能给这个群体众多的人带来"灭顶之灾"，这导致中国的民营企业家们成天惶恐不安、如履薄冰，精神上陡添几分幻灭感。而各种原因，都可以归结于一句话：他们在追求财富的过程中，有取之无"道"的行为。

"君子爱财，取之有道"，是古人留给我们的宝贵的精神财富，它告诫我们取财必须要靠自己的辛勤劳动和汗水，唯有如此，所取得财富才能对人有益，也才能保存长久。

传说，从前有一个大富翁叫庞太祖，家资万贯，富甲四邻，而且子孙甚多，堪称财丁两旺。

俗话说"钱银是祸乱之源"。庞太祖一生勤勤俭俭过日子，积下了万贯家财，没想到，到了晚年，却被这些家财折磨得坐立不安。原来他除了五个儿子，还有一群孙子，见庞太祖年事已高，纷纷盘算着如何占有那万贯家财。他们虽然不肖，脑瓜却绝顶聪明。大家都无师自通地悟出一个道理，谁的拳头大，金钱就归谁。于是，他们都纷纷暗中赶造大刀长矛等各种武器，准备等庞太祖死后大干一场。庞太祖闻知，十分害怕，他担心日后真的乱起来，岂不家破人亡，人财两空？想来想去，觉得是金银害人，倒不如趁早发落，免得留下祸根。主意一定，他便暗中雇了两个挑夫，把家里的金银挑去山上埋掉。

这两个挑夫都是贪心之人，他们每天挑金银上山，头几天还不在意，可是越挑越心疼。一段时间后，他们人在挑金银，心里却在盘算着如何独吞埋在山里的金银。到了最后，他们竟互相在同伴身上打主意，终于，有一天，挑夫甲对乙说："这些日子，我俩挑担很是辛苦，今天，我去集市上买些吃的，慰劳慰劳，你看如何？"乙点头同意。于是，甲便上集市买菜，同时到药店买了毒药，放进煮好的饭菜里，然后提到山上。吃饭的时候，甲把做有记号的那碗饭菜端到乙面前，说："今早你在山上挖坑辛苦了，请多吃些。"乙也不怀疑，一下子吃了个精光。两人吃了饭，休息了一会儿，乙对甲说："今早我辛苦了一上午，如今请你先干一会儿，等会我继续干。"甲心想：你服了毒药，反正早晚得死。要干我就先干一会儿，看你怎么个死法？主意一定，他就拿起锄头，动手挖坑。没想到乙也是存心不良，他见甲埋头挖坑，便趁机操起扁担，朝甲后脑勺上直劈下去，可怜甲还没有弄明白是怎么回事，便一命呜呼了。乙见甲死，方暗喜得计，没想到药性发作，抱着肚子挣扎了一会儿，也倒在上午自己挖的土坑里，与甲一同到阎王爷那里报到去了，这就叫作"人为财死"。

再说到了第二天，第三天……一连几天过去了，庞太祖不见那两个挑夫再来挑金银，怀疑是他们偷偷把金银挑回家里，心想反正自己要把金银埋掉，如今被挑夫挑到家里享用，索性不去追究，"等于做了一桩好事"。因此，挑夫暴尸荒野很久，也无人知晓，直到尸体腐烂。

拥有真正的财富的人会有积极进取的人生态度，有强健的体魄，有大无畏的精神，对未来充满希望，良好的人际关系，有信心，与人分享自己的成就，有博爱精神，胸襟开阔，有良好的自律性，了解他人并能与他人合作，享有经济充裕的生活。千万不要向故事中的挑夫一样，在财富中迷失了自我。

所以说，若想在竞争激烈的市场中站稳脚跟，我们也必须注重信誉，进而树立自己企业的良好形象。千万不要耍小聪明，将顾客当成自己赚钱的工具，赚不该赚的钱！

管理智慧

◇要遵守"君子爱财，取之有道"。

◇中国许多民营企业家的诞生，本身就像是一根木炭，如果你硬要去把它洗白，那么最终的结果是把整根木炭都洗掉，木炭还是洗不白。

◇钱银是祸乱之源。

学会运用宏观调控的经济手段来理财

【聊天实录】

我：管老先生，您对财务管理有何高见？

管子：我曾说过：凡将为国，不通于轻重，不可为笼以守民；不能调通民利，不可以语制为大治。

我：您这句话该如何解释呢？

管子：这句话的意思就是：如果国家不懂得调节经济的轻重，就不能笼住人民，就不能合理调节民众的利益，就谈不上国家的大治。

我：您的意思是说对于古代来说，国民经济非常单一。农业生产一直是国民经济的支柱产业，而您比其他思想家更高明、更睿智的地方在于，您不仅重视农业生产，也十分重视工商业。您一直把富民放在首位，以极其敏锐的洞察力看到了一个社会稳定和发展的根源，是首先要解决人们的基本生存。正是这样，齐国一跃成为最富有的国家，为称霸奠定了雄厚的基础。那么，对于现在来说，学会运用宏观调控的经济手段来理财，对个人或企业来说都是非常重要的。

管子：是的，要学会运用宏观调控的经济手段来理财。

【解读】 善于宏观调控的管子

鲁国、梁国发展迅速，对霸主齐国构成威胁。齐桓公问管仲："有什么办法搞定这两个国家？"他想打仗又怕破了邻国伤了自己，还会丢掉与另外大国之间的缓冲地带。

管仲知道齐桓公的心思，说："鲁梁的老百姓擅长织丝，请您和贵族们带头穿绨的衣物，号召齐国内的有钱的人家都去穿进口的绨衣，而且要限制国内工业不准生产。于是鲁梁地主肯定放弃农事，让农户产丝做绨衣。"

齐桓公按计行事，一时间全国流行穿绨衣，在齐国绨的价格大涨，国家可以介入采购。

管仲向鲁、梁的商人说："你们给我贩来绨一千匹，我给你们三百斤黄金；贩来万匹，给金三千斤黄金。"一下就吸引了鲁、梁二国的商人都把绨运到齐国卖高价获取利润。鲁、梁两国财政收入大涨，仅从商人处收税就能满足国库开支。两国国君心里暗喜，纷纷鼓励国民产绨，一时间两国贵族生活富足无比，老百姓纷纷放弃种田，养蚕织绨。

13个月后，管仲派人到鲁、梁国考察，发现鲁梁国非常制绨业繁荣，大批大批的车辆在不断运输出口到齐国的绨。

管仲说："可以收网干掉这两个国家了。"齐桓公大喜，忙问怎么做。管仲说："我们贵族改穿帛衣（另外一种工艺的丝织品），全国不得穿绨，封闭商道海关，严禁与鲁梁国通商。"齐桓公答应照办。

10个月后管仲派人调查，鲁、梁两国农业已衰败，织绨又卖不掉，赋税绝收，两国老百姓陷入失业后的贫困中，并普遍缺粮，两国君只好令百姓返农。但为时已晚，粮食不能在几个月内就恢复生产，饥饿的人民把种子也吃掉了，陷入恶性循环。于是，鲁、梁谷价暴涨，鲁、梁的百姓从齐国买粮每石要花上千钱（走私），而齐国的粮价每石才十钱。

24个月后，鲁、梁国的百姓纷纷逃荒往齐国，十室六空，民间产业也被齐国商人垄断。

3年后，鲁、梁国成为齐国的军事附庸和经济殖民地。管仲非常善于运用经济杠杆，刮起一阵金融风暴，给对方的经济体系造成巨大打击。从现代的眼光来看，他也是一个无比高明的操盘手，很懂得用经济杠杆来左右。

管仲的好多经济观念非常新潮。齐桓公九合诸侯一匡天下，称霸是有基础的，就是齐国的经济实力。而齐国的经济实力强于其他国家，和管仲搞的一系列经济改革措施分不开。

桓公问管仲说："代国有什么出产？"管仲回答说："代国的出产，有一种狐白（狐腋白毛）的皮张，您可用高价去收购。"管仲又说；"狐白适应寒暑变化，六个月才出现一次。您以高价收购，代国人忘其难得，喜其高价，一定会纷纷猎取。这样，齐国还没有真正出钱，代国百姓就一定放弃农业而进到深山去猎狐。离枝国听到消息，必然入侵代国北部，离枝侵其北，代国必将归降于齐国，您可就此派人带钱去收购好了。"桓公说："可以。"便派中大夫王师北带着人拿着钱到代谷地区，收购狐白的皮张。代王听到后，马上对他宰相说："代国之所以比离枝国弱，就是因为无钱。现在齐国出钱收购我们狐白的皮张是代国的福气，您火速命令百姓搞到此皮，以换取齐国钱币，我将用这笔钱招来离枝国的百姓。"代国人果然因此而放下农业，走进山林，搜求狐白的皮张，但时过两年也没有凑成一张，离枝国听到以后，就侵入代国的北部。代王知道后，大为恐慌，就率领士卒保卫代谷地区。离枝终于侵占了代国北部领土，代王只好率领土兵自愿归服齐国。齐国没有花去一个钱，仅仅派使臣交往三年，代国就降服了。

齐国本是一个海边的小国，姜太公初封时地不过方圆百里，而且很多是不适合粮食生长的盐碱地，粮食产量和人口都不多。齐国之所以在较短的时间里发展成为东方的强国，与管仲的粮食战略有很大关系。

《管子·轻重篇》所阐发的以轻重之术治国的方略，主张通过经济手段调控治理国家，该主张在汉、唐、宋几代的经济生活中也曾发生过重要作用，在我国搞社会主义市场经济的今天，其重要意义和可资借鉴之处也是不言而喻的。

《管子·轻重篇》

"三个五"，让理财步步完美

理财是关于赚钱、花钱和省钱的学问，成功的理财是需要精密的筹划的。这里，所讲述的"三个五"分别是人生理财的五个阶段，理财的五大定律，以及成功理财的五个步骤。每一个"五"都将让你对自己的理财有一个更全面认识，了解并掌握其中的技巧与规律，从而做出更完美的理财计划。

（1）人生理财的五个阶段

了解人生的五个理财阶段，会使理财思路更加清晰明确。

阶段一：单身期一般为2～5年，即从参加工作到结婚的时间。一般收入较低而花销比较大，这时期的理财重点不在获利而在积累经验。理财建议：10%活期储蓄以备不时之需，30%定期储蓄、债券或债券型基金等较安全的投资工具，60%风险大、长期回报较高的股票、股票型基金或外汇、期货等金融品种。

阶段二：这一阶段为家庭形成期，大概要1~5年的时间，结婚生子，经济收入增加，生活稳定，重点在合理安排家庭建设支出。理财建议：15%活期储蓄，35%债券、保险，50%股票或成长型基金，保险可选那些缴费相对来说比较少的健康险、定期险、意外险等。

阶段三：子女教育期20年，这一阶段是一个漫长的阶段，孩子生活、教育费用开始猛增。理财建议：10%家庭紧急备用金，10%保险，40%股票或成长型基金，但需更多规避风险，40%存款或国债用于教育费用。

阶段四：家庭成熟期，这也是不短的一个阶段，要15年之久，子女工作至本人退休，是人生及收入的高峰期，适合积累，重点可扩大投资。理财建议：10%家庭紧急备用金，40%定期储蓄、债券及保险，50%股票或股票类基金。接近退休时的你，年龄也大了，关于风险方面投资的比例应大大减少，保险要偏重健康、养老、重大疾病类的保险，从而制订适合自己的养老计划。

阶段五：退休期阶段的投资和消费普遍都较保守，理财原则：身体健康第一、财富第二，主要以稳健、安全、保值为目的。理财建议：10%股票或股票类基金，40%活期储蓄，50%定期储蓄、债券。如果你资产较多，可以合法避税，将自己的资产转移给下一代。

（2）理财五大定律

巧解理财五大定律，将合理理财进行到底。

4321定律：家庭资产合理配置比例是家庭收入的10%用于保险，20%用于银行存款以备应急之需，30%用于家庭生活开支，40%用于供房及其他方面投资。

72定律：一般情况下本金增值一倍所需要的时间等于72除以年收益率。比如，如果在银行存10万元，年利率是2%，每年利滚利，多少年能变20万元？答案是36年。所以不要拿回利息利滚利存款，这样钱就能在银行得到升值。

家庭保险双十定律：家庭年收入的10倍才是最好的家庭保险额度，保费支出的恰当比重应为家庭年收入的10%。

80定律：股票占总资产的合理比重等于80减去年龄的得数添上一个百分号（%）。比如，50岁时股票占总资产的30%，30岁时股票却可以占据总资产的

50%。

房贷三一定律：每月房贷总额最好不超过家庭当月总收入的三分之一。

（3）成功理财的五个步骤

首先，对自己有一个清醒的了解，认清自己的实际情况，有多少钱是可以用来投资的，有多少钱是要进行储蓄的，都要心里有数，这样才能做出一个科学系统的理财规划，并要严格按照执行。理财规划是我们通向财务目标的地图和指南，你能想象一个没有指南针和地图的探险队能够获得成功吗？

其次，理财一定要尽早开始，延误理财时机是导致理财不成功的重要原因。最佳的理财时机应当从开始工作的第一天开始，如果你还没有开始做理财，那么现在就开始。

第三，长期坚持实施。理财是一个长期的过程，不是一朝一夕就能成功的，要投入一定的时间和精力，坚持下来，你就能看到自己保值升值的效果。

第四，有足够的耐性和信心。耐性和信心是每一个成功者所必备的条件，在上章关于"投资理财必备素养"中已论述过，在此不再重复。

第五，有自己的理财目标。理财目标可以分为短期目标和长期目标两种，比如用足够的钱支付日常的基本账务，或给你的家庭提供一定水平的保险保障。而有另一些短期目标是你想在一年内达到的，例如，你可以计划在一年内支付你所有的信用卡债务。长期目标是指履行期限在10年期以上的目标，如计划送孩子到海外读书，购买理想的房子，为养老进行储蓄，这些目标通常需要大量的财富资源，当然，也有需要在几年内达到的中期目标。

管理智慧

◇学会运用宏观调控的经济手段来理财。

◇如果国家不懂得调节经济的轻重，就不能笼住人民，就不能合理调节民众的利益，就谈不上国家的大治。

◇理财是一个长期的过程，不是一朝一夕就能成功的，要投入一定的时间和精力，坚持下来，你就能看到自己保值升值的效果。

管理者要懂得"取民有度，用之有止"

【聊天实录】

我：管老先生，您对财务管理有何高见？

管子：我曾说过：取于民有度，用之有止。

我：您这句话该如何解释呢？

管子：这句话的意思就是：对老百姓征收赋役要控制在一定限度内，各种花费要有节制。

我：您的意思是说在我国历史上，很多封建王朝都是因为统治者"取于民无度，用之无止"，在农民起义的风暴中走向灭亡的。而一个新王朝建立之初，则往往注意吸取前朝的教训，"取于民有度，用之有止"，使社会走向安定繁荣的。那么，对于今天来说，企业管理者也要懂得这个教训，否则上行下效，无法保证企业的欣欣向荣。

管子：是的，管理者要懂得"取民有度，用之有止"。

【解读】　　**奢欲无度的隋炀帝**

隋炀帝杨广就是我国历史上有名的残暴而又奢侈的皇帝，隋仁寿四年（604年），他杀死父亲杨坚，处死哥哥杨勇，当上了皇帝。他当上皇帝之后做的第一件大事就是营建东都洛阳，这项工程规模十分浩大，每月征调二百多万个民夫，从江南运送奇材异石。为了从江西运一根大木头，就需要两千人拉，运到洛阳需要几十万个工。

很多民夫被活活累死了。洛阳建好后，隋炀帝又下令在洛阳西郊修建一座大花园，叫作"西苑"。这个西苑方圆二百多里，里面有个大湖，湖内修建三个高一百多尺的仙岛，每个岛上都修建亭台楼阁，非常壮观。湖的北面有一条水渠，沿弯曲的水渠修建了十六个院落，院内建筑十分华丽，每个院落有一个妃子主管。光这些还不行，杨广还要西苑四季如春。秋天，树叶凋落，要用彩色的绸子剪成树叶花朵，挂满树枝。冬天，杨广所到的宫院，池子里的冰要凿掉，用彩色绸缎剪成莲花荷叶，布置在水面上。夜里，杨广经常带着几个宫女到西苑游玩，喝酒游乐，直到天明。

洛阳和西苑刚刚建好，老百姓还没有喘口气，杨广又下令挖掘大运河。首先开凿的是通济渠，通济渠西起洛阳的西苑，东到淮河边上的山阳，沟通洛河、淮河、黄河，然后接上春秋时期吴国开凿的邗沟，通向长江。接着，大运河又向南北两头延伸，向北开凿永济渠，直到涿郡，南面开凿江南河，直到余杭。经过整整六年的时间，大运河才全部完成。大运河便利了南北交通，促进了南北经济文化交流，但是，它是用无数劳动人民的血汗完成的。有无数人在开凿运河中悲惨死去，光是开凿通济渠就死了六十多万人。

大运河还没有修完，杨广就乘坐大船，带领大批随从到江都游玩。杨广坐的船叫龙舟，长七十多米，分四层，上层有正殿、内殿和东西朝堂，中间两层有一百六十个房间，里面装饰得十分豪华。皇后、妃子、大臣、和尚道士以及其他随从人员也都乘坐豪华的大船，总共有几千艘，光纤夫就八万多人。船队在运河中船头接船尾，绵延二百多里。杨广在船上纵情饮酒作乐，沿途五百里以内的百姓，被迫奉献食品，很多人家为此倾家荡产。在江都住了四个月，杨广又要返回洛阳，不过这次不走水路了，改走陆路。于是，又要置办车马仪仗，又要制作百官朝服，许多官吏趁机拼命搜刮百姓，人民苦不堪言。

杨广不仅奢欲无度，而且好大喜功，不断发动对外战争。从大业七年到大业十年（611—614），他连续三次发动对高丽的战争，每次征兵都要好几百万人，无数人一去不还，战死在疆场。杨广还征调民工在东莱海口修造战船，限期造好三百艘。工匠们不分昼夜地站在水里干活，好多人腰以下的身体腐烂生蛆，被折磨死的有十分之三四。工匠们死了以后，连尸体都得不到掩埋，抛在路边，任其腐烂。杨广还征发民夫运送军粮，两个人推一辆小车，车上装三石粮，路途遥远，三石粮仅够民夫一路的口粮。运到指定地点，粮已经吃光，民夫无力缴纳，只好逃亡。有的百姓为了逃避兵役、徭役，甚至不惜砍掉自己的手脚。

杨广奢欲无度，滥用民力，人民不堪重负，实在忍受不下去了，纷纷起义。在起义军的猛烈打击下，隋朝的统治土崩瓦解，隋炀帝杨广众叛亲离，于大业十四年（618年）在江都被部下杀死。太原太守李渊宣布建立唐朝，隋朝灭亡。

唐朝建立后，由于连年战争，全国还不到三百万户，只有隋朝中期的三分之一。从洛阳到山东几千里土地上，人烟稀少，满目荒凉，再加上灾荒不断，社会经济十分萧条。唐太宗李世民亲身参加了推翻隋朝的斗争，看到农民起义的巨大力量，所以，他当了皇帝，总不忘隋朝灭亡的教训，认识到要巩固统治，必须要爱护百姓。他说："老百姓好比是水，皇帝好比是船，水能载船，也能翻船，皇帝如果不爱护百姓，百姓就会把他推翻。"因此唐太宗采取了一系列有利于农民的措施。他恢复了"均田制"，满足了农民对土地的要求，限制了豪强对土地的兼并，促进了农业生产的发展。他还注意减轻赋税和徭役，提倡节俭，不大兴土木。由于采取了这些措施，在唐太宗在位的二十多年里，社会政治经济获得了空前的发展，国内一派繁荣景象，百姓"路不拾遗，夜不闭户"（丢失在路上的东西没有人拾，夜里睡觉不用关门）。周围的国家都来归附，各国商旅来往络绎不绝。中国成为当时世界上最富强昌盛的国家，唐太宗李世民也成为历史上最受人尊敬的名君之一。

隋炀帝杨广奢欲无度，滥用民力，最终身死国灭；唐太宗李世民吸取教训，爱惜民力，使国家繁荣昌盛。"取于民有度，用之有止"，确实是任何统治者都不应该忘记的治国箴言。

土地生产财富，有时节的限制；百姓辛勤劳作，有疲倦的时候，但统治者的欲望是没有止境的。用有限的土地和百姓来供养欲望无穷的君主，这中间若没有一个合理的限度，上下之间就会互相怨恨，就可能出现造反的情况。所以统治者不应该残酷剥削百姓，奢侈无度，而应该体恤百姓，爱惜民力，这样国家才会长治久安。

让节俭的传统美德传扬下去

为官者就是人民的表率，为官者的言行举止往往代表着朝廷的主张，因此，善于管理百姓的官吏都懂得凡事从自身做起，为百姓带个好头。

季文子就是通过给百姓做出榜样的方法，使全国兴起了一股崇尚节俭的风气。

季文子是鲁国的一位名臣，他以勤俭名闻天下，他的妻子持家也十分节俭。

季文子当上鲁国宰相后，家中逐渐富裕起来，但他的妻子仍然是不肯穿丝织品，喂马也从不喂粮食。

季文子的一位朋友对他说："您是鲁国的上卿，妻妾不穿华丽的衣服，不给马儿喂粮食，别人会认为您吝啬爱财，这不仅会影响您的形象，而且对国家来说也很不体面啊！"

季文子说："我觉得您说得不对，我看到那些老年人穿的都是布衣，吃的都是青菜，我还怎么敢像您说的那般奢侈呢？况且我还听说，君子是以道德来为国家争取荣誉的。品德好，能使我有所得，又能使别人有所得，这才是可以做的。如果过分的奢侈腐化，沉溺于享乐之间的话，又怎么能守护国家呢？"

季文子的朋友听后，惭愧地低下了头。鲁国百姓听说了这件事，纷纷称赞季文子的美德，他们也都以季文子为榜样，人人崇尚节俭，鲁国不久后便以民风淳朴而闻名天下了。上有什么样的父母官，下就有什么样的百姓。百姓能否安居乐业、勤俭持家，往往取决于为官者的言行，这也常成为判断一个官员是否廉洁奉公的最好方式。

南朝的开国皇帝刘裕就是位以节俭而闻名的君主。

刘裕青少年时期就生活在社会的最底层，饱尝了人间冷暖，这对于他日后革除弊政、倡导节俭是有很大关系的。刘裕执政时，世风崇尚奢靡，百姓对此深恶痛绝。因此，刘裕首先从自身做起，开始大力提倡节俭。他对金银珠宝不感兴趣，后宫的妃子也很少。

他睡的床很简朴，没有高档的曲脚床、银图钉，而是最简单不过的直脚床，钉也仅是用铁制造的。刘裕的住处也非常简朴，床头是上屏风，墙上挂着葛布灯笼和麻绳拂。

他对子女的要求也是十分严格，各位公主出嫁，赠送的嫁妆钱不超过二十万。他的穿戴也特别的随意，常穿连齿木屐。刘裕外出时，不喜欢被众人前呼后拥，而是仅让十余人跟随。他还把自己打了好几层补丁的破袄送给长女，让她以此教育后人，要他们节俭持家，如此一来，东晋以来的奢侈风被刹住了。

刘裕"光有天下，克成大业"，成为南北朝时期最杰出的君主之一。刘裕的节俭作风为天下百姓树立了榜样，为国家走向富强奠定了基础。由此可见，百姓总喜欢拿自己的君主作为自己的"偶像"，如果一个君主行得正、走得直，这对于百姓的引导作用是很具有积极意义的。

上行必然下效，统治者崇尚节俭，人民自然不敢奢侈浪费，如果统治者本身就以享乐为追求而不把百姓的死活放在心上，那么等待他的必然是灭亡。

所以，作为高高在上的统治者，要给各级官吏及百姓做个好的表率，或者主张勤政，或者主张节俭，或者主张清廉，总之，只有统治者做出好的表率，被统治者才会纷纷效仿，如此一来，全国上下自然就正气清风了。对于我们今天来说，企业也值得效仿与传扬这一节俭之风。

管理智慧

◇管理者要懂得"取民有度，用之有止"。

◇百姓能否安居乐业、勤俭持家，往往取决于为官者的言行。

◇上行必然下效，统治者崇尚节俭，人民自然不敢奢侈浪费，如果统治者本身就以享乐为追求而不把百姓的死活放在心上，那么等待他的必然是灭亡。

利用各种理财工具对现金进行理财管理

【聊天实录】

我：管老先生，您对财务管理有何高见？

管子：我曾说过：县人有主，入此治用，然而不治，积之市。一人积之下，一人积之上，此谓利无常。百姓无宝，以利为首。一上一下，唯利所处。利然后能通，通然后成国。利静而不化，观其所出，从而移之。

我：您这句话该如何解释呢？

管子：这句话的意思就是：控制百姓要用财货，百姓财物用以满足日常所需，如果不需要，便可将钱财放在市场上来积累生财。但有时收入会愈积愈少，有时又可能愈积愈多，这叫作营利无常，老百姓也没有别的什么宝贵的物品，只是把追求利益看得很重要，上下奔波劳碌，只是利益的驱使。有了财利然后才能流通，有了流通然后才成立城市。假如财利呆滞而交易不顺畅，那就要查出原因，另找生财的路子。

我：您的意思是说在您那个时候还没有股市，也没有基金等理财工具，但当时的齐国，市场已经很发达。您认为人们应该把多余的钱财放在市场上，通过商业的经营来增加财富。

管子：是的，学会利用各种理财工具对现金进行理财管理还是很有必要的。

【解读】　理财工具有哪些

理财工具通常有以下几种：

1.银行存款

银行存款是指将资金的使用权暂时让给银行等金融机构，并能获得一定利息，是最保守的理财方式。

银行存款的主要分类：活期储蓄存款、整存整取存款、零存整取存款、存本取息存款、整存零取存款、定活两便存款。

2.股　票

股票是股份公司发给股东作为已投资入股的证书与索取股息的凭票，像一般的商品一样，有价格，能买卖，可以做抵押品。股份公司借助发行股票来筹集资金，而投资者可以通过购买股票获取一定的股息收入。

3.基　金

基金是指为了某种目的而设立的具有一定数量的资金。例如，信托投资基金、单位信托基金、公积金、保险基金、退休基金，各种基金会的基金。在现有的证券市场上的基金，包括封闭式基金和开放式基金，具有收益性功能和增值潜能的特点。

4.债　券

债券是一种表明债券债务关系的凭证，证明持有人有按照约定条件向发行人取得本金和利息的权利 债券的主要分类：

（1）按发行主体分类：国债、金融债、企业债、公司债。

（2）按券面形式分类：

记账式国债：指将投资者持有的国债登记于证券账户中，投资者仅取得收据或对账单以证实其所有权。

凭证式国债：指采用填写"国库券收款凭证"的方式发行，是以储蓄为目的的个人投资者理想的投资方式，特点是：安全、方便、收益适中。

5.期　货

期货与现货相对。期货是现在进行买卖，但在将来进行交收或交割的标的物，这个标的物可以是某种商品。例如黄金、原油、农产品，也可以是金融工具，还可以是金融指标。

期货目前分为两类：

（1）商品期货

商品期货，商品期货是指标的物为实物商品的期货合约。商品期货历史悠久，种类繁多，主要包括农副产品、金属产品、能源产品等几大类。

（2）金融期货账户

金融期货一般分为三类，外汇期货、利率期货和股票指数期货。金融期货作为期货交易中的一种，具有期货交易的一般特点，但与商品期货相比较，其合约标的物不是实物商品，而是传统的金融商品，如证券、货币、利率等。金融期货账户对于商品期货账户在开户资格有一定要求，在我国，股指期货要求最低保证金为50万。

如何运用理财工具

理财是通过一系列有目的、有意识的规划来进行财务管理，累积财富，保障财富，使个人和家庭的资产取得最大效益，达成人生不同阶段的生活目标。理财工具，即投资者在进行投资理财过程中所运用的股票、储蓄、基金等的总称。

理财工具是客户进行资产保值、增值所运用的工具及手段，运用投资理财工具前，需开立相应的投资理财账户。

目前，社会上存在许多非法组织通过提供黑马股或保证收益引诱投资者股票开户或诱使投资者交易。为避免给投资者造成财产、精神上的损失，投资者在开立投资理财账户时应到符合国家监管要求的正规金融机构办理。

一般而言，通过银行开立的投资理财账户可以办理储蓄类产品和银行理财产品以及基金类产品，大型银行还可通过银行系统购买国债。由于银行网点分布较广，通过银行渠道开立的投资理财账户可到银行柜台办理。

证券公司申请开立的投资理财账户可运用股票（包括A股、B股、H股等）、债券（包括国债、企业债、公司债等）、期货（包括金融期货如股指期货、外汇期货等，商品期货如黄金期货、农产品期货等）等一系列的投资理财工具进行投资理财。证券账户的开立可到各证券公司营业部办理，需要在交易日内办理。部分证券公司如国泰君安证券可通过各省份网站（如国泰君安广东）进行预约开户咨询，通过预约的开户时间则相应较为灵活，工作时间、午休时间、周六日均可开户。

另外，理财工具也是有利有弊的。它们中有的是充满诱惑的冒险，有的是用钱赚钱，有的是锋利的双刃剑，有的是小风险盈大利……鉴于这一点，不论是个人还是企业，都要权衡好利弊，根据实际情况与个人的情况而定。

所以说，一定要善于利用各种理财工具对现金进行理财管理。

管 理 智 慧

◇利用各种理财工具对现金进行理财管理。

◇理财是通过一系列有目的、有意识的规划来进行财务管理，累积财富，保障财富，使个人和家庭的资产取得最大效益，达成人生不同阶段的生活目标。理财工具，即投资者在进行投资理财过程中所运用的股票、储蓄、基金等的总称。

◇理财工具是客户进行资产保值、增值所运用的工具及手段，运用投资理财工具前，需开立相应的投资理财账户。

要善于利用金融工具融资与理财

【聊天实录】

我：管老先生，您对财务管理有何高见？

管子：我曾说过：春赋以敛缯帛，夏贷以收秋实。是故民无废事，而国无失利也。

我：您这句话该如何解释呢？

管子：这句话的意思就是：春天向蚕农发放贷款，用以收取他们的丝绸织品；夏天向农民发放贷款，用以收取他们的秋粮谷物。因此百姓不会有荒废的农事，国家也不会有流失的财利。

我：您的意思是说货币、金融、借贷是一体的。在您所处的时代还没有专门的金融机构，但借贷已经出现。您主张国家蓄藏一定量的粮食和钱，农民困难时借贷给农民，以保证生产的正常进行，待农民收获再以实物还贷。正如《国蓄》载："春以奉耕，夏以奉芸。耒耜械器，种穰粮食，毕取赡于君，故大贾蓄家不得豪夺吾民矣。"只有这样，大贾蓄家就无法大肆盘剥民众了。那么，对现在来说，利用金融工具融资与理财，是现代企业的重要经营内容。

管子：是的，要善于利用金融工具融资与理财。

【解读】 有力大家一起出——融资智慧

在投资的过程中，也许你觉得跟人借钱太难，也可以说服那些有财富的人与你一起来投资，即融资。现代社会给人们提供了各种各样的融资渠道，除了商业贷款外，还有股票、债券和其他的融资渠道。能否利用这些融资渠道为自己的企业或公司筹集资金，是衡量一个人是否善于理财的标准。在现代商业社会，用别人的钱赚钱已经成为商界的一条准则。

1994年，王维嘉在美国硅谷创建了美通公司，他将公司定位在向个人提供移动信息服务上。资本是创办和发展高技术企业的关键，王维嘉为了融资，对风险投资家及其运用做了深入的了解，先后四次从多处风险资本家手里融资达3000万美元。

王维嘉的成功融资，源于他在融资过程中的专业化表现、足够的个性上的坚韧性以及他所具有的十足的信心和创业决心，更重要的是这些投资家也看好了他的企业前景。

在进行理财和投资的过程中，很多时候困难的不是发现不了好的投资项目，而是苦于没有资金，于是，得想方设法去筹钱。当我们遇到资金周转困难，试图进行融资的时候，切记，要懂得利用自己手中那些有价值的东西，这样才能比较容易地筹到资金。

当年，马云创立阿里巴巴网站的时候，就遇到了资金困难，在经过周密的考虑之后，他决定利用自己网站的未来价值去游说那些投资者。那些精明的投资者在反复权衡比较之后，看中了这个网站优秀的团队和网站的未来"钱"途。于是，许多世界著名团队投资机构开始向阿里巴巴进行投资，很短时间内，就筹集到了上百万的启动资金。

借他人的"钱袋"、"脑袋"，自己发财，需要胆识，更需要技巧。生意的成功，需要巧妙地运用他人的智慧和金钱，以创造另一番事业。如果只知道固守个人风格，只会困于"自己"的圈子，永远成就不了宏大的事业。想要在商业上大干一番成就，就必须学会借用别人的资源，这样的融资智慧为你的投资提供了很大的方便。

学会用金融财富武装头脑——金融知识

在这个商业社会，金融已经成了人人不可不知的常识。不要小看这些小知识，在很多方面，它们都有着大用处。了解必备的金融常识武装你的大脑，为理财奠定知识的基础。

1.复利

所谓的复利就是俗话说的"利滚利"，其计算公式是：本利和=本金×（1+

利率）的期数次方。这个期数是和你的利率对应，利率按年利率算，期数就以年为单位，如10年、15年。如果利率按月利率计算，那期数的单位就是月了。

例如：1万元的本金，按年收益率10％计算，第一年末你将得到1.1万元，把这1.1万元继续按10％的收益投放，第二年末是$1.1 \times 1.1 = 1.21$，如此第三年末是$1.21 \times 1.1 = 1.331$……到第八年就是2.14万元。

同样，如果你的年收益率为20％，那么三年半后，你的钱就翻了一番，一万元变成两万元。如果是20万元，三年半后就是40万元。

综合起来，要让复利成为可观的累积，需要具备三个条件：足够数量的本金，好的投资渠道，足够的耐心和精力。

2.泡沫经济

泡沫经济是一种虚拟资本过度增长与相关交易持续膨胀日益脱离实物资本的增长和实业部门的成长，金融证券、地产价格飞涨，投机交易极为活跃的经济现象。

泡沫经济主要是指虚拟资本过度增长而言的。所谓虚拟资本，是指以有价证券的形式存在，并能给持有者带来一定收入的资本，如企业股票或国家发行的债券等。虚拟资本有相当大的经济泡沫，虚拟资本的过度增长和相关交易持续膨胀，与实际资本脱离越来越远，形成泡沫经济。

泡沫经济寓于金融投机。正常情况下，资金的运动应当反映实体资本和实业部门的运动状况。只要金融存在，金融投机就必然存在，但如果金融投机交易过度膨胀，同实体资本和实业部门的成长脱离越来越远，便会造成社会经济的虚假繁荣，形成泡沫经济。

3.洗盘

投机者先把股价大幅度杀低，使大批小额股票投资者（散户）产生恐慌而抛售股票，然后再把股价抬高，以便乘机渔利。

具体操作方法是，在股价拉升到某一阶段，突然打压股价，使投资者误以为庄家在出货，纷纷卖出股票，而庄家在低位全部吃进，等到卖盘稀少时，再往上拉抬股价，并促使前期出货的投资者在高位重新买回筹码。一般在一只股票的拉升过程中，庄家要经过多次洗盘。

4.仓位

仓位是指投资人实有投资资金和实际投资的比例。比如你有10万用于投资基金，用了4万元买基金或股票，你的仓位是40％。如果你全买了基金或股票，你就满仓了，如果你全部赎回基金卖出股票，你就空仓了。

如果目前市场比较危险，随时可能跌，那么就不应该满仓，因为万一市场跌了，你卖出可能亏，同时你也没有钱买入，就很被动。通常，在市场比较危险的时候。就应该半仓或者更低的仓位。这样，万一市场大跌，发现你持有的股票跌到了很低的价位，你可以买进来，等它涨的时候，再把你原来的卖掉，就可以赚一个差价。

一般来说，平时仓位都应该保持在半仓状态，就是说，留有后备军，以防不测，只有在市场非常好的时候，可以短时间的满仓。

5.每股股利

每股股利是指股利总额与期末普通股股份总数之比，即每一股股票一定期间内所分得的现金股利。股利总额是指用于分配普通股现金股利的总和，这里只考虑普通股的情况。目前在我国上市公司的股利分配实务中，投资者需要关注每股股利是否含税，因为按照个人所得税法的规定，个人所得的股息、红利所得要缴纳20％的个人所得税，一般由发放部门代扣代缴。

6.涨停板，跌停板

为了防止证券市场上价格暴涨暴跌，避免引起过分投机现象，在公开竞价时，证券交易所依法对证券所当天市场价格的涨跌幅度予以适当的限制。即当天的市场价格涨或跌到了一定限度就不得再有涨跌，这种现象的专门术语即为停板。当天市场价格的最高限度称涨停板，涨停板时的市价称为涨停板价。当天市场价格的最低限度称为跌停板，跌停板时的市价称跌停板价。

7.跳空

股价受利多或利空影响后，出现较大幅度上下跳动的现象。当股价受利多影响上涨时，交易所内当天的开盘价或最低价高于前一天收盘价两个申报单位以上。当股价下跌时，当天的开盘价或最高价低于前一天收盘价在两个申报单位以上。或在一天的交易中，上涨或下跌超过一个申报单位，以上这种股价大幅度跳动现象称之为跳空。

管理智慧

◇要善于利用金融工具融资与理财。

◇借他人的"钱袋"、"脑袋",自己发财,需要胆识,更需要技巧。

◇想要在商业上大干一番成就,就必须学会借用别人的资源,这样的融资智慧为你的投资提供了很大的方便。

有钱不置半年闲,要让钱流通起来

【聊天实录】

我:管老先生,您对财务管理有何高见?

管子:我曾说过:故善者执其通施以御其司命,故民力可得而尽也。

我:您这句话该如何解释呢?

管子:这句话的意思就是:所以,善于治国的君主,掌握他们的流通手段来控制主宰他们生命的粮食,就可以最大限度地使用民力了。

我:您的意思是说您认为善于治国的君主,通常都善于运用流通手段来控制本国的财物,那么,对今天来说,懂得财物管理的人,就懂得让钱流通起来。

管子:是的,有钱不置半年闲,要让钱流通起来。

【解读】 犹太人普利策是这样理财的

普利策出生于匈牙利,17岁时到美国谋生。从美国军队退役之后,便开始探索创业路子,经过反复观察和考虑后,他决定从报业着手。

为了搞到资本,他自行做工积累资金,然后又设法筹得一些资金。为了在实践中积累经验，他又千方百计地在圣路易斯的一家报社谋求了一份记者的工作。为了实现自己的目标，普利策忍受着老板的剥削，全身心地投入到工作之中。几年之后，普利策对报社的运营情况了如指掌，于是他用自己仅有的积蓄买下一间濒临倒闭的报社，开始创办自己的报纸——《圣路易斯快讯邮报》。

普利策自办报纸后，资金严重不足，但他很快就渡过了难关。19世纪末，美国经济开始迅速发展，很多企业为了加强竞争，不惜投入巨资搞宣传广告。普利策盯着这个焦点，把自己的报纸办成以经济信息为主的报纸，加强广告部，承接多种多样的广告。就这样，他利用客户预交的广告费使自己有资金正常出版发行报纸。他的报纸发行量越多广告也越多，他的资金进入良性循环，没过几年，他就成为美国报业的巨头。

可见，普利策能够从两手空空到腰缠万贯，是一位做无本生意而成功的典型。普利策创业时身无分文，靠打工挣钱，然后以节衣缩食省下极有限的钱，并且一刻不闲置地让金钱流动起来，发挥更大作用，这就是犹太人"有钱不置半年闲"的体现，是成功经商的诀窍。因此，要想赚取金钱，收获财富，使钱生钱，就得学会让死钱变活钱。千万不可把钱闲置起来，当作古董一样收藏，而要让死钱变活，就得学会用积蓄去投资，使钱像羊群一样，不断地繁殖和增多，最大限度地让金钱流动起来，合理的投资会让金钱增值得更快!

❧ 有钱不置半年闲 ❧

在生活中，我们就会发现，大多数富人的财产都是以房地产、股票的方式存放，而大多数穷人的财产却是存在银行里，他们认为那才是最保险的。

从中我们也明白了，投资决定了个人的收入。认识到这一点之后，我们应及早地进行投资，找到自己的摇钱树，在投资中尽可能地让金钱流动起来。总之，金钱是一种可伸可缩的资源，一定要让它流动起来，让它在流通中成为摇钱树。然而，有些人刻意地扼杀金钱天生具有的扩张魔力，将其储存起来，这样做除了阻碍金钱的流动之外，还能给自己带来什么好处呢?你将永远无法享受金钱带来的快乐。

居家过日子，天天都会奏响锅碗瓢盆交响曲，柴米油盐，衣食住行，走亲访友，娱乐旅游，样样都离不开钱。然而，随着个人消费的越来越多，有的人收支严重失衡，甚至达到入不敷出的地步，究竟该如何理财，如何能合理支配自己的月工资成为困扰现代人们的热门问题。

到底什么是正确的理财观念呢？有不少人都片面地以为理财就是生财，就是投资增值，只有那些富翁才需要理财。其实这是一种狭隘的理财观念，生财并不是理财的最终目的。理财的目的在于科学有效地管理钱财，使个人的资金处于最佳的运行状态，从而提高生活的质量和品位。正如前中国国家足球队教练米卢曾经说过："态度决定一切。"是的，态度决定一切，你是否有一个正确的理财观念、理财态度，将决定你以后的许多决策，将决定你是在理财还是在"败财"。如果没有正确的理财观念，即便你懂得高深的理财技巧，也可能起到相反的作用；观念不对，理财技巧越好，可能会跌得越惨。现在我们来看看在生活压力日益增加、竞争日益激励的社会中，具体到工作生活中的理财观念是什么。

1.武装头脑，是挣钱的第一步

小慧和小美在大学时是同窗好友，毕业后又在同一个单位工作。小慧脑瓜灵活、精明，工作期间做了兼职，而且理财有方，收入丰厚。而小美的做法与之相反，不仅不做兼职，而且工资分文不攒，全用在了购买书籍和参加各种培训上，甚至还借债几万元读MBA。后来，她拿到MBA证书就辞职了，跳槽去了一家外企担任高管，工资一下子增加好几倍。

由此看来，受教育的程度越高得到的回报就越多，知识就是财富，年轻时把钱装进口袋不如装进脑袋。

2.发现等于发财

社会在发展，时代在变迁，过去有许多不起眼的东西保存到了今天就成为古董了。现在值钱的东西越来越多，例如古代的瓷器、钱币、奇石、字画、民间艺术品、家具、服饰、古书等等，一旦有人发现了这些东西的身价，简直会高兴得合不拢嘴，好像挖到了一堆金元宝。因此，在理财过程中还应该善于发现，随时清理家里那些不起眼甚至是积满灰尘的物品，说不定就会有所发现，给你一个极大的惊喜。也许不是每个家庭都有可发现的东西，但有价值的东西被埋没的家庭恐怕也不会是少数。同时，在生活中，善于观察，兴许就会在不经意中发现商机所在。

3.破小财免大灾

现在人们的保险意识逐渐增强，每个人都不希望自己发生意外，但"不怕一万，只怕万一"。无论在哪里，安全都是最重要的。平时开车，注重安全驾驶；从大人到小孩，从用电到用火，从电器到照明，都充分做好安全防范工作；家用电器，如电冰箱、热水器、高压锅、电磁炉等，当出现老化、破损、陈旧、超期等状况时，就及时调换，不为了省钱而将就。同时，尽早为家人购买寿险和医疗险（包括人身意外险、大病险等保险），让保险成为理财工具，成为应对风险的投资。

4.在投资中，最合适自己的就是最好的

有些人因经过市场的大跌后，大有"一朝被蛇咬，十年怕井绳"的战战兢兢，有风险的一律点滴不沾，以为这样就是安全。但CPI的持续创新高，也让不投资变成了不安全。正确的心态是既要有风险意识，又不一味地惧怕，应该正确地评估自己的风险承受能力。不同的人，投资的方式不同，投资之前要根据投资方向的不同和自己的风险承受能力不同，来选取适合自己的投资工具。

5.拒绝贪婪和盲目

在任何投资中，高收益都伴随着高风险，如果想要降低投资的风险，就需要坚持中长期的投资理念，在追求财富的过程中人们常犯的两大错误是贪婪和盲目，千万不要抱着一夜暴富的心态。同时，不要将鸡蛋放在同一个篮子里，分散投资的方式也是降低风险的最佳途径。此外，在投资之前要先设定止损和盈利，为了防止更大的损失，在能接受的损失范围内，就停止投资。

6.区分投资和理财

投资和理财是两个不同的概念，很多人对此混淆不清。投资是运用一些工具，以收益的最大化为目的，让有限的财富得以扩大，因此投资是实现理财目标的重要手段和方式。而理财是善用个人的所有资源来完成人生各个阶段的财务目标，是一种长期的规划，令财富保值增值，不仅仅为了赚钱，更不是单纯的投资。理财要求资金的安全性应放在第一位，盈利性放在第二位。

在现代社会，如果还按照传统的思维方式支配自己的行为，不去打破常规，那就会越走越艰难。因为能否赚钱，并不在于你有多少钱，也不在于你投资多少

钱，而是你敢不敢去把握社会发展的先机，开发你的天赋与潜能以智理财，有了以上的观念，相信你会对理财有一个全新的认识。

有句俗语说："人两脚，钱四脚，用钱追钱，比人追钱要快得多，而且省力得多。"所以说，钱只有在它流通的过程中才是钱，它的价值只有在流通的时候才体现出来，否则只是一沓质量上乘的废纸。有钱不置半年闲，这是犹太人投资理财的秘诀，也是一种资金管理的科学。聪明的投资者深深了解这个道理，所以他们总是坚持让金钱流动起来，在各个领域投资增值。所以，我们也要像他们一样，扔掉自己的存钱罐，让死钱变活钱，让金钱在流动中充分增值。

管理智慧

◇有钱不置半年闲，让钱流通起来。

◇人两脚，钱四脚，用钱追钱，比人追钱要快得多，而且省力得多。

◇有钱不置半年闲，这是犹太人投资理财的秘诀，也是一种资金管理的科学。

第章

管子与我聊竞争策略

　　众所周知，商战如战场，不是你死就是我亡。也就是说，商战之中，竞争激烈，各种关系错综复杂，企业管理者要想让企业立于不败之地，需要有好的竞争策略。那么，关于竞争策略，管子是如何告诫我们的呢？管子告诉我们：团结可以提高竞争力，企业应该集思广益才能克服难题，时间是竞争的重要因素……

和合故能谐，团结才能提高竞争力

【聊天实录】

我：管老先生，您对竞争策略有何高见？

管子：我曾说过：畜之以道，则民和；养之以德，则民合。和合故能谐，谐故能辑，谐辑以悉，莫之能伤。

我：您这句话该如何解释呢？

管子：这句话的意思就是：养兵的法则合于道，百姓就和睦；合于德，百姓就团结。和睦团结就能相互协调，相互协调就能凝聚起力量，万众一心，谁也不能伤害。

我：您的意思是说"和谐"，"和"为团结，"谐"为"协调"。和谐，就是团结一致，这是讲人心；协调一致，是组织的方方面面，团结协调就能增强战斗力，战无不胜，攻无不克，不被敌人伤害。您是以兵法来讲和谐的。您接着说："定一至，行二要，纵三权，施四教，发五机，设六行，论七教，守八应，审九器，章十号，故能全胜大胜。"军队上上下下、方方面面协调一致，就能全胜。现今中国已经进入多元社会，各种社会阶层和团体要协调，各种利益需求要平衡，和谐理念的提出对于构建现代社会的利益结构，凝聚各个阶层的力量，达成共识，继续推进改革开放，推动国家的现代化建设具有重要意义。团结协作是任何组织战斗力之所在，企业作为经济组织，管理的目标就是团结协调，提高效率，提高竞争力。

管子：是的，和合故能谐，团结才能提高竞争力。

【解读】 ✤ **君臣团结一心，国泰民安** ✤

无论是对一个国家还是对一个企业来说，钩心斗角是管理中的大忌，相处融洽则是管理中的大利。如果员工之间出现了矛盾，管理者一定要采用合适的方式及时化解。

武则天同样是这样一位懂得管理的人，武则天在位时，狄仁杰和娄师德两人同在朝中做宰相，共同处理朝中事务。然而，狄仁杰的肚量并不大，他虽然表面上与娄师德和平相处，暗地里却屡屡排挤他。

一天，武则天与狄仁杰聊天时问道："狄仁杰，你知道我为什么重用你吗？"

狄仁杰义正词严地回答道："我文才出众，品德高尚，所以被朝廷选中并任用，后来凭着自己的实力一步步走到今天。"

听完狄仁杰的这番话后，武则天对他说："你说得自然有道理，不过有些片面。当初朝廷宣你入朝为官，并不是因为知道你有多大的才能，如果没有娄师德的推荐，朝廷也许不会发现你，你也不会有今天了。"

狄仁杰感到惊奇，他很难相信武则天的话。为了让狄仁杰相信，武则天令人找来数本奏章给他看，狄仁杰才发现这些奏章都是娄师德为推荐自己写给武则天的，顿时感到羞愧。他不能原谅自己的忘恩负义，跪在地上向武则天请罪。武则天并没有治他的罪，只希望他以后好好表现。

就这样，在武则天的轻松调解下，狄仁杰对娄师德的成见消失了。武则天在他们两个人的合力辅佐下，治理朝政得心应手。

～ 团结才能提高竞争力 ～

企业中的所有员工组成了一个可以创造团队效益的团队，企业的效益以团队效益的形式表现出来。在这个团队中，每个员工都有自己的职责，都要做出与报酬相应的工作成果。正是因为这些大大小小的成果的综合，才构成了所谓的团队效益。

是的，看一个企业有没有生机和活力，要看整个团队的精神风貌，而不在于个人的能力。个人只能代表某一部分，不能代表整个团队。只有整个团队共同努力，才能为企业创造可观的利润。下面，我们来看一则寓言故事。

黑熊和棕熊喜食蜂蜜，都以养蜂为生。它们各有一个蜂箱，养着同样多的蜜蜂。有一天，它们决定比赛看谁的蜜蜂产的蜜多。

黑熊想，蜜的产量取决于蜜蜂每天对花的"访问量"，于是，它买来了一套昂贵的测量蜜蜂访问量的绩效管理系统。在它看来，蜜蜂所接触的花的数量就是其工作量。每过一个季度，黑熊就公布一次每只蜜蜂的工作量。同时，黑熊还设立了奖项，奖励访问量最高的蜜蜂，但它从不告诉蜜蜂们它是在与棕熊比赛，它只是让它的蜜蜂比赛访问量。

棕熊与黑熊想的不一样，它认为蜜蜂能产多少蜜，关键在于它们每天采回多少花蜜——花蜜越多，酿的蜂蜜也越多。于是它直截了当地告诉众蜜蜂：它在和黑熊比赛看谁产的蜜多。它花了不多的钱买了一套绩效管理系统，测量每只蜜蜂每天采回花蜜的数量和整个蜂箱每天酿出蜂蜜的数量，并把测量结果张榜公布。它也设立了一套奖励制度，重奖当月采花蜜最多的蜜蜂。如果一个月的蜂蜜总产量高于上个月，那么所有蜜蜂都会受到不同程度的奖励。

一年过去了，两只熊查看比赛结果，黑熊的蜂蜜不及棕熊的一半。

黑熊的评估体系很精确，但它评估的绩效与最终的绩效并不直接相关。黑熊的蜜蜂为尽可能提高访问量，都不采太多的花蜜，因为采的花蜜越多，飞起来就越慢，每天的访问量就越少。另外，黑熊本来是为了让蜜蜂搜集更多的信息才让它们竞争，由于奖励范围太小，为搜集更多信息的竞争变成了相互封锁信息的恶性循环。蜜蜂之间竞争的压力太大，一只蜜蜂即使获得了很有价值的信息，比如某个地方有一大片槐树林，它也不愿将此信息与其他蜜蜂分享。

而棕熊的蜜蜂则不一样，因为它不限于奖励一只蜜蜂，为了采集到更多的花蜜，蜜蜂相互合作，嗅觉灵敏、飞得快的蜜蜂负责打探哪儿的花最多最好，然后回来告诉力气大的蜜蜂一起到那儿去采集花蜜，剩下的蜜蜂负责储存采集回的花蜜，将其酿成蜂蜜。虽然采集花蜜多的能得到最多的奖励，但其他蜜蜂也能捞到部分好处，因此蜜蜂之间远没有到人人自危、相互拆台的地步。

为此，我们可以看出，一个企业的成败，团队合作最重要，只有每位员工相互帮助，扬长避短，才能发挥出团队整体的最大作用。所以，企业管理者要时刻注意公司内部员工之间的矛盾，及时发现、及时解决，不然，必定会影响公司的正常发展，给公司造成不可挽回的损失。另外，企业管理者还应该以各种方式向员工说明团队合作的重要性，让他们明白：每个人都是团体中不可缺少的一分子，企业需要的不只是英雄和天才，更是众多普普通通、踏实肯干的员工。

总之，作为管理者，应该具备协调员工之间关系、解决矛盾的能力，这样才能够使员工齐心协力地为企业效力。

管理智慧

◇和合故能谐，团结才能提高竞争力。

◇做任何事情，只要认为是对的，一定要立刻去做，绝不拖泥带水。

◇作为管理者，应该具备协调员工之间关系、解决矛盾的能力，这样才能够使员工齐心协力地为企业效力。

集思广益，企业没有克服不了的难题

【聊天实录】

我：管老先生，您对竞争策略有何高见？

管子：我曾说过：目贵明，耳贵聪，心贵智。以天下之目视则无不见也，以天下之耳听，则无不闻也，以天下之心虑，则无不知也。辐凑并进，则明不塞矣。

我：您这句话该如何解释呢？

管子：这句话的意思就是：眼要看得清楚，耳要听得明白，心要智商高。使用天下人所有的眼睛来看，就没有看不见的东西，使用天下人所有的耳朵来听，就没有听不到的事情，使用天下人所有的心来思虑，就没有理解不了的问题。集中天下人的智慧去共同谋事，聪明就不会被蒙蔽了。

我：您的意思是说，天下为公，能让君主变得圣明，无所不能。因为天下为公，天下也就为君主所用，天下的眼睛都是自己的眼睛，天下的耳朵都是自己的耳朵，天下的大脑都是自己的大脑。集思广益，上下同心同德，就能聚集起全国的力量，同仇敌忾，就没有战胜不了的敌

人，而自己也不会被敌人战胜。也就是说，集思广益，调动和发挥全体
员工的智慧，就能克服各种困难和险阻。

管子：是的，集思广益，企业没有克服不了的难题。

【解读】 ❧ **善于听取各方意见的康熙** ❧

君主亲自听政、定期视朝，本是我国古代旧制。清初，顺治皇帝采纳给事中
魏象枢等人的建议，定下逢五视朝的制度，平时则不定期地到乾清门听理政务。
康熙帝除坚守逢五视朝的定制外，并将御门听政作为一项经常性制度来执行。由
于逢五三日常朝礼仪隆重，一般是臣下参拜、升转各官谢恩、贡礼行礼等例行礼
仪，并不研讨具体政务，故康熙在常朝之后仍去乾清门听政，御门听政成为康熙
接见臣下处理日常政务的最主要形式。

康熙皇帝

康熙热衷御门听政，既是反对权臣鳌拜的需要，也
是对辅政时期政治的重大改进。因为在辅政时期，诸司
章奏都是到第二天看完，而且是由辅政大臣等少数几个
人于内廷议定意见，汉大学士不能参与其事，鳌拜等人
便借机将奏疏带回家中任意改动，以达到结党营私的目
的。而御门听政则使年轻的康熙皇帝走出内廷这个狭小
的圈子，可以与朝廷大臣广泛接触，从而考察其优劣，
亦可团结他们，取得支持，增强铲除权臣的勇气和信
心。听政时，康熙与大臣们直接见面，共商国是，而且
官员比较广泛，包括大学士、学士、九卿、詹事、科道
等官，从而对辅政大臣的行为形成某种程度的制约，对某堂擅权越轨行为也能
及时发现和制止。

康熙发现，自己每天早起听政，而部院衙门大小官员都是分班启奏，甚至
有一部分作数班者，认为"殊非上下一体励精图治之意"，便于康熙二十一年
（1682年）五月颁旨规定："嗣后满汉大小官员，除有事故外，凡有启奏事宜俱
一同启奏"，无启奏事宜的满汉大小官员亦应同启奏官员一道，每日黎明齐集午

门，待启奏事毕方准散去；有怠惰规避，不于黎明齐集者，都察院及科道官员察出参奏。但官员们贯彻起来确实有困难，他们不比皇帝，就住在乾清门旁边，他们"有居住僻远者，有拮据舆马者，有徒步行走者，有策蹇及抱病勉行者"。由于需提前齐集午门守候，他们必须每天三更即起，夜行风寒，十分辛苦，以致白天办事时精神倦怠。后经大理寺司务厅司务赵时揖上疏反映此情，康熙深为感动，立即采纳，于九月二十一日重新规定：每天听政时间向后顺延半个时辰，即春夏七时，秋冬八时，以便启奏官员从容入奏；九卿科道官原系会议官员，仍前齐集外，其他各官不再齐集，只到各衙门办理事务；必须启奏官员如年力衰迈及患有疾病，可向各衙门说明后免其入奏。此后又罢侍班纠劾失仪的科道官员，以便官员们畅所欲言，年老大臣可以"量力间二三日一来启奏"。

官员们也担心康熙每天早起听政过于劳累，一再建议更定御门日期，或三天或五日举行一次，但康熙认为："攻治之道务在精勤，历始图终，勿宜有间"，如果做到"民生日康，刑清政肃，部院章奏自然会逐渐减少。如果一定要预定三日五日为常朝日期，不是朕始终励精图治的本意"，因此对臣下们的好意婉言拒绝。

康熙理政十分认真，各部院呈送之本章无不一尽览，仔细批注，即使其中错字都能发现，并予改正，翻译错误之处也能改之。章奏最多时每天有三四百件，康熙都"亲览无遗"。由于亲阅奏章，他对臣下处理政事敷衍塞责、手续烦琐等作风都能及时发现，并予解决。

针对一事两部重复启奏的问题，康熙令会同启奏，不仅简化了手续，有利于提高效率，而且经两部协商讨论后，所提建议往往更实际，不至舛错。

总体而言，康熙继承和发展的御门听政制度，对及时了解下情、发挥群臣智慧，集思广益，使国事决策尽量避免偏颇，政务处理迅速及时，保证封建国家的统治效能，起到了重要的作用，这也是康熙朝政治生活的一大特点。

作为少数民族入主中原的封建王朝，清廷一开始就面临着与土著汉人之间的民族矛盾问题，特别是在顺治年间曾形成一场大规模的群众性抗清运动。这场运动虽以清王朝的胜利而告终，却给予新兴的清王朝以沉重的打击，使清朝统治者认识到：要想在幅员辽阔、人口众多，而且经济文化发达的中原地区站稳脚跟，就必须重视满汉关系，缓和满汉民族矛盾。在这一点上，康熙的作为值得称道。

可以说，正是由于康熙帝善于听取各方面的意见，使得他能及时了解各方面的情况，对一些重大问题有正确的认识，这是清朝在康熙治内迅速走向强盛的主要原因之一。

集思广益，能让企业渡过一切难关

俗话说，"众人拾柴火焰高"、"三个臭皮匠胜过一个诸葛亮"。作为一名企业决策者，在经营环境错综复杂的今天，应该依靠集体的智慧，不搞一个人说了算。

美国社会学家T·戴伊说："正确的决策来自众人的智慧，如果一个人说了算，大家就不会去干。"事实上，也只有不搞个人说了算，依靠集体智慧做出的决策，才能被有效地执行。

如果管理者能够采用可行的建议，员工就会主动地帮助上司想办法。因为管理者在采纳员工建议的同时，也是对提出此建议的员工的认可。否则，只是表面提倡广开言路，却不愿意采用员工辛苦想出来的建议，员工的积极性自然会消失。

当生产难题摆在大家面前的时候，简单地下道命令是不是就能解决问题呢？过去的众多事实已证明了并不是这么回事。提出问题可能比下命令更容易让人接受，它常常能够激发员工的积极性。

南非约翰内斯堡有一个专门生产精度机床零件的小制造厂，有一次，该厂老板伊安·麦克唐纳抓住机会接受了一笔很大的订货，可是车间的工作早已计划好，而这批订货很急，以致在他看来，无法满足预定的交货日期。

他并没有为此催促人们突击工作，而是把大伙儿召集在一起，向他们解释一下面临的情况，并告诉他们，如果能够按期完成这批订货的话，对公司和他们将意味着什么。

然后他开始提出问题：

"我们还有什么别的办法处理这批订货吗？"

"谁能想出其他的生产办法来完成这笔订货？"

"有没有办法调整我们的工作时间或人力配备，以便有助于完成这批活儿？"

雇员们情绪高昂，提出了许多建议，要求接下这笔订单，于是，订单不仅被接受了，而且按期交货。

因此，时间紧、任务重的时候，老板要听听员工的建议，群策群力渡过难关。

世界著名的壳牌公司在组织管理上的第一大特色是部门拥有充分的自主权，公司的权力不集中在某个人手中，而且分散于各个管理部门。各级实际管理部门可以根据结果和技术报告，自行做出决策去解决经营中所遇到的各种问题，而不必层层请示，逐级审批。部门主管可以密切地与当地顾客联系，又可以迅速地应变，以适应突如其来的外界突发事件。

在重大问题决策管理方面，他们的做法是：公司里由六名执行董事组成董事会，一切重大决策均须董事会一致点头通过，借以防止董事长一人独断专行。这样的组织管理手段使壳牌公司在20世纪80年代避免了盲目追随潮流而收购其他大石油公司所带来的风险，又避免了大量借外债的风险。

壳牌公司这种组织管理方法，使公司既可以发挥集体的作用，又可以注意发挥执行董事个人的作用。公司的每一位执行董事都来自基层，都至少主持过一个地方部门的业务，所以执行董事的决策意见富有见地，独到深刻。

因此，纵观许多决策者的巨大成功，绝非单纯依靠其本身的双手披荆斩棘而得来的，他们之所以成功，其秘诀就在于其决策涵盖了群体智慧。

所以说，在千变万化的商业环境中，一个成功决策的制定，不但需要决策者个人的智慧，更需要集思广益的智慧。同时，决策者还要善于对不同的决策意见进行比较和融合，取长补短、开阔视野、深化思路，从而使群体智慧发挥最大限度的优势，保证决策的成功。

由此可见，集思广益，可以让企业克服一切难以克服的难关。

管理智慧

◇集思广益，企业没有克服不了的难题。

◇三个臭皮匠胜过一个诸葛亮。

◇正确的决策来自众人的智慧，如果一个人说了算，大家就不会去干。

要先下手为强，时间是竞争的重要因素

【聊天实录】

我：管老先生，您对竞争策略有何高见？

管子：我曾说过：时之处事精矣，不可藏而舍也。故曰：今日不为，明日忘货，昔之日已往而不来矣。

我：您这句话该如何解释呢？

管子：这句话的意思就是：农时对农事来说十分宝贵，但不能留滞而让它停止。因此说：今天不抓紧劳作，明天就没有收获，过去的时光一去不复返。

我：您的意思是说您认为，君主应均分土地，分散耕种，从而使百姓不误农时。这样，百姓才懂得季节的早晚、时间的宝贵。不告知农时季节，百姓就不会抓紧；不告知农事安排，百姓就不会生产。由此可见，农时对农事来说是多么的宝贵，今天不抓紧劳作，明天就没有收获，过去的时光就一去不返。企业管理也是如此，做项目、搞工程，都应设置严密的时间点，做好阶段规划和时间规划，使每个时间点都能出相应的成果，以保证公司整体流程的顺畅。对今天来说，无论干什么事情要及早动手，及早行动，时间是竞争的重要因素。

管子：是的，要先下手为强，时间是竞争的重要因素。

永远领先半步

"永远领先半步"是美国甲骨文软件公司为提升企业文化、增强企业核心竞争力恪守的经营理念。甲骨文公司的总裁埃里森说："之所以提出'永远领先半步'而不是一步、两步、三步，是因为只有稍稍领先，才能步步领先，从而获得市场的认可；但是不能够太超前，如果太超前，市场的消费点还没有形成，那样就不能达到引导市场的目的。"甲骨文公司的这种经营理念包括市场敏感度领先、销售策略领先、服务超前、规模超前等。

甲骨文公司开拓新市场时总是领先市场、领先竞争对手半步，而这半步就是经济学家和经济评论家常说的领先市场，引导消费。甲骨文公司的一位高层员工向媒体透露："别人的软件还没有上市计划，甚至还正在开发的时候，我们的软件就已经上市了，但是我们通常只比别人提前一个月的时间。"

正是"永远领先半步"的管理理念，使甲骨文公司走向了成功，成为世界第二大独立软件公司。

同样的道理，在新品上市中，精明的企业也善于"相对领先，半步即可"。这是因为：第一，顾客只能在市面上出售的商品中进行选择，这样，只要你领先对手一点，就具备了更强劲的先进性和竞争力，就能击败对手，引诱并说服顾客做出购买决策。第二，若追求太过超前的绝对领先，一方面会付出过多的开发成本，另一方面，必然要拖延上市时间。第三，在市场容量客观不变的前提下，相对领先、多步到位，能多次重复覆盖市场，这就等于"人为"地扩大了市场容量，而绝对领先、一步到位，则达不到这种效果。

竞争的关键是时间

做事难免竞争，而竞争的关键无疑是时间，谁能先下手为强，谁就会取得成功。

2002年9月底，正在德国考察的天津市技术改造办公室的同志从一位来访的德国朋友那里得知，有家"能达普"摩托车厂倒闭了。我方立即向该厂表示：我们准备买下这个厂，但需回国后研究确定，一周之内，必有回言。与此同时，印度、伊朗等几个国家的商人也准备购买该厂。

回国后，天津市政府领导拍板决定，全部购买"能达普"厂的设备和技术，并立即通知德方，随即组成专家团，准备赴德进行全面技术考察，商谈购买事宜。就在这时，联系人从德国发来急电：伊朗人先下手为强，已签署了购买"能达普"的合同，合同上规定付款期限为10月24日，如果24日下午3时，伊朗汇款不到，合同便告失效。

事情有点猝不及防，天津市领导分析了整个情况后认为，国际贸易竞争中也存在偶然因素，虽然伊朗商人在签订合同方面抢先，但能否付款尚属悬案。如果伊朗方面逾期付款，我方还有争取主动的机会。10月22日上午10时，天津市做出决定，立即派团出国，从伊朗人手中抢回这条生产线。代表团用了11个小时办完了平常需要15天才能办好的出国手续，10月23日，飞到了慕尼黑，他们立即与德方联系。10月24日下午3时，当打听到伊朗方面款项尚未到的消息时，中国代表成员立即奔赴"能达普"摩托车厂。中国人的突然出现，德方人员甚感吃惊。慕尼黑市债权委员会主管倒闭企业事务的米勒先生面带笑容地接待了中国代表团，他说："伊朗商人因来不及筹款已提出延期合同的要求，如果你们要购买，请现在就谈判签订合同。"原来，债权委员会已规定，"能达普"的财产必须于10月30日前出售完毕，以保证债权人的利益。如果逾期，将被迫拍卖，就是要把全部固定资产拆散零卖，不仅使厂方蒙受巨大经济损失，而且使这个有67年历史的、生产名牌产品的工厂化为乌有。我方意识到对方急于出卖的迫切心理，但又不能干闭着眼睛买外国设备的蠢事，经过几个回合的交涉，终于达成了中国专家先进行全面技术考察后再谈判的协议。

25日早晨，中国专家来到"能达普"厂，对全厂的设备、机械性能、工艺流程进行全面考察，最终结论是：该厂设备先进，买下全部设备非常合算。25日下午2时整，合同谈判在中国专家驻地正式举行。经过紧张的讨价还价，在次日凌晨签订了合同。天津专家团以1600万马克的价格，买下了"能达普"厂的2229台设备和全套技术软件。后来得知，这个价格比伊朗商人所要支付的价格低200万马克，比另一些竞争对手准备支付的价格低500万马克。

是的，做事就是这样，如果你不下手，别人就会抢先。要想把事情做好，就得多用点心思，先下手为强，把办事的主动权握在自己手里。

所以说，要先下手为强，时间是竞争的重要因素。

诚信是各种商业活动的最佳竞争手段

【聊天实录】

我：管老先生，您对竞争策略有何高见？

管子：我曾说过：先王贵诚信。诚信者，天下之结也。

我：您这句话该如何解释呢？

管子：这句话的意思就是：先代的圣王重视诚实和信用。诚实和信用，是用来结交天下的。

我：您的意思是说诚信是中国人的传统美德之一，诚信是立人之本，孔子曰："人而无信，不知其可也。"诚信更是为政的基础，《左传》云："信，国之宝也。"诚信是治国的根本法宝，孔子在"足食"、"足兵"、"民信"三者中，宁肯"去兵"、"去食"，也要坚持保留"民信"，因"民无信不立"，如果人民不信任统治者，国家朝政根本立不住脚。因此，统治者必须"取信于民"，正如王安石所言：

"古驱民在信诚，一言为重百金轻。"政府和官员诚信，社会才可能诚信。近年来，我们一直在讲取信于民，但失信于民的事却不断出现，甚至有人认为中国已经出现诚信危机。国家诚信、社会诚信，先从政府和官员开始。对于今天来说，诚信是各种商业活动的最佳竞争手段，是市场经济的灵魂，是企业家真正的"金质名片"。

管子：是的，诚信是各种商业活动的最佳竞争手段。

【解读】 诚信是张兴中走向成功的秘诀

1996年3月，张兴中在杭州开办了一家玩具公司，由于资金周转不灵，无奈只得向一位好友借了50万元，并答应两年后还清。

两年的时间一晃就过去了，张兴中的公司因某些原因仍然无法在短时间内还清好友的借款。张兴中想尽所有办法，找到各种途径好不容易筹到了20万元，可余下的30万实在无能为力了。这可如何是好呢？眼见日益接近的还钱日期，张兴中愁得几乎头发都快白了。他的太太看着十分心疼，便提议向朋友求情，宽限几天还钱的日子或是先开张空头支票，等有了钱再赶紧补上。谁知，张兴中非常生气地向太太吼道："这怎么可能！那我成什么了？"

经过一夜的反复思考，张兴中决定把自己在市区的房子抵押给银行，希望银行能给他贷款30万。可最后银行只同意给他贷27万。无奈之下，张兴中忍痛割爱，将房子以30万的超低价出售给可以立即付现款的买主，结果他们一家人搬到了一处远郊的小平房里，张兴中终于在限期之内还清了好友的欠款。

不久，好友打电话给张兴中，说是周末想到他家聚聚，可没想到被平时非常好客的张兴中一口回绝了。好友很是不解，于是独自前往他家想看个究竟。当好友经过千辛万苦，终于找到张兴中的"新家"时，立刻被眼前的情景所惊呆了。当他得知张兴中竟是为了按期还自己的款才变得如此时，感动不已，临走时，好友真诚地说，你这么讲信用，以后有事尽管找我。

这件事很快传开了，张兴中也以诚信出了名。又过了几年，当张兴中的公司因一次意外，再次陷入了经济危机时，很多朋友都纷纷主动向他伸出援助之手，帮他解决重重危机，使他重新迈入了成功企业家的行列，此后他的事业一直一帆风顺。

每当有人问起张兴中的成功经验时，张兴中都会深有感触地说："是诚信，诚信使我获得了财富，获得了成功。"

可见，在商界，诚信是生意圈中最核心的游戏规则，也是一笔巨大的财富，懂得利用的人，将会因此获得更大的一笔财富。遵守这一规则的商人，大大降低了自己企业的经营风险，并节约了成本。

诚信，是生意人最响亮的一块招牌

诚信，已经是当今中国最紧迫的问题之一，商业欺诈、泡沫经济、食品安全、假冒伪劣，屡禁不止。

什么是诚信？诚，即真诚、诚实；信，即守承诺、讲信用。诚信的基本含义是守诺、践约、无欺。通俗地表述，就是说老实话、办老实事、做老实人。人生活在社会中，总要与他人和社会发生关系。处理这种关系必须遵从一定的规则，有章必循，有诺必践，否则，个人就失去立身之本，社会就失去运行之规。

诚实守信是中华民族的传统美德，哲人的"言而无信，不知其可也"，诗人的"三杯吐然诺，五岳倒为轻"，民间的"一言既出，驷马难追"，都极言诚信的重要性。

在商品经营中，普遍的现象是：经营者对自己的商品只说好、不说坏，只报喜、不报忧，即所谓"王婆卖瓜，自卖自夸"。天长日久，人们便对这类乏味的广告产生反感。

与此相反，敢于面对现实，勇于揭露自己商品存在的不足，以此来赢得消费者的信任，却不失为一条出奇制胜的经营之道。这种家丑外扬的经营谋略，即属于指桑骂槐、旁敲侧击。当然，敢于运用这种谋略的经营者，必须以诚为本，具有高瞻远瞩的气魄。

美国亨利食品加工工业公司总经理亨利·霍金士先生突然从化验鉴定报告单上发现，他们生产的食品配方中起保鲜作用的添加剂有毒，数量虽然不大，但长期服用却对身体有害，如果悄悄从配方中删除添加剂，就会影响食品鲜度。这一情况如向社会公布，就会引起同行的强烈反对，但他还是毅然地向社会进行了公布。他的举动果然掀起了轩然大波，食品加工业的老板都联合起来，用一切手段向他反扑，指责他别有用心，打击别人，抬高自己，并共同抵制亨利公司的产品。这场风波长达四年之久，亨利公司陷入绝境，到了破产的边缘。就在他近于倾家荡产之际，名声却家喻户晓，得到了政府的支持，产品成了人们放心的热门货。亨利公司终于在很短时间内恢复了元气，规模扩大了两倍，一举登上美国食品加工工业的第一把交椅。

瑞士一家表店门庭冷落，不甚景气。一天，店主贴了一张广告说：本店一批手表，走时不太精确，二十四小时慢二十四秒，望君看准择表。广告贴出，表店门庭若市，很快销完了全部库存积压的手表。

运用这种实话实说的经营谋略，作用是十分显著的，它可以打消顾客对商品和企业的担心和不信任感，超越企业与顾客之间单纯的买卖关系。它更是直接站在消费者的立场上，设身处地为顾客着想，以诚为本，以诚相见，在人们心目中树立诚实的企业形象，以扩大商品在市场的占有率。

犹太人的重信守约在全世界是有口皆碑的，各国商人在同犹太人做生意时是最有信心的。犹太人之所以经商成功，被认为经商奇才，就在于他们一旦签订了契约就一定执行，即使有再大的风险也要自己承担。他们在谈判中千方百计讨价还价，因为合同不签订是你的权利，但一旦签订就要自己承担责任。他们将契约认同是神的旨意，是绝不可更改的。

信用在市场经济的有序发展中具有不可替代的作用，市场经济实际上就是信用经济、契约经济。如果商人没有了信用，就会动摇市场经济的基础，就会带来经济秩序的混乱。

信誉是商人自己日积月累建立起来的，有一名商人在自己资金充裕之际却向银行借贷，他之所以借钱是为了树立信誉，借到的钱，实际上他从未运用过，只等借款一到期，他便立即前往银行还钱。此后，随着营业规模扩大，当他真正需要资金时，向银行借款便易如反掌，这正是因为他有了信誉。

有的商人一个签名就能贷款几千万，握有这种"金笔"的老板，到银行贷款不需办理担保、抵押手续，签个名就行，银行信任他就是因为他在长期的商业活动中一点一滴积累起来的信誉。

由此可见，诚信，不仅是做人的至高要求，也是做大做强生意不可缺少的条件，因此，能够以树立诚信形象求得做大生意的人才是最聪明的。

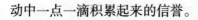

管理智慧

◇诚信是各种商业活动的最佳竞争手段。

◇诚信，不仅是做人的至高要求，也是做大做强生意不可缺少的条件。

◇能够以树立诚信形象求得做大生意的人才是最聪明的。

科技创新是现代企业提高竞争力的重要手段

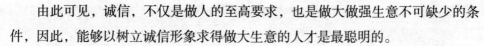

【聊天实录】

我：管老先生，您对竞争策略有何高见？

管子：我曾说过：春夏生长，秋冬收藏，四时之节也。

我：您这句话该如何解释呢？

管子：这句话的意思就是：万物春夏萌生、成长，秋冬衰败、收藏，这是四季对物候的调节。

我：您的意思是说，科技创新应是现代企业提高竞争力的重要手段，比如"春夏生长，秋冬收藏"，在今天看来是再简单不过的道理。但在2700年前，您在《管子》一书中所阐述的科技元素也是中国古代典籍中少有的，《管子》一书中的《四时》、《五行》是当时天文学的结晶，《地员》、《度地》、《水地》诸篇在土壤学、水利学、环境学方面的认知至今仍不落后。另外，《管子》对音乐学、数学等也多有贡献，中国的五音律就是由《管子》记载下来的，另外《玄官》也是最早对"易"和"八卦"的文字解释。当时的齐国重视科技，制造业方面的

《考工记》、农业方面的《齐民要术》、医学方面的《黄帝内经》，都是中国科技领域的开山之作。经世致用、科技立国，这是您的重要思想，在中华文化中也是独树一帜。

管子：是的，科技创新是现代企业提高竞争力的重要手段。

【解读】 　　　**不创新，就灭亡**

"不创新，就灭亡"是美国福特公司的创始人亨利·福特说的，他为什么说这句话，因为他曾停滞不前，没有去创新，这句话是他失败后的教训。

福特汽车公司的创始人老福特是一个农民的儿子，他搞汽车工业为什么能一下子脱颖而出呢？因为他最了解美国的农村，地广人稀，需要农用客货两用车，那时候道路不太好，农民的文化水平又不太高，农民需要的是操作简单、坚固耐用的、耐得住颠簸的汽车，所以他结合这个特点，生产出了简单操作、结实耐用、价格低廉的"T"型车，迎合大多数人的需要，很快，福特汽车占据了世界汽车市场的68%。

在这个过程中，老福特不断创新，当时别的造汽车的厂家都是每天工作10个小时，每天3美元，他却推出"8小时工作制"、"每天5美元"，表面上对他的原始积累很不利，但是另一方面吸收了很多熟练工人，提高了工作效率。

另外，他还发明了"生产流水线"，还创造性地提出了"科学管理"的管理理论，当时可以用富可敌国来形容福特家族。但是，后来老福特的创新就教条化了。到20世纪20年代的时候，美国社会进入了大众化富裕的时代，老福特是农民的儿子，他认为应该是勤俭生活，"新三年，旧三年，缝缝补补又三年"。所以他还拼命地生产T型车，提高质量，降低成本。可是美国人已经不需要这种车了，因为道路已经修好了，人们开始要求车子速度快，造型美观，具有个性化了。

随着时代变化，消费者希望更多的品种、更新的款式、节能省耗的轿车。福特汽车公司的产品不仅颜色单调，而且耗油量大、排废量大，完全不符合日益紧张的石油供应市场和日趋严重的环境保护状况。

小福特建议老福特推出豪华型轿车，但不为老福特所采纳。

而通用汽车公司和其他几家公司则紧扣市场需求，制定正确的战略规划，生产节能省耗、小型轻便的汽车，在20世纪70年代的石油危机中，跃然居上，使福特汽车公司曾濒临破产。

老福特这才意识到自己的错误判断，转而根据小福特的意见推出豪华型轿车，但是先机已经失去，直到今天，福特汽车也没有回到它昔日龙头老大的宝座。在这种情况下，老福特用血的教训总结出："不创新，就灭亡"。

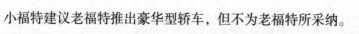

科技创新提高竞争力

创新，已成为全球企业当前最重要的经营课题。在市场竞争激烈、产品生命周期短、技术突飞猛进的今天，不创新，就灭亡。

如果企业管理者没有创新能力，单位肯定会毫无战斗力，也没有活力可言。创新即突破常规，创造机遇，找到新招，企业管理者应当明白，现在任何一个单位都不是一个故步自封的世界，而是一个充满竞争的世界；这种竞争，主要是创新的竞争。现在很多单位都引入了竞争机制，目的就是激活单位的内部因素，提高单位的竞争力。管理者需要多动脑筋、多创新，找出一条适合自己单位发展的路子，面对困境起到力挽狂澜的作用。

"布里丹的驴子"的故事就是个很好的例子：有一头驴子，肚子很饿，而在它面前两个不同方向等距离地有两堆同样大小、同样种类的料草。驴子犯了愁，由于两堆料草和它的距离相等，料草又是同样的数量和质量，所以它无所适从，不知应该到哪堆料草去才是最短距离，才最省力气，于是在犹豫不决中饿死在原地了。这个故事的寓意是深刻的，除了故事创造者们批驳布里丹环境决定意识的观点外，它还向人们揭示了这样一个道理：许多时候，只要有点创造意识，就会焕发创造行动，就会有活力，而呆板凝滞是足以扼杀创造性的。

企业管理者必须牢记一条真理，我们每个人都可以应用创造力，同时在应用中增强这种有效的能力。也许有些管理者认为，高智商就意味着高超的创造力。但这是一种错觉，至少不完全对。管理者的创造力是没有极限的，唯一的限制来自他所接受的知识系统、道德系统和价值系统，这些系统常常妨碍他的创造力。由于这些系统的纷繁复杂，有些管理者在其中受到空前束缚，甚至认为自己没有创意。殊不知，任何一种系统都是人创造的，所以，你有权利持怀疑态度，而采取全面的创新方式，拓宽你的发展之路。作为企业管理者要善于创新，把各种"绊脚石"除掉，找到适合自己发展的道路。

管理智慧

◇科技创新是现代企业提高竞争力的重要手段。

◇不创新，就灭亡。

◇创新，已成为全球企业当前最重要的经营课题。

韬光养晦，等待时机和抓住时机

【聊天实录】

我：管老先生，您对竞争策略有何高见？

管子：我曾说过：是以圣王务具其备，而慎守其时。以备待时，以时兴事，时至而举兵；绝坚而攻国，破大而制地；大本而小标，全近而攻远。以大牵小，以强使弱，以众致寡德利百姓，威震天下，令行诸侯而不拂，近无不服，远无不听。

我：您这句话该如何解释呢？

管子：这句话的意思就是：圣明的君主总是努力做好准备，谨慎守住时机。以充分准备来等待时机，以适当时机来兴举事业，时机成熟就举发军队。断绝坚固的防守而攻陷敌国，击破高大的城池而控制敌境。根基厚实而目标弱小，促使近地而故伐远敌，用大军牵制小军，用强国役使弱国，用人多招致人少，德行有利百姓，威势震慑天下，向诸侯发令而无人违抗，近国无不臣服，远地无不听命。

我：您的意思是说等待和捕捉时机，是智者的韬略。"圣人将动，必知愚人，至危易辞。圣人能辅时，不能违时，知者善谋，不如当时精时者日少而功多。夫谋无主则困，事无备则废。"（《霸言》）圣人将有行动必知后果，愚人危难临头死不更改。圣人能捕捉时机，但不能违背时机。智者虽善于谋划，但不如抓到时机。精通利用时机，费时少而功能多；谋事无主见就陷于困难，办事无准备就归于废止。隐蔽自己的意图，储备力量，等待时机，这仍然是目前应借鉴的策略。市场竞争要隐蔽意图，等待和抓住时机，出其不意，攻其不备，出奇制胜。韬光养晦，这是近些年中国非常有见地的国策，这一策略就是要等待时机、酝酿时机。

管子：是的，要学会韬光养晦，等待时机和抓住时机。

【解读】　　　　善于韬光养晦的刘备

东汉末年，曹操势力很大。刘备虽贵为皇叔，却势单力薄，为防曹操谋害，不得不以韬光养晦之计对之。

一天，曹操派人请刘备到自己府上，曹操说，刚才看见园内枝头上的梅子青青的，想起一件往事，今天见此梅，恰逢煮酒正熟，故邀你到小亭一聚。刘备随曹操来到小亭，只见已经摆好了各种酒器，盘内放置了青梅，于是就将青梅放在酒樽中煮起酒来了，二人对坐，开怀畅饮。

酒至半酣，突然阴云密布，大雨将至，曹操大谈龙的品行，又将龙比作当世英雄，问刘备，请你说说当世英雄是谁，刘备装作胸无大志的样子，说了几个人，都被曹操否定。曹操的真实想法是探察刘备是否有心称雄于世，于是曹操单刀直入地说：当今天下英雄，只有你和我两个！刘备一听，吃了一惊，手中拿的筷子，也不知不觉地掉在地上。正巧突然下大雨，雷声大作，刘备灵机一动，从容地俯下身拾起筷子，说是因为害怕打雷，才掉了筷子。曹操此时才放心地说，大丈夫也怕雷吗？刘备说，圣人对迅雷烈风也会失态，我还能不怕吗？刘备通过这样的掩饰，使曹操认为自己是个胸无大志、胆小如鼠的庸人，曹操从此再也不怀疑刘备了。

刘备可以说是古今名人中对韬光养晦最有研究的了，他在曹操面前不夸张、不显耀、不自大，不把自己算进"英雄"之列，这让曹操很放心。他收敛和掩饰了自己的真实志向，让曹操对其不加防范，从而才有了以后的东山再起，三分天下。

在现实生活中，往往存在着这样一种自视颇高的人，他们锋芒毕露，有十分的才能与聪慧，就十二分地表现出来。处事则不留余地，待人则咄咄逼人，但这种人却往往在人生旅途上屡遭波折。在错综复杂的社会中，刻意炫耀才能，不仅会招来别人的妒忌，并且会被认为是轻浮。一个有着远大抱负的人，当时机不成熟时，往往会采取韬光养晦的谋略。所以说，韬光养晦是为人处世的一种策略，也是做人处世的一门学问。

等待时机和抓住时机

《阴符经》说："性有巧拙，可以伏藏。"它告诉我们，善于伏藏是事业成功和克敌制胜的关键。一个不懂得伏藏的人，即使能力再强、智商再高也难以战胜敌人，这里的伏藏说的就是韬光养晦策略。韬光养晦有时是为了麻痹对手，使他骄傲轻敌，以为自己软弱无能，然后趁其不备而攻之。有时是为转移对手的注意力，达到声东击西的目的。面对比自己强大的势力，只能暂时采取韬光养晦策略，而一旦暴露出自己的心迹，甚至很可能给自己带来灾难。

麦克唐纳快餐馆的董事长克罗克没读完中学就出来做工，以维持生存。后来，他在一家工厂当上了推销员，生活状况有了明显的改善。他在推销产品过程中结交了许多朋友，积累了大量有关经营管理方面的宝贵经验，后来，他决定创办自己的公司。

通过市场调查，克罗克发现当时美国的餐饮业已远远不能满足已变化了的时代要求，急需改革，以适应亿万美国人的快餐需求。但是，克罗克面临的首要问题就是资金问题，对于一贫如洗的克罗克来说，自己开办餐馆根本就不可能。最后，他终于想出了一个好办法。他在做推销员工作时，曾认识了开餐馆的麦克唐纳兄弟，自己可以到他们的餐馆中学习经验，以实现自己的理想。于是，克罗克找到麦氏兄弟，讲述自己目前的窘境，恳请麦氏兄弟帮忙，最后博得了对方的同情，答应他留在餐馆做工。

克罗克深知这两位老板的心理特点，为了尽早实现自己的目标，他又主动提出在当店员期间兼做原来的推销工作，并把推销收入的5%让利给老板。

为了取得老板的信任，克罗克工作异常勤奋，起早贪黑，任劳任怨。他曾多次建议麦氏兄弟改善营业环境，以吸引更多的顾客；并提出配制份饭、轻便包装、送饭上门等一系列经营方法，扩大业务范围，增加服务种类，获取更多的营业收入；还建议在店堂里安装音响设备，使顾客更加舒适地用餐；他还大力改善食品卫生，狠抓饮食质量，以维护服务信誉；认真挑选店堂服务员，尽量雇佣动作敏捷、服务周到的年轻美貌姑娘当前方服务员，而那些牙齿不整洁、相貌平常的人则安排到后方工作，做到人尽其才，确保服务质量，更好地招待顾客。克罗克为店里招来了不少顾客，老板对他更是言听计从。餐馆名义上仍是麦氏兄弟的，但实际上餐馆的经营管理、决策权完全掌握在克罗克的手中。

不知不觉，克罗克已在店里干了六个年头，时机终于成熟了，他通过各种途径筹集到了一大笔货款，然后跟麦氏兄弟摊牌，最终克罗克以270万美元的现金，买下麦氏餐馆，由他独自经营。克罗克入主快餐馆后，经营、管理更加出色，很快就以崭新的面貌享誉全美，经过二十多年的苦心经营，总资产已达42亿美元，成为国际十大知名餐馆之一。

克罗克是个做人低调的人，他懂得时机未到，应该先韬光养晦。

所以说，当自己的实力还不足时，要想在竞争中立于不败之地，要懂得韬光养晦，等待时机和抓住时机。

管理智慧

◇韬光养晦，等待时机和抓住时机。

◇一个有着远大抱负的人，当时机不成熟时，往往会采取韬光养晦的谋略。

◇性有巧拙，可以伏藏。

后 记

　　"国学今用"系列丛书是我们组织十多位国学知识功底深厚、文学造诣极深且对社会学、心理学等学科综合研究方面有较高水平的专家、学者，经过近两年通宵达旦的辛苦创作、数易其稿而苦心经营出来的历史传记作品，本套图书共十本，每本十五万字，语言通俗流畅，内容精彩有趣，知识性和可读性极强，在此，我们对在本书创作中付出辛勤劳动的作者们表示衷心的感谢！

　　在本书创作过程中，我们除了采用古代圣贤和近代之前国学名家的大量典籍资料以外，还参考了现当代相关的大量资料，有些作者我们已经进行了联系和沟通，但由于出版时间所限，以及有些作者的信息资料不太详细，截至出版之日，我们仍未能联系上这些作者，还请这些作者多多海涵，并在见到本书后及时与我们联系。

　　联系方式：457735190@qq.com

本书编委会